教育部人文社会科学研究青年基金项目"革命策略与合作运动：革命动员视角下中共农业互助合作运动研究（1927—1949）"资助（项目批准号：10YJC770094）

革命策略与合作运动

革命动员视角下中共农业互助合作运动研究

（1927-1949）

魏本权 著

中国社会科学出版社

图书在版编目（CIP）数据

革命策略与合作运动：革命动员视角下中共农业互助合作运动研究：
1927~1949 / 魏本权著 . —北京：中国社会科学出版社，2016. 6
ISBN 978 - 7 - 5161 - 7844 - 7

Ⅰ.①革…　Ⅱ.①魏…　Ⅲ.①中国共产党—农业合作—研究—
中国—1927~1949　Ⅳ.①F329.06

中国版本图书馆 CIP 数据核字（2016）第 057519 号

出 版 人	赵剑英
责任编辑	吴丽平
责任校对	朱妍洁
责任印制	李寡寡

出　　版	中国社会科学出版社
社　　址	北京鼓楼西大街甲 158 号
邮　　编	100720
网　　址	http://www.csspw.cn
发 行 部	010 - 84083685
门 市 部	010 - 84029450
经　　销	新华书店及其他书店

印　　刷	北京明恒达印务有限公司
装　　订	廊坊市广阳区广增装订厂
版　　次	2016 年 6 月第 1 版
印　　次	2016 年 6 月第 1 次印刷

开　　本	710 × 1000　1/16
印　　张	18. 25
插　　页	2
字　　数	308 千字
定　　价	65. 00 元

目　　录

前　言

一　研究缘起及意义

本书为 2010 年度教育部人文社会科学研究青年基金项目"革命策略与合作运动：革命动员视角下中共农业互助合作运动研究（1927—1949）"（10YJC770094）的最终研究成果。

笔者的学术兴趣长期以来一直聚焦于近代中国农村合作运动，本书的研究首先缘起于对 20 世纪中国农村合作运动的持续关注。攻读硕士学位期间，笔者即以民国时期江西农村合作运动（1931—1949）为个案，在国家—社会关系视野下对 20 世纪前期中国乡村的合作化与现代化问题进行了专题研究。攻读博士学位期间，笔者曾试图以国共两党农村合作运动的比较研究为选题，但囿于研究视野以及选题太过宽泛，遂将选题调整为对南京国民政府农村合作运动与小农经济变迁的研究。通过对长江中下游地区数省合作运动中运销合作与乡村副业、信用合作与乡村金融、利用合作及合作农场与农业经营模式变迁等问题的研究，管窥合作运动在 20 世纪前期国统区乡村小农经济变迁进程中的影响。近几年来，笔者一直尝试突破以往的中共党史、革命史、经济史的研究范式，在革命动员的视角下对中共农业互助合作运动进行革命社会史的研究与探索，从中国共产党如何将群众动员起来、组织起来、运动起来的角度，探讨农业互助合作运动的发生与发展，探究中国共产党如何介入农业生产领域的各个环节以及由此导致的农业互助合作的变革。本书的研究就是在此背景下展开的。

本书着眼于革命与农业互助合作二者关系的研究。农业互助合作运动是一场引起革命根据地生产方式、劳动方式和人民群众经济行为深刻变革的群众性经济运动。在中国革命中，以"组织起来"、变工互助为主要特征的农业互助合作运动对于根据地乡村社会变迁而言，更深层次的意义在于:在中国共产党的生产动员中,中国共产党以前所未有的力度与广度全面介入农业生产劳动的各个环节,春耕、夏收、夏种、秋收、秋种、冬耕等田间日常劳作不再是面朝黄土背朝天的朴实农民的单方面家庭经济行为,农民的劳动习惯、劳动方式、生产方式乃至生活方式都因这场运动而开始发生深刻变化,传统小农经济的租佃、自耕、佣耕的经营模式也因劳动互助合作运动的推行而发生新的变化。中国共产党生产动员的具体实践和展开,必然带来革命前后农业互助合作的历史性变动,租佃制度、农事习惯、传统互助、日常合作因革命而发生新的变化,注入并构筑起新的农业互助合作制度。但是学界对革命与农业互助合作关系的研究迄今尚较薄弱,传统的革命史研究范式突出农业互助合作运动中"政策—效果""动员—呼应"的研究向度,描述性和概论性研究难以再现农业互助合作运动中的革命动员和党群互动关系,也难以呈现革命前后中国乡村农业互助合作的巨大变化。为此,本书的中心命题围绕革命与农业互助合作的历史变动展开,力图通过对中共农业互助合作运动的考察,揭示革命前后的农业互助合作发生了怎样的变化以及变化的动因——中国共产党在革命中的生产动员及其策略。

本书的另一主旨,是以农业互助合作运动为视角切入对中国革命根据地群众性经济运动的观察、思考与阐释,围绕中国共产党的生产动员与革命策略考析农业互助合作运动何以成为群众运动。基于此视角,考察革命根据地群众运动的发生发展、复杂面相、微观机制、运行机理和党群互动关系,一方面有助于从群众运动角度深化对农业互助合作运动的认识;另一方面,为深度理解中国革命、中国共产党如何"获得群众"与"赢得乡村"、理解中国革命现代性提供实证基础,对继续深化中国革命研究,整合革命史范式和现代化范式,构建革命社会史研究范式也具有理论创新价值。时处后革命时代的今天,深入研究中国革命依然是颇有学术价值的选题,唯有深化革命研究才能真正理解革命对中国社会变迁的意义和后续影响。就此,本书围绕革命策略与生产动员两个中心概念,通过对文献资料与历史档案的解读,深入探讨革命年代的中国共产党如何介入农业生产领域及其引起的传统劳动互助合作习惯的变迁、对革命根据地群众经济的重塑以及在农业生产领域中党与群众关系的生成与调适。所要回答的中心问题就是:中国共产党通过什么样的动员技术和策略将农业互助合作演变成了一场席卷根据地乡村的群众运动,着力探讨根据地时期以群众运动方式发展农业经济的思维模式是如何形成的，着重考察中国共产党通过群众运动来发展革命区域经济的独特模式——通过群众运动来推进生产运动的机理与机制。这也是选择从革命策略与合作运动角度探究中共农业互助合作运动的缘由。

　　通过中共农业互助合作运动的考察，还可以呈现互助合作所带来的革命区域（指苏区、抗日根据地、解放区等，下同）乡村社会变革的图景。20世纪前期中国共产党在革命区域的局部执政和社会经济建设实践是非常具有挑战性的研究课题。农业互助合作运动纳入近代中国乡村社会变迁的研究视野才能凸显出它对革命区域乡村民众和小农经济变迁的意义和价值。农业互助合作运动作为农业生产合作的一种形式，始终伴随着20世纪以来中国乡村的小农经济变迁，值得进一步深入研究与反思。自20世纪20年代以来，农村合作运动几乎是贯穿中国乡村变迁全程的社会经济运动，并形成20世纪20—40年代、20世纪50年代、20世纪末期至今三个合作运动发展的高潮。三个时期的农村合作运动，都体现出与小农经济变迁之间的深度关联。20世纪20—40年代的农村合作运动，是近代中国从"以农立国"的传统农业社会走向现代化工业社会的进程中乡村经济变革的一剂助力，并在国共两党的不同执政区域内产生了不同的影响与结局。笔者在此前的研究中指出，农村合作运动对于小农经济变迁而言，其核心意义在于：它提供了一条既不同于以竞争与效率为原则的市场经济秩序，也不同于以道义为基础的道德经济秩序的特殊路径与模式；互助合作运动与以"效率"为核心的小农经济发展模式不同，它不仅提供效率收益，也提供公平收益；不仅注重小农经济改造，也突出小农经济改造中"人"的因素，促动其从单一的小农到兼具小农与合作社员双重角色的变迁。① 处于革命动员与改善民生双重因素驱动下的农业互助合作运动，在对革命区域的乡村经济改造和革命战争的资源动员方面，具有深入探讨的意义和价值。它既是近代以来中国乡村小农经济变迁的"另一图式"，也是20世纪前期中国农村合作运动的组成部分；既与20世纪50年代以后中国共产党推进的农业合作化运动相承接，也与20世纪末和21世纪初的中国农村合作经济发展具有一定的历史渊源。中国共产党在革命根据地领

---

　　① 魏本权：《农村合作运动与小农经济变迁——以长江中下游地区为中心（1928—1949）》，人民出版社2012年版，第383页。

导进行的农业互助合作运动，意味着全新的劳动方式、农业生产模式和新的社会生产关系的萌芽与生长。故而选择从农业互助合作运动切入革命根据地社会史研究，可以呈现政党动员、民众回应、革命进程、乡村经济变迁之间的复杂面相。

二　学术史回顾

20 世纪 50 年代，学界对农业互助合作运动就已进行了初步调查与研究。朱玉湘对新民主主义革命时期的农业互助合作的背景、形式、发展历程、经验教训、特点等问题进行了分析。[①] 厦门大学历史系继毛泽东的才溪乡调查之后，对才溪乡农业互助合作运动再次进行了历史人类学的考察，认为才溪乡人民首先发起了农业合作化运动，成立了我国最早的劳动互助组织，这一创举指出了改造小农经济的正确方向。[②] 张水良也探讨了抗日战争时期陕甘宁边区的农业互助合作对提高劳动生产率、改善人民群众生活、保障革命战争需要方面的历史作用。[③] 这些研究与 20 世纪 50 年代的农业合作化运动相呼应，坚持两者之间的传承关系，可谓是对现实问题的历史追溯。

20 世纪 70 年代末以后，学界在革命史、经济史的框架内对农业互助合作运动的背景、兴起、发展、成就及其意义等问题进行了卓有成效的探讨，相关研究主要在于论证中共农业互助合作运动对于新民主主义革命的历史意义，结论大体一致。张剑锋探讨了中央苏区长冈乡农业互助合作运动的发展过程、主要形式与作用、发展原因以及互助合作运动的性质。[④] 马福英论述了抗日战争时期的农业互助合作运动的社会背景、发展原则与历史作用。[⑤] 何文孝、高长林对陕甘宁边区的农业互助合作进行了研究，指出了农业互助合作对于以后合作化运动的历史经验所在。[⑥] 李祥瑞就合

---

①　朱玉湘：《我国民主革命时期的农业互助合作运动》，《文史哲》1957 年第 4 期。

②　厦门大学历史系实习调查队：《第二次国内革命战争时期的才溪互助合作运动》，《厦门大学学报》1959 年第 1 期。

③　张水良：《抗日战争时期陕甘宁边区的农业互助合作》，《历史教学》1959 年第 9 期。

④　张剑锋：《第二次国内革命战争时期长冈乡的农业互助合作运动》，《安徽劳动大学学报》1978 年第 1 期。

⑤　马福英：《抗日战争时期的农业互助合作运动》，《河北师范学院学报》1983 年第 2 期。

⑥　何文孝、高长林：《抗日战争时期陕甘宁边区的农业劳动互助》，《陕西财经学院学报》1983 年第 1 期。

作社经济在陕甘宁边区经济建设中的地位做了探讨，肯定了合作社经济在新民主主义经济体系中的地位。[①]

20 世纪 90 年代以后，中共农业互助合作运动的研究思路和研究视角又有新的变化。刘大可关于山东解放区农业互助合作运动的研究，不仅从纵的方面叙述了发展历程，而且注意到了互助合作与民间传统互助的不同，以及互助合作运动中因集体劳动与土地私有的矛盾而出现的问题。[②]刘宏探讨了抗战时期晋察冀边区劳动互助的背景、形式、经验与作用。[③]庞平则就晋察冀边区合作社事业的发展、作用与特点进行了研究，将之视为 20 世纪中国农村社会经济的一种新现象加以认识。[④] 温锐对中央苏区农村互助合作运动的紧迫性、兴起与发展、形式、历史作用与时代特点也进行了研究，强调苏区农村互助合作经验对于新型农村互助合作发展的意义。[⑤] 侯德础认为，到第二次国内革命战争时期形成了中国共产党重视和运用合作运动的传统，并形成一套独特的合作社发展模式，即尊重中国实际，不按国际成例发展消费、信用合作，而是着重发展生产合作，但是这一时期合作事业发展中也出现了一些偏激做法，所有这些都对中国以后的合作运动发展产生深刻历史影响。[⑥] 徐有礼认为，抗日根据地的劳动互助合作将以户为单位的个体生产方式转变为以人为单位的集体劳动的生产方式，是农业生产制度上的一种变革。[⑦]

进入 21 世纪以来，除了延续肯定劳动互助合作运动作用的传统研究思路以外，随着学界对革命史研究范式的进一步思考和讨论，区域史、社会史、社会学、人类学、制度经济学等研究方法也逐步运用到农业互助合作运动的研究中，进一步拓展了研究视野和问题空间。主要的研究思路创新，一是体现为在传统与现代的视角下，对农业互

① 李祥瑞：《合作社经济在陕甘宁边区经济建设上的地位》，《西北大学学报》1981 年第 3 期。

② 刘大可：《山东解放区的农业互助合作运动》，《东岳论丛》1991 年第 3 期。

③ 刘宏：《抗战时期晋察冀边区的劳动互助》，《河北学刊》1992 年第 3 期。

④ 庞平：《晋察冀抗日根据地的农村合作事业》，南开大学历史系中国现代史研究室编、江沛主编《二十世纪的中国农村社会》，中国档案出版社 1996 年版，第 222—233 页。

⑤ 温锐：《中央苏区土地革命研究》，南开大学出版社 1991 年版，第 147—176 页。

⑥ 侯德础：《30 年代中期以前的中共合作社主张与实践》，《四川师范大学学报》1996 年第 1 期。

⑦ 徐有礼：《试论抗日根据地的劳动互助合作》，《郑州大学学报》1993 年第 6 期。

助合作运动的传统文化资源及其转化利用进行探讨;二是制度经济学、合作经济学等理论方法被运用于农业互助合作运动的研究,将"合作经济"作为研究探讨的主要分析对象;三是强调革命史与区域史、乡村史研究的结合,注重分析劳动互助合作运动与革命区域社会变迁的关联,突出国家—社会关系、社会动员与党群关系、劳动力整合、社会治理的功能分析;四是突出了对互助、合作这类民间社会经济行为的历史人类学与社会学研究。

在延续传统的肯定劳动互助合作运动作用的研究中,王贵宸在关于中国农村合作经济史的概述中对中国共产党领导的各个时期的互助合作进行了勾勒。[①] 王晋林指出陕甘宁边区农业生产的互助合作对促进边区农业发展和边区经济建设起了重要作用,是中国共产党进行新民主主义经济建设的成功实践。[②] 卫俊对晋察冀边区大生产运动期间劳动互助合作社成立的背景、组织原则、优越性与作用做了简要的介绍。[③] 此外,还有学者对川陕苏区、晋察冀边区和华中抗日根据地劳动互助合作运动的研究,也无一例外地肯定其积极作用。[④]

赵泉民对1924—1937年中国共产党农村合作化言论与实践进行了考察,认为合作社的开办对于促使农村建设、改良农民生活、改善乡村的生产与生活关系、加强农村的秩序化和生产的社会化具有一定助推作用。[⑤] 梅德平运用新制度经济学的制度变迁理论,分析根据地各个发展时期互助合作组织制度变迁的制度绩效与历史特征,认为中共农村互助合作组织变迁乃是一种诱致性制度变迁,组织建立的过程具有自发性,并在一定程度上体现了自愿互利原则,但也存在规模过小、组织结构松散的问题。[⑥] 赵

① 王贵宸编著:《中国农村合作经济史》,山西经济出版社2006年版,第172—204页。

② 王晋林:《"抗战胜利的必由之路"——论陕甘宁边区农业生产的互助合作》,《甘肃理论学刊》2004年第4期;王晋林:《论边区政府农业生产互助合作政策与实施——抗战时期陕甘宁边区的农业建设》,《传承》2013年第8期。

③ 卫俊:《晋察冀边区在大生产运动期间的劳动互助合作社》,《沧桑》2007年第4期。

④ 刘庆礼:《试论抗战时期晋察冀边区的劳动互助合作》,《商业文化》2009年第11期;黄爱军:《华中抗日根据地的农业互助合作运动》,《世纪桥》2008年第10期;王雪燕、张强:《简析川陕苏区农业生产中的互助合作》,《今日南国》2008年第7期。

⑤ 赵泉民:《试论抗战前中国共产党对农村合作化的认识与实践》,《许昌师专学报》2001年第1期。

⑥ 梅德平:《共和国成立前革命根据地互助合作组织变迁的历史考察》,《中国农史》2004年第2期。

泉民、侯德彤还从合作制度构建的经济网络的社会动员效用角度分析了中
国共产党乡村合作制度的社会效用，从社会动员角度考察了合作社在社会
经济、政治动员方面所起的作用。[1] 黄正林则从劳动力整合角度对陕甘宁
边区劳动问题进行了研究，指出国家政权在制定行政制度和法律时如果不
考虑民间社会传统，必然和民间固有的、约定成俗的惯行发生矛盾和冲
突。[2] 在中央苏区消费合作运动研究中，田有煌认为中央苏区的合作运动
不是民众的自发运动，而是苏区政府主导下的产物，苏区政府强力推进和
消费合作社给民众带来的实实在在的利益是苏区消费合作运动发展的动
力。[3] 马冀认为通过合作社这一生产组织，形成了广大民众与中共政权之
间的良性互动，这对革命根据地的巩固与建设、维持与稳定发挥了重要作
用，从而推动了革命的发展。[4] 王晓荣、李斌从巩固社会基础以保障抗战
胜利、扩大公共参与以提供民主政治平台、开展农村社区建设和培育社会
资本、产生群众精英以形成新型权威秩序四个方面阐述了陕甘宁边区互助
合作运动对于乡村社会治理的巨大促进作用。[5] 俞小和通过淮北抗日根据
地互助合作运动的研究，认为轰轰烈烈的互助合作运动推动着淮北农村社
会经济及社会风俗、社会心理由传统向现代的变迁。[6]

　　张玮、李翠青对晋西北抗日根据地劳动互助政策及其实践进行了评
析，指出这一政策及其实践虽然在战时收到了明显效果，但亦出现了各种
各样的形式主义，而且劳动互助并没有改变小农经济的生产特性，所谓互
助合作只是在分散的土地上的简单合作，即依靠简单的生产组合使人力畜
力在充分利用的基础上提高劳动效率。[7] 王俊斌在对山西省保德县农业合

---

①　赵泉民、侯德彤：《经济网络与社会动员：革命时期中国共产党乡村合作运动社会效用
分析——兼与国民政府乡村合作社之比较》，《晋阳学刊》2008 年第 1 期；赵泉民：《政府·合作
社·乡村社会——国民政府农村合作运动研究》，上海社会科学院出版社 2007 年版。

②　黄正林：《抗战时期陕甘宁边区劳动力资源的整合》，《中国农史》2004 年第 1 期。

③　田有煌：《合作运动中的苏维埃政府和民众的选择——以中央苏区消费合作为例》，《赣
南师范学院学报》2012 年第 1 期。

④　马冀：《抗战时期陕甘宁边区的农业互助合作运动》，《河南理工大学学报》（社会科学
版）2008 年第 2 期。

⑤　王晓荣、李斌：《陕甘宁边区互助合作运动的社会治理功能论析》，《宁夏大学学报》
2011 年第 3 期。

⑥　俞小和：《调整与变迁：淮北抗日根据地的互助合作运动》，《安徽史学》2013 年第
4 期。

⑦　张玮、李翠青：《中共晋西北抗日根据地劳动互助政策及其实践评析》，《古今农业》
2006 年第 3 期。

作化运动的研究中,对根据地时期的保德县互助合作运动的缘起、运行进行了研究,认为发展互助合作的必要性、中共对民间传统互助习俗的尊重、适合当时生产力发展水平、行政干涉力量相对较小,使得互助合作运动取得了一定的成绩。① 王志芳在对抗战时期晋绥边区农村经济的研究中,专辟一章讨论了乡村农业生产组织从变工互助组到变工合作社的转变,指出变工互助组织这种生产形式打破了农村以"家庭"为特征的个体生产,但却不是生产力发展的自然结果,而是政权需求下的人为操作。② 贺文乐关注到解放战争时期晋西北革命根据地偏关县变工互助的挫折和曲折,但总体而言绩效仍然显著;他还从各阶层的参与度角度分析了偏关县农业互助合作在乡村社会重组中的功能。③ 贾滕的研究注意到土改与劳动互助的关系,他以1949—1954年河南省商水县土改前后乡村互助合作的态势变动为例,指出土改改变了乡村农户合作互助的基本要素并使其受到了国家权威的强制性影响,直接影响了不同农户对互助合作的态度,这种国家干预下的农户互助合作对土改后均质化的贫困小农的农业生产有一定帮助,但是互助组行政化之下行使的优抚、保障职能以及需要完成其他一些政府任务使其难以克服"搭便车"现象,从而无法化解集于一身的内在冲突与外在的稳定、秩序要求之间的矛盾,而且这种合作也无法生成新的生产要素。④

互助合作是人类社会的基本行为和民间习惯,学界对革命时期中国乡村的劳动互助习惯也进行了不少研究。王河魁、张增田对山西农村劳力之间、人畜之间、牲畜之间的变工互助方式进行了考察。⑤ 周婷婷在对20世纪上半期山东乡村互助合作的研究中,也对山东革命根据地农民互助合作的改造进行了探讨,尤其对党领导互助合作的生产教育、典型示范进行

①　王俊斌:《改造农民:中国农业合作化运动研究——以山西省保德县为中心》,首都师范大学,博士学位论文,2009年。

②　王志芳:《抗战时期晋绥边区农村经济研究》,中国社会科学出版社2015年版。

③　贺文乐:《晋西北变工互助探微(1946—1949)——以偏关县为个案之分析》,《山西高等学校社会科学学报》2012年第3期;贺文乐:《农业互助合作运动中各阶层参与度分析——以晋绥边区偏关县为例》,《农业考古》2012年第6期。

④　贾滕:《农户意愿与国家意志:土改前后乡村互助合作的动态分析——以河南商水县为例(1949—1954)》,《甘肃社会科学》2010年第1期。

⑤　王河魁、张增田:《抗战前山西农村传统的互助合作形式》,《山西农业大学学报》1992年第1期。

了深入描述。① 卞国凤从乡村社会福利传统及其变迁的角度，着眼于新农村建设中社会保障制度的建构，研究了近代以来中国乡村社会民间互助行为的变迁。传统民间互助受到"血缘伦理本位""差序格局"的价值观支配，这一支配理念直到晚清民国时期依然没变；直至改革开放时期，"理性""利益"等因素介入乡村社会生活，乡村社会民间互助在互助内容、发生前提、关系基础、实现途径甚至支配理念上都发生了变化，从而形成了新的特点；民间互助行为不仅是乡村民众的社会支持资源，也是乡村民众构筑的国家福利体系之外的非经济福利，乡村社会民间互助作为民间的一种非正式制度既具有自身的体系，也具有适应社会变迁的调适能力。②

20世纪七八十年代以来，海外与中国港台学者也采用跨学科的研究思路和理论方法对农业互助合作运动进行了专题探讨。

中国台湾学者梁其姿从社会学角度解析中共农业合作制度，比较传统农业互助组织与中国共产党农业合作的异同。她以中国共产党的农业合作制度作为专题，探讨抗日战争期间中国共产党三个主要根据地（边区）的农业合作（集体制）组织，对它的形成过程与运作做了详尽的叙述与分析。③ 赖建诚对中国共产党早期的集体化合作组织（1931—1945）侧重于社会经济史的分析，从经济效益、社会效果、政治与军事功能三个方面评析中国共产党早期合作组织的绩效，认为中共早期的集体化合作组织虽然可以带来有限资源的较高利用率，但并不能带来生产效率的提高，相反其结果是全面生产效率的降低；合作组织还具有动员群众的社会功能，合作社也就是重新界定农村社会关系过程中所不可忽视的组织；此外，中国共产党集体化合作组织的政治与军事功能远大于其经济与社会效果。④ 不过，由于资料的限制，赖建诚对中国共产党早期合作组织的研究还有待深入，合作组织的社会动员和资源动员功能及其社会意义有待深入探究。

---

① 周婷婷：《20世纪上半期山东乡村互助研究》，山东大学，博士学位论文，2012年；周婷婷：《以乡村民众的视角探寻历史发展的多面性——以土改前山东根据地农民互助状况为例》，《山东社会科学》2012年第3期。

② 卞国凤：《近代以来中国乡村社会民间互助变迁研究》，南开大学，博士学位论文，2010年。

③ 参见赖建诚《近代中国的合作经济运动——社会经济史的分析》，（台北）正中书局1990年版，第167—168页。

④ 同上书，第181—188页。

美国学者赛尔登所描绘的"延安道路"是关于革命中的乡村中国历史发展的一种道路与模式,合作运动是延安模式中发展经济的重要内容,赛尔登着重分析了陕甘宁合作运动、互助与农业发展的问题,强调了合作与农业互助运动对改造乡村经济以及对农村社会政治关系和农村生活的影响。[①] 席兰 (Peter Schran) 的《游击经济》也对陕甘宁边区的经济组织发展与人力动员进行了详细研究。[②] 纪保宁 (Pauline B. Keating) 认为,在乡村建设与合作运动的"两种革命"中农业互助也扮演着重要角色。[③] 弗里曼、毕克伟、赛尔登以河北省饶阳县五公村为例对 1935—1960 年华北平原农民生活的研究中,也以较大篇幅论述了劳动互助合作在五公村的演变,在 1938 年至 20 世纪 50 年代初静悄悄的革命中,互助合作既体现出整合家庭和乡村的活力,也体现出与社会主义之间的张力。[④]

综观目前学界的以上相关研究,农业互助合作运动基本的研究思路体现为革命史与经济史的考察、合作经济学和制度经济学的研究以及借鉴其他人文社会科学方法的跨学科研究。主要的研究领域,以中国共产党及其领导人的合作思想研究、中国共产党劳动互助合作运动研究、合作经济与合作制度研究为主。主要的研究区域,在通论性研究之外,以中央苏区、陕甘宁、晋察冀、山东、晋绥、华中、淮北等革命根据地为主。在对中共农业互助合作运动的评价上也存在两种不同认识:海外学者对中国共产党早期合作组织的研究值得商榷和有待深入,合作组织的社会动员和资源动员功能及其社会意义有待深入探究,突出合作组织的强制性与历史事实也存在较大距离;国内学界的研究基本仍是在史实描述与论证合作事业之于中国革命的历史作用方面进行,难有大的突破与进展。

实际上,中国革命根据地的农业互助与合作运动是一个非常宽泛的研究主题,它涉及根据地民众的劳动方式、生产经营方式、乡村副业、乡村贸易、乡村商业、乡村金融等领域,是一个经济史、革命史、社会史共同

① [美]马克·赛尔登:《革命中的中国:延安道路》,魏晓明、冯崇义译,社会科学文献出版社 2002 年版,第 203 页。

② Peter Schran, *Guerrilla Economy: The Development of the Shensi-Kansu-Ningshia Border Region, 1937–1945*, Albany: State University of New York Press, 1976.

③ Pauline B. Keating, *Two Revolutions-Village Reconstruction and the Cooperative Movement in Northern Shaanxi: 1934–1945*, Stanford: Stanford University Press, 1997, pp. 205–240.

④ [美]弗里曼、毕克伟、赛尔登:《中国乡村,社会主义国家》,陶鹤山译,社会科学文献出版社 2002 年版。

关注的研究领域。目前，学界对合作运动中中国共产党及其各级政府的革命动员、乡村民众参与问题、互助合作运动与传统社会资源的关系、合作运动与社会经济变迁、合作运动中的国家与社会关系、合作运动对于传统小农经营模式变动的意义等方面的研究少有关注。在从传统到现代、革命到建设的历史性转变中，中国共产党在革命根据地推行的农业互助合作运动负载了革命动员、经济建设、社会变革的多重功能。目前互助合作运动研究中忽略了社会动员的过程，而着重探讨动员的结果；忽略了经济理性决定的互助合作模式与以群众利益为中心的互助合作模式所导致的民众参与差异、互助合作运动中的经济精英权势转移与阶层流动等问题，这些都是目前研究中的薄弱环节。

在前述研究的基础上，本书努力突破的第一个创新之处，是将农业互助合作运动不仅视为一场生产运动的变革，也视为革命根据地的一场群众运动，从中国共产党如何"运动"与赢得群众、群众如何对待和参与"运动"角度解读这场影响深远的群众性经济运动。

学界对革命时期群众运动的研究及其表达的问题意识主要有：第一，以西方革命经验为基础、从群众（Mass）参与社会运动的心理动机角度，形成了勒庞《乌合之众》与《革命心理学》、埃里克·霍弗《狂热分子：群众运动圣经》等为代表的革命心理学研究经典。① 第二，中国革命中群众运动的纪实性研究，如柯鲁克夫妇对河北十里店和韩丁对山西张庄土地改革中群众运动的描述。② 第三，革命时期群众运动的专题性研究，主要在"获得群众"和理解中国革命的思路下进行，围绕诉苦、土改、翻身等群众性运动和革命教化与动员，李里峰对诉苦中动员技术的微观分析、李放春对土改中"翻心"实践的考察均很具代表性。③ 第四，1949 年后群众运动研究，如本尼特、塞尔、马德森等，赛尔把群众动员运动看作

① ［法］勒庞：《乌合之众》，广西师范大学出版社 2011 年版；［法］勒庞：《革命心理学》，吉林人民出版社 2011 年版；［美］埃里克·霍弗：《狂热分子：群众运动圣经》，广西师范大学出版社 2011 年版。

② ［加拿大］伊丽莎白·柯鲁克、［英］大卫·柯鲁克：《十里店——中国一个村庄的群众运动》，北京出版社 1982 年版；［美］韩丁：《翻身——中国一个村庄的革命纪实》，北京出版社 1980 年版。

③ 李里峰：《土改中的诉苦：一种民众动员技术的微观分析》，《南京大学学报》2007 年第 5 期；李放春：《苦、革命教化与思想权力——北方土改期间的"翻心"实践》，《开放时代》2010 年第 10 期。

"有组织的集体行动的动员，其目的是转变思想方式，阶级或权力关系或经济机构和生产力"；马德森则将群众动员视为一个仪式性运动。① 第五，出于对中国社会治理的现实关怀而反思群众运动的研究，如孙培军、叶青、谭献民、唐经纬与李宁等。② 后者提出从思想史、社会史的角度研究90年来中国共产党关于群众运动的思想和做法，应该是党史研究的一个重要视角，也是研究马克思主义中国化的一个重要路径。基于以上学界的研究思路，本书着重考察农业互助合作运动的发生发展、运行机制、微观机理，力图全面还原群众性经济运动的历史实态。

本书第二个努力，在于尝试在中共农业互助合作运动研究的理论范式转换与建构、政治话语和社会行动分析方面有所突破。

长期以来，在中共党史学的视野下，中共农业互助合作运动的研究难有研究范式与理论方法上大的突破，描述与概论性的研究占据了主导地位。20世纪80年代中期以来，西方社会运动研究领域发生了转折性的范式变迁——从占统治地位的资源动员理论向以意义建构和象征斗争为主要切入点的社会建构论的转变。从基于理性选择理论的资源动员取向到以社会心理学为基础的社会建构论取向，这一范式转变对于互助合作运动研究很有借鉴价值。首先，以往学界关于互助合作运动的研究对从社会心理学角度考察乡村世界中合作运动的动员方式（策略）、微观动员过程、动员过程中集体认同感问题、草根式支持的获得等问题很少加以关注，而这正是社会运动理论所着重分析的问题。其次，中国的农业互助合作运动由于国家因素的介入，可以运用社会运动理论的社会建构论范式，观察国家与民众之间的意义建构过程，从而为更深入地理解"获得乡村"提供经验支持。最后，农业互助合作运动是在特定时空背景下进行的，革命区域的

① Gordon Bennet, *Yundong*: *Mass Campaigns in Chinese Communist Leadership*, China Research Monographs, University of California, Berkeley, 1976；[美]查理斯·塞尔：《目前的革命：中国的动员运动》，纽约学术出版社1977年版；[美]理查德·马德森：《毛泽东时代的中国群众动员》，萧延中编《外国学者评毛泽东》（第4卷），中国工人出版社1997年版。

② 孙培军：《运动国家：历史和现实之间——建国60年以来中国政治发展的经验和反思》，《理论与改革》2009年第6期；叶青：《论中国共产党与群众运动模式的运作》，《党史研究与教学》2005年第1期；叶青：《中国共产党领导的群众运动及其特征的历史考察》，《党史研究与教学》2010年第5期；唐经纬、李宁：《"群众运动"的马克思主义中国化路径阐释——1949年以来中国群众运动研究综述》，《河海大学学报》（哲学社会科学版）2011年第3期；谭献民：《群众运动——中共党史史学理论研究的历史整体视角》，《党史研究与教学》2010年第1期。

党和政府、个体小农围绕互助与合作问题形成了特定的权力关系，党和政府与个体小农均在其中思考、界定自身的利益所在和行动策略，并非支配与被支配的被动关系，新的社会行动和意义在此过程中得以生产出来。

三　研究思路与方法

将社会史范式引入革命史的研究，或者将革命史纳入社会史研究的整体视野，近年来都得到学界的运用和关注。革命动员视角下的中共农业互助合作运动研究，旨在革命史与社会史融合的视野下，围绕"革命与互助合作"的关系，考察中国共产党革命策略、革命动员（生产动员）与互助合作运动之间的内在关联。具体而言，课题研究将提炼革命动员策略的实施、运行与绩效，革命动员主导下的农业互助合作体系的变迁、重构及独特模式；着力探求农业互助合作运动与小农、小农经济变迁的关系，对革命区域社会变迁的影响，农业互助合作运动中党的基层支部、地方政府、群众组织与民众之间的互动关系等问题，期望在新民主主义革命时期的农业互助合作运动研究中达到研究范式、理论方法与问题视角的创新和突破。

本书研究的基本思路是，在革命史与社会史的视野下对农业互助合作运动与革命时期党和政府的革命动员的内在关联进行研究。首先，对近代互助论与合作主义的传播、中国共产党对互助合作理论的探索进行梳理，并探索中国传统互助及日常合作的基本特征。其次，研究不同革命阶段、不同革命区域和不同革命战略下农业互助合作运动的发展历程，对苏区革命、减租减息、土地改革与农业互助合作运动的关联进程进行历时性研究，由此探讨在延续传统与革命改造的双重策略下，革命前后的传统互助和日常合作的历史变迁。再次，揭示农业互助合作运动中的革命动员机制，特别是经济动员的组织、实施及其绩效，尤其是中国共产党在农业互助合作运动中探索出的思想动员、经济动员与文化动员的机制与模式。复次，揭示农业互助合作运动与革命区域乡村社会变迁的内在关联，革命动员引起了革命区域怎样的社会阶级结构与经济结构的变动；考察革命动员过程中，党和基层政府与个体小农的互动关系，个体小农在农业互助合作运动中的利益与认同、角色和身份变化。最后，通过本书的研究就中共农业互助合作运动的时代特征、对革命区域乡村社会的影响，以及对当下社会主义新农村建设的镜鉴价值提出自己的看法。

　　在上述研究思路下，本书将农业互助合作运动理解为中国共产党在苏区革命、减租减息、土地改革等重大革命战略（进程）中的一个动员群众、发展生产的革命策略，围绕中国共产党的生产动员，探讨农业互助合作运动在革命进程中的具体展开与实践。研究的主要内容包括：第一，追溯互助与合作的基本理论内涵，考察革命之前传统互助及日常合作的制度与机制、农事中的互助合作习惯。第二，在革命、战争、动员、建设的多维空间里分析中国共产党革命动员与农业互助合作运动的关联、实现及其绩效，突出革命与战争给互助合作体系带来的变动及重构，主要围绕土地革命、减租减息、土地改革与农业互助合作运动的关系而展开。第三，就农业互助合作运动中的生产动员机制进行研究。有效的革命动员是乡村政治经济文化资源的全面动员，民众理解、支持与献身革命和战争的保证，农业互助合作运动在偏僻落后的乡村成功地动员起普通民众参与革命、支持革命，实现了草根动员的有效和集约。对这一问题的研究主要以沂蒙解放区为中心，讨论中共采取的思想动员、政治动员、经济动员的具体展开和实践。第四，农业互助合作运动与乡村社会变迁之间的关联，以此观察农业互助合作运动中的国家与乡村社会关系。农业互助合作运动改变了乡村原有的经济结构、阶级阶层结构、权力结构，重新建构国家与乡村社会关系。传统小农在革命与战争中的角色认知与身份变化，基于互助合作运动形成的利益与认同关系也在调整变动之中。第五，农业互助合作运动与革命区域其他群众运动的关系研究，如农业互助合作与大生产运动、救灾运动、村选与政权建设、劳动模范运动、支前运动等，在涉及这些群众运动与农业互助合作运动的关系时，本书亦展开必要的探讨。以上研究内容中，农业互助合作运动中革命动员的运作与实施是本书研究的重点。

　　本书突出革命史与社会史的整合，尝试在革命社会史的视野下突破既有研究范式，从革命动员与农业互助合作运动的关系出发，在战争、动员、经济、革命、建设的多维空间里，深入分析新民主主义革命时期中共农业互助合作运动与革命战争、经济建设、生产动员、群众经济之间的内在关系，解读革命动员、群众运动、经济建设之间的内在关联。因此本书的研究不是在传统的思路下去认识农业互助合作运动与中国革命之间的线性关系，仅将其视为中国革命胜利的基本要素，而是从革命动员这一角度考察中国共产党是通过什么方式将互助合作演化为一场席卷根据地乡村的群众性经济运动的？这场群众运动导致了劳动互助与合作怎样的变化？在根据地乡村社会引起了怎样的社会变动？围绕农业互助合作运动中的革命策略与生产动员展开讨论，以探究中共革命进程与互助合作、革命策略与生产动员、互助合作与社会变迁之间的关系。

　　本书采用的研究方法主要有二。第一，革命史与社会史相结合的研究方法。在跨学科的视野下，整合社会学、人类学和历史学等学科的理论方法，在目前学界革命根据地社会史、新革命史研究方法的基础上，建构以革命动员为核心的社会史研究范式，并将之运用于本书研究。尽可能多地占有革命档案资料、田野调查和口述访谈资料，深入历史当事人中间，通过他们的自身活动、历史记忆来再现革命动员策略的实施与运作、互动与纠葛，这是本书的基本研究方法。第二，微观史与个案研究方法。微观史的研究方法可以深入农业互助合作运动的内部，丰富的革命档案资料为微观史学研究提供了可能。通过具体的农业互助合作运动个案，通过参与其中的党支部组织、基层政府、地方的革命领导人、普通民众、先进分子、落后分子的不同活动，揭示出革命动员策略的基层落实和具体运作，非常有助于细化和精化对革命史的认知。本书重点对中央苏区、陕甘宁边区、山东抗日根据地和解放区、沂蒙解放区的农业互助合作运动进行个案研究。第三，比较研究方法。比较研究意在揭示事物的本质，通过不同区域、不同革命阶段的区域农业互助合作运动的比较研究，探讨革命动员策略在各区域与各时段的实施、互动状况和绩效，这也有助于丰富本书的研究和结论。

第 一 章

传统互助及日常合作

中国乡村的互助传统与日常合作可谓源远流长，传承不辍。传统互助与日常合作以宗亲伦理、社区邻里为依托，以道德教化与经济伦理为纽带，从农业生产中的帮工、搭套、换工等农事习惯，到乡村公益、生活消费、公共娱乐、共同建筑、丧葬祭祀、手工工艺、慈善救济、金融借贷等领域的合作，形成了覆盖整个乡村社会、农业生产与日常生活的互助合作体系。乡村民众的日常生活和人际关系离不开基于互惠、互换与互助的社会交换与回馈习惯，这是革命之前乡村运行秩序的有机组成部分。

第一节　理论追溯：互助合作释义

学界往往将互助（Mutual Aid）、合作联用而较少注意二者之间的差异，二者之间的联系和差异是一个看似简单而又极为复杂的问题。本书认为，互助与合作的道德基础、机理机制具有很多不同，互助是合作的道德基础，是前工业社会的普遍人类行为，互助内在于人类社会经济、生产生活、交易交换的方方面面，其历史甚至与人类的历史一样久远，离开了人类的互助本性，合作就会失去道德根基；合作则有广义与狭义之分，广义的合作如同互助一样，也是人类进化中的基本社会行为；狭义的合作则是近代工业革命的产物，是近代社会运动的组成部分，实现弱者的经济联合，借助合作社的形式实现了传统互助的制度化、规范化与专业化，这也是近代合作制度的基本特征和合作运动的基本诉求。

一　互助：合作的道德基础

如何理解人与人之间的互助？目前，学界至少从以下两个角度对此加以界定。

(一) 互助:乡土社会的基本行为

互助即互相帮助之意,含义具有较大的伸缩性和包容性。从社会学、人类学角度而言,互助、合作 (Cooperation) 与竞争、对抗一样,都是人类最为基本的社会行为,在不同的社会环境下表现出对人类社会发展的不同价值。中国乡村社会有着悠久的互助传统,民众在生产、生活中的互帮互助极为普遍,对此学界也进行了深入研究。例如,刘金海梳理了中国历史上农民互助的三种基本类型——生产互助、资金互助与村庄互助,它们都有着深厚的历史文化传统和社会基础,"中国传统意义上的农村互助合作并非自然主义经济基础上的专业化分工与社会化合作行为,而是基于一种传统社会关系基础上的合作与互助,是建立在一种相互信任基础上的互帮互助,坚持的行为伦理是'帮别人也是帮自己'"①。亲朋、邻里间的互助是社区生活的一部分,正所谓"远亲不如近邻""守望相助,疾病相扶持""众人拾柴火焰高""一个好汉十个帮"。助人及利他行为在中国文化中一直是得到鼓励和提倡的社会行为,也是中国文化基因的一部分,中国传统社会的价值观也对扶危济困、助弱抑强称颂有加,这与西方互助思想和合作主义的基本理念也是相通的。

在近代小农经济分化并不充分、劳动分工尚不细密的状态下,传统乡村的互助习惯与行为还处于零散、无组织状态,是传统社会"互惠"行为的体现。"耕种活动里分工的程度很浅",这种浅层次的劳动分工,造成了"乡土社会的生活是富于地方性的"。② 但是,聚族而居、小农经营的中国农民,在面对农忙、水利、安全保卫、红白喜事、疾祸、灾难等无法单独解决的问题时,互助与合作行为也就随之产生了。但这种互助行为并没有规章可循,完全是基于乡土社会的"差序格局"。"有喜事要请酒,生了孩子要送红蛋,有丧事要出来助殓,抬棺材,是生活上的互助机构。可是这不是一个固定的团体,而是一个范围。范围的大小也要依着中心的势力厚薄而定。有势力的人家的街坊可以遍及全村,穷苦人家的街坊只是比邻的两三家。"③ "在一个安居的乡土社会,每个人可以在土地上自食其

---

① 刘金海:《互助:中国农民合作的类型及历史传统》,《社会主义研究》2009 年第 4 期。
② 费孝通:《乡土中国　生育制度》,北京大学出版社 1998 年版,第 8、9 页。
③ 同上书,第 27 页。

力地生活时，只在偶然的和临时的非常状态中才感觉到伙伴的需要。"①
因此，传统乡土社会互助的"规模很狭小，往往只限于本族亲友之间，
是自发的没有一定的组织和领导，也没有大家所必须遵守的制度，甚至中
间有不等价交换的现象，特别是有些集体卖工的形式存在着包头制、克扣
短工的钱，有中间剥削及打骂压迫的现象，往往对贫苦农民不利而有利于
富裕农民"②。

　　王铭铭将这类互助行为称为"民间互助模式"，在"帮""报答"以
及"人情"理念下，民间互助资源的交换是一种双向互动的均衡模式。
"对他人（家户）提供资源被认为是为未来获得资源的前提条件；另一
方面，获得他人（家户）的资源被视为是创下了未来对他人（家户）付出
资源的责任。"③而对华北村落共同体的农耕结合习惯的考察表明，在农
业经营上的搭套、合具、换工、帮忙、役畜借用等农耕结合习惯，是
"农业社会生产力条件所必须"，即小农经济状态下普遍存在的耕畜不足、
劳动力短缺条件下的"合理的、打算的"选择，这种"合理的、打算的"
得失计算规范和观念意识是与"友爱、互助、合作、牺牲的道德精神"
相统一的。④

　　（二）互助：合作制度的基础

　　与互助相比，合作的含义更为复杂，在现代合作制度中，互助是合作
社实现自身功能的基本方法。"合作制度可以说是用互助方法去实现自助
目的的一种经济制度。"⑤"合作"或称"协作"也是人类最为基本的一
种社会行为，具有广义与狭义两种不同的含义。在中国古代语境中，"合
作"一词具有两种含义：其一是指两人或两人以上共同创作；其二是指
合于法度。⑥前一含义与英文 Cooperation 一词具有大致相同的内涵。Co-
operation 渊源于拉丁文的 Co 与 operation，大意是"大家在一种经济的共

<hr>

① 费孝通：《乡土中国　生育制度》，北京大学出版社1998年版，第31页。
② 朱玉湘：《我国民主革命时期的农业互助合作运动》，《文史哲》1957年第4期。
③ 王铭铭：《村落视野中的文化与权力：闽台三村五论》，生活·读书·新知三联书店
1997年版，第172页。
④ 张思：《近代华北村落共同体的变迁——农耕结合习惯的历史人类学考察》，商务印书馆
2005年版，第333—335页。
⑤ 尹树生：《合作经济概论》，（台北）三民书局1980年版，第5页。
⑥ 广东、广西、湖南、河南《辞源》修订组，商务印书馆编辑部：《辞源（修订本）》（第
一册），商务印书馆1988年版，第259页。

同需要上,合力工作的结合"。《辞海》认为合作是"社会互动的一种方式。指个人或群体之间为达到某一确定目标,彼此通过协调作用而形成的联合行动"①。《中国大百科全书》则认为"协作"(Cooperation)是指许多人在同一生产过程中,或在不同的但相互联系的生产过程中一起协同劳动。② 人类从最初的简单协作发展到现代工业社会复杂的分工协作,既是人类生存发展的需要,也是社会经济发展的内在要求,成为人类社会进步的基本动力之一。因此,合作是社会分工条件下个体依靠群体力量为实现特定目标而具有的基本人类行为,中国传统社会也不例外。

互助是小农家庭生产的决定性要素之一,是摆脱、调节土地与劳力、生产资本匮乏与过剩矛盾的手段,长期以来一直存在于乡村经济和乡村生活中。随着租佃向资本主义经营的演变,道义性、亲缘性与社区型的互助向制度化、契约型合作制度的发展成为必然趋势。故而近代合作理论家童玉民强调:"不讲合作则已,要讲合作,不得不先讲互助。所谓互助,无他,就是人类相互扶助的意思。实行合作的先决条件,实在是互助。加入合作阵线的人们,必先切切实实地有互助的意志,互助的精神,然后才能收合作的效果。我们说合作社是互助的团体,其意思就是谓合作社社员,在合作社这个团体里面,有互助意志,并有互助精神的表现。这种合作社,才可叫做真正的合作社。"③ 自助与互助成为近代以来合作运动的道德基础,离开了自助与互助,合作便无从谈起,因此"'自助'和'互助'是合作的两大原则"④。

二 合作:制度化的互助

互助既是人类社会的基本行为,也是人类社会进步不可或缺的要素。在近代合作运动的发展中互助的作用功不可没,近代合作伦理是以民众的自助与互助为基础的,互助是合作的道德基础,是前工业社会的普遍人类行为,互助内在于人类社会经济、生产生活、交易交换的方方面面。人类的合作行为虽然同样久远,但合作制度则是近代以来工业革命的产物,是

① 《辞海》编辑委员会:《辞海》(上册),上海辞书出版社1999年版,第912页。
② 《中国大百科全书》总编辑委员会《经济学》编辑委员会:《中国大百科全书》(经济学Ⅲ),中国大百科全书出版社1988年版,第1094页。
③ 童玉民:《合作简论》,《农林杂志》第3卷第1期,1937年5月12日,第6页。
④ 幼文:《自助与互助》,《农村》第1卷第12期,1934年3月1日,第179页。

以提倡弱者联合、对抗剥削、人的合作为基本特征的。

　　首先，互助的历史与人类社会一样久远；合作则是近代工业革命以来社会运动的产物。吴藻溪认为，"合作思想，最初只是一般同情者因同情被压迫者而发生的一种人道主义的社会改良思想。它带有很浓厚的道德色彩和宗教色彩，和基督教社会主义有极密切的关系，以空想社会主义的一种计划而出现"①。但是倡导互助互济、自助助人的人文思想古已有之。在传统时代的中国，互助的力量——互相扶助、互相训诲、互相劝勉，"这是建设农村的基石，这是维持社会的主力"②。中国乡间妇女生育互助、儿童合群之习、农民共同耕种与约工合作、乡村公共事业互助、急难时的互助极为普遍；乡间的各类互助团体、组织、同行、公产，为民众之间互帮互助提供了可能。"中国乡民的社会的确是根据互助，互教，互学，互戒，互劝的原理组织成功，而又依靠这些力量维持下来的。这样的社会，非但不需要任何官府的力量帮助（事实上，官府的力量，根本及不到那里），而且与任何独裁专制制度，截相反对。"③ 关于农民共同耕种、约工合作的事实，不胜枚举：

　　　　在麦黄稻熟，豆熟……急须收藏的时候，农人常由本村，或邻村约得若干朋友（他们自己的农产物还未到收成时候）帮助收获，免为鸟兽风雨所狼藉。这是很平常，而又极普遍的习惯。被约的人，出力工作（这样的工作比任何赚钱的工作都要出力），不要工资，惟酒饭方面理应比较优待。下次别的朋友临到同样紧急的时候，亦得互相帮助。俗人名曰"约工"。此外如插秧，种豆，种麦，车水……等，亦时常以约工的方法，请得必要的同伴，快快完成播种，救旱的工程。每值年终，家家农人长年劳苦之余，倘有所积，必在新年过些比较快乐的日子。所以几乎每份农家都有做年糕，做馒头的约工。大的农家单独约一次工，小的农家合若干户共同约一次工。通常总在夜间工作，毫无工资，但被约的人却是非常努力。农人每逢丧，葬，嫁娶，竖屋等等重大的凶，喜事时，亦以约工完成之。总之：

---

① 吴藻溪编：《近代合作思想史》，棠棣出版社1950年版，第36页。
② 朱洗：《中国人的互助》，［俄］克鲁泡特金《互助论》，朱洗译，开明书店1948年版，中译本附录第391页。
③ 同上书，中译本附录第412页。

凡是少数人之力不能胜任的事情，皆以约工方法，协力以完成之。约工的效用在乡间农民中非常重大。这不是生长于大都市里的人们所能想像得到的。①

其次，互助的范围、类型要远比合作更为宽泛和多样，互助存在于人类社会生活、生产、交换、消费的诸多领域；作为制度化、规范化的合作制度，其范围与类型则要小得多。

自1844年英国曼彻斯特罗虚戴尔公平先锋社（Rochdale Society of Equitable Pioneers）创立以来，世界合作运动走过了170年的发展历程。从其发展历程来看，消费合作、生产合作、农业合作成为合作事业发展的三种主要形态并构成世界合作运动发展的主流。把百余年来世界上合作运动发展的历史压缩来看，就形态上说，约略可以分作三大类：一是消费合作，它最初以劳动者为基础，其后扩展到薪俸生活者及低收入者，乃以削减中间商人的剥削为目的；二是生产合作，它以手工业者及小型工业生产者为基础，乃以防御大资本的支配或取得大经营的利益为目的；三是农业合作，它以农民为基础，乃以对小规模的农业生产提供组织化的力量为目的。② 20世纪前期中国乡村合作的类型，在1931年4月18日国民政府实业部公布的《农村合作社暂行规程》中，规定了信用、供给、生产、运销、利用、储藏、保险、消费与其他9种合作业务类型。1934年3月1日国民政府公布的《中华民国合作社法》未就合作类型做出明确界定，但1935年9月18日实业部公布的《合作社法施行细则》将合作"经营业务得于名称上用信用、供给、生产、运销、消费、公用、保险等名词表明之"③，也大致确定了乡村合作的业务类型。可见，无论中外合作运动如何发展，始终不脱农业生产、运销、消费、金融领域。

传统农耕时代的互助则与近代以来的合作运动显然有别，成为一种渗透在乡民日常生活中的习惯：

---

① 朱洗:《中国人的互助》，[俄]克鲁泡特金《互助论》，朱洗译，开明书店1948年版，中译本附录第397—398页。

② 参见尹树生编著《合作经济概论》，（台北）三民书局1980年版，第26—27页。

③ 秦孝仪主编:《革命文献》（84），台湾"中国国民党中央委员会党史委员会"1980年版，第450页。

　　熟识乡村情形的人，谁都知道，农人中间，共耕牛，共秧田，共芋田，共菜田，共犁锄，共麦磨，共米臼，共米筛，共米簸，共稻桶，……乃是最平常不过的。耕牛闲时可以借用；喂牛的青稻秆，谁都可以去割稻的田里，自由取用，但每牛不能过四束。有时连拜客的衣帽，送礼篮，望娘桶，送礼箱，……完全可以借用，丝毫不要租钱。最小的器具，如刀，桌，椅，面盆，碗，盏，烛台，铁镬，沙罐，酒壶，箸子，棉被，出客鞋……，妇人的银花，手镯，戒指，花手巾，花衫，裙罩，耳环，簪珥等都能随时借用。家常的物品，如柴，米，油，盐，酱，醋，茶，白糖，南货，药物……等等完全可以借用。简言之：乡村农民家里的产物，用具等项，在名义上，大都属于私有（但有许多是共有的），但在事实上，都可互相借用，其效果等于公有。许多都市里的居民，过惯了"一滴水不出，一滴水不进"的绝对个人主义的生活，对于穷苦农民们如此大方慷慨的行为，简直会有不能相信的。有些熟识乡间情形的人，竟有"都市生活，破坏人性"的感叹。①

　　最后，互助是基于人类道德本性的基本行为，合作则不仅需要道德本性，也需要经济理性和法律规范。

　　互助行为的社会基础是历时既久的人类道德与日常习惯，"互助共济的精神是习惯与道德力量的体现，而习惯与道德力量在建立这种特殊的社会保障中的作用是市场与政府都无法替代的"，互助共济的精神是永不消失的，因此它成为社会的进步、效率的增长的基础。② 自春秋战国时期以来，传统伦理道德体系就高度突出互助、互济、仁义、协济，"农民对于邻人，亲戚……有互助协济之精神"③。孟子主张："死徙无出乡，乡田同井，出入相友，守望相助，疾病相扶持，则百姓亲睦。"④ 北宋以后，互助协济精神均渗透在乡约保甲制度中，作为一种民间自治制度，德业相

　　① 朱洗：《中国人的互助》，[俄]克鲁泡特金《互助论》，朱洗译，开明书店1948年版，中译本附录第398—399页。

　　② 厉以宁：《论互助共济在效率增长中的作用》，《中南工业大学学报》（社会科学版）1999年第2期。

　　③ 顾复编：《农村社会学》，商务印书馆1924年版，第22页。

　　④ 《十三经注疏》整理委员会整理，李学勤主编：《十三经注疏·孟子注疏》，北京大学出版社1999年版，第137页。

劝、礼俗相交、过失相规、患难相恤的乡约规条使得互助协济制度化了。北宋《吕氏乡约》"患难相恤"规条就乡村生活中的水火、盗贼、疾病、死丧、孤弱、诬枉、贫乏等事,要求乡民协力济之、以财济之,这一思想为后世的朱熹《晦庵乡约》及明清乡约所继承:

> 患难之事七:一曰水火,则遣人救之,甚则亲往,多率人救,且吊之。二曰盗贼,近者同力追捕,有力者为告之有司,其家贫则为之助,出募赏。三曰疾病,小则遣人问之,甚则为访医药;贫则助其养疾之资。四曰死丧,缺人则助其干办,乏财则赠赙借贷。五曰孤弱,孤遗无依者,若能自赡,则为之区处,稽其出内;或闻于官司,或择人教之,及为求婚姻。贫者协力济之,无令失所;若有侵欺之者,众人力为之办理;若稍长而放逸不检,亦防察约束之,无令陷于不义。六曰诬枉,有为人诬枉过恶,不能自伸,势可闻于官府,则为言之;有方略可以救解,则为解之;或其家因而失所者,众共以财济之。七曰贫乏,有安贫守分而生计大不足者,众以财济之;或为之假贷置产,以岁月偿之。①

与互助不同的是,合作是基于经济理性和道德考量的社会行为。在竞争与合作的博弈中,"囚徒困境"促使不少学者去追寻合作的可能性和内在机制。美国经济学家何维·莫林将博弈论引入合作行为研究,打通政治哲学与政治经济学关于人类合作行为的理论关联,界定了协议合作、市场化合作、正义合作三种合作模式。这三种模式是:(1)直接协议模式,经济人之间通过直接、面对面的讨价还价,来达成一种群体的合作;(2)市场化模式,即社会行为的决策权被完全赋予个体意义上的经济人,因而群体行为的结果依赖于个体自利的策略互动性行为;(3)基于正义的模式,此时决策权被赋予一个权威的仲裁者,其相关社会选择将遵循一系列规范性原则来进行。②马丁·诺瓦克则认为人类是超级合作者,合作是人类社会进化的第三个原则,并提出了直接互惠、间接互惠、空间博

---

① 黄强编著:《中国保甲实验新编》,正中书局1935年版,第29—30页。

② [美]何维·莫林:《合作的微观经济学》,童乙伦、梁碧译,格致出版社2010年版,第6页。

弈、群体选择和亲缘选择等五大合作机制。[①] 罗伯特·阿克塞尔罗德则致力于建立一套合作理论以帮助我们理解合作出现的条件，以有助于采取适当的行动来培育某个特定环境下的合作。[②] 可见，人类的合作是涉及经济学、博弈论、政治学、社会学、心理学、伦理学等学科的复杂行为，在具有利己主义动机的经济人之间，合作的行为与机制颇值得探究，在利他与利己的博弈中，合作与互助得以发生并延续传承。

总的来说，互助与合作的区别在于，传统民间互助行为是农业生产自身需要与中国传统文化相互结合的一种基本行为习惯，它与近代西方输入的制度化、契约化的合作制度存在根本不同，是一种临时性、季节性的习惯行为，是小农经济恶劣经营状态的产物。同时，民间互助行为深受中国传统文化影响，存在于人情、面子、报答、感恩与互惠的理念之中。因此，实现中国传统社会中存在于人情、面子、报答、感恩与互惠的理念之中的以及存在于宗族、近邻、亲戚圈子中的民间互助的契约化、制度化和组织化，探索适合中国农民心理的合作道路，是中共农业互助合作运动需要直面的现实问题。

本书即尝试借鉴目前学界对互助、合作行为的研究结论和理论方法，探讨1927—1949年处于革命时代的中国乡村的互助和合作行为的变迁。这一时期的互助和合作因处于革命的时代氛围中而具有不同于前代和当代的时代特征。由于着重突出了农业生产合作，革命时期的农业互助合作是20世纪50年代集体化与合作化运动的雏形，它的核心在于农业生产方式和经营方式的改造问题，是关于怎么劳动的问题，即个体家庭劳动还是集体劳动的问题。本书即着重探讨中国共产党如何发起这场牵动革命根据地千万家庭农业生产经营方式的群众性经济运动的。

第二节　日常合作：传统的合作机制

近代中国乡村的互助合作是一个涉及农业生产、农民生活的复杂体系，在生产、生活、消费、金融、贸易等领域存在着相互联结、多元一体

---

① ［美］马丁·诺瓦克、罗杰·海菲尔德：《超级合作者》，龙志勇、魏薇译，浙江人民出版社2013年版。

② ［美］罗伯特·阿克塞尔罗德：《合作的进化》，吴坚坚译，上海人民出版社2007年版。

的互助习惯与合作机制。传统的合作制度渗透在乡村日常生活之中,成为民众须臾不可离开的"日常合作"。日常合作领域极为广泛,与民众生产生活联系最广。与近代合作制度不同,日常合作不是以合作主义为基础,而是浸透在传统伦理道德规范中,以宗亲血缘、地缘邻里关系为纽带,形成规模不一的利益共同体。

一　互助合作的历史传统

中国乡村中固有合作的雏形相当丰富,蓝梦九将之划分为 18 类:婚丧合作类、农业生产合作类、家具利用合作类、置产合作类、信用合作类、储蓄合作类、购买合作类、贩卖合作类、劳动合作类、娱乐合作类、备荒合作类、自卫合作类、祭祀合作类、教育合作类、副业合作类、工艺合作类、商人合作类、旅行合作类（参见表 1—1）。名目繁多的乡村组织,"虽无合作之名,而有合作之实"[1],足见中国社会具有悠久的合作传统,民众互助与合作意识源远流长。

表 1—1　　　　　　　　中国乡村固有合作组织雏形

类型	名称
婚丧合作类	老人会（又名亡人会、殡葬社、灯笼会、葬亲会、葬亡社、助丧会、架子社、杆子会、乾抬社）、殡差社、棺椁社、板社、小饭社、棺罩社、红白社、喜会、娶亲会
农业生产合作类	合伙租地、耕地会（耕地社）、括具、耕种合作、灌溉纠合会、合伙大车、罐社、铁镢社
家具利用合作类	器具社、瓷器社、毡被社、木板会
置产合作类	造屋社、购地会、房屋会
信用合作类	钱社（钱会、拔会、拔社、请会、轮会、当社、积钱社）
储蓄合作类	放账社、小攒会、储蓄社、当会
购买合作类	年社、七月十五会
贩卖合作类	为手工业入行、议价、交易等的相互合作
劳动合作类	屋社、肩膀会、公议会、舆轿社

---

① 蔡斌咸:《本省农村社会固有组织在农村建设上的评价》,《浙江建设月刊》第 10 卷第 2 期,1936 年 8 月,第 35 页。

续表

类型	名称
娱乐合作类	灯社、乐器社、元宵社、同乐社
备荒合作类	积粮会
自卫合作类	枪炮会、公看义坡、刀枪社、青苗会
祭祀合作类	香社、天灾会、关爷会
教育合作类	私塾、读书社
副业合作类	蚕业社
工艺合作类	工匠会、公共染坊
商人合作类	烘茧合作社
旅行合作类	府社、都市社、泰山社

资料来源：蓝梦九《中国农村中固有合作雏形的记载》，《乡村建设》第 2 卷第 2 期，1932年 8 月 11 日，第 1—8 页。

唐宋以降，传统合作互助制度更趋发达，"中国原有的合作事业，至唐宋以后，才渐趋发达，如仓储制度，合会制度以及乡村间各种结社等是"①。以备荒救荒为例，中国古代荒政最重要且最普遍的应用是以常平仓、义仓和社仓为主的仓储制度。常平仓发源于战国李悝时，成于西汉宣帝时，是以官府的财力买卖米谷，以平衡市场上米谷价格为目的。义仓始于隋文帝时，乃以富者的义捐或特别课税，收集米谷，由官府管理，在便利重要地方设置仓库储藏，待必要时散出以赈济贫民。社仓始于宋代，乃多数人民任意的结合，按其身份凑出适当的米谷，储藏在他们所住的村庄上，公举管理人处理其事务。三者当中以社仓与近代合作制度相似之处最多，也颇合民众互助合作精神，"其邻里相恤之精神则与合作之自助互助的涵义，初无二致，可算吾国古代合作制度最完备的一种"②。

"合会"是中国民间的旧式合作制度，乃会员间相互合作、互助、救济的社会组织，各地通行，名称不一，方式简单，流行千年而不绝。"合会制度之产生，由于人类发扬本位之互助精神，集合财力以满足其计划之

① 郑厚博：《我国原有合作制度之介绍》，《农行月刊》第 4 卷第 1 期，1937 年 1 月 15 日，第 30 页。

② 同上书，第 35 页。

一种方法。"① 合会的主旨在于缓急相济,有无相通,故其性质以偏于金融方面的为多,但具有保险、防卫、教育及其他性质的合会也有多种,不过以属于金融方面的轮会、摇会及标会这三种最为主要。合会的发起是在经济窘迫时,以其人格信用向亲友申说其需钱的情形及数额,而请求资助;诸亲友若允其所请,则集合同意者组成一会,会中人数及款额均视需要而定。请会的人叫作会首,第一次的会款是由会首所得,以后每年由会首召集,举会一次或数次,使各会友摊出各自应担任的数目,每次由一会友得会,得会的方法依会的种类而不同:"轮会"由会首指定或按次序规定或抽签;"摇会"是由各会友以骰子摇得最高点子的得会;"标会"是各会友用纸投标,纸上写明利息,以实收数目最小的得会。这三种会式要以轮会包含互助合作的意义最深,其方法简单,利率低微,尤能聚零为整,是为其优点。合会运作的方法千变万化,无虞其穷,合会的人可就其一己的需要量,自己的财力以定会额的大小,会脚的多寡,会期的久暂,以及会式的繁简,而后就流行的会式择一采用。凡此种种都可随合会者的需要而变通,所以合会的方法非常完美。合会会首对于会额的按期偿还,大都不给利息,纵有亦不过三四厘而已,是以合会利息的低微远过于通常贷款。合会会脚既得成人之美以增进其友谊,又可将零星的资金集成整数而便于投资,盖会金为数不多,按期累增至收会时亦可得一巨款,集腋成裘,聚沙成塔,洵不失为储蓄的本旨。②

传统中国乡村的各种民间结社亦不胜枚举,乡村结社面向农事生产、乡村公益、生活消费、公共娱乐、建筑、丧葬祭祀、手工工艺、慈善救济,"大体上都具有互助合作的性质"③。山东济南道属有一种舆轿社,乃被动的劳动合作,族长或村人为扶助其族中或村中之贫寒不能糊口者计,乃提议按地亩摊钱,制舆轿捐杆等与贫苦人共立舆轿社,由贫寒者共同经营,如社员间有婚丧事时,劳动不受报酬。但轿舆可出赁于非社员,收相当赁金,劳动报酬都由经管人使用。山东的年社是近乎消费合作的结社。年社亦称年会,穷人不能过年,乃设立此社聚钱,以备共同购买过年所用

---

① 朱轶士:《从合会之优点说到信用合作》,《农行月刊》第 3 卷第 6 期,1936 年 6 月 15 日,第 38 页。

② 参见郑厚博《我国原有合作制度之介绍》,《农行月刊》第 4 卷第 1 期,1937 年 1 月 15 日,第 35—38 页。

③ 同上书,第 43 页。

的物品。其组织发起人为社首，社员人数无定，社员出钱数额也无定，每日每人送钱于社中，交由社首设法贷出生息，年终结算，将钱一半分与社员购买猪肉馍馍等，所剩一半再放出生息。亦有于年终结算时购买年货，此社遂结束的。农村间公共事业合作组织，最普遍的有路会及桥会两种。在山岭崎岖之地，道路湫隘，山洪时发，道路冲坍，桥梁冲折者颇多，因之各地有桥会的组织。此种组织很不一致，会员多少尤不相同，多的有80人，少的仅七八人。发起时由各会员出资或农作物——如谷米豆麦等类——若干，然后依每年不动产生息的多少，量力修筑预定范围内的道路或桥梁。桥会的组织在湘南一带最为普遍，桥田有多至数百亩者。这种组织非但为修筑道路的团体，而且含有储蓄性质，如修筑工程较大的，则先由数人发起，组织某处筑路或造桥会，然后草订规章，一切都经详细规定，经费则向各地捐募，一俟竣工其团体即行解散①。

　　类似合会的经济组织和乡村结社延续千百余年而不辍，首先，是出于乡村生产与生活的现实需要。在面对远非个体家庭所能应对的家庭大额支出、难以抵御的灾荒灾难、需要巨额资金的生产活动、乡村公共娱乐及公益事业时，互助合作的需求使得社会个体以宗族、村里、乡社为基础联系起来，形成规模不一、形式多样的会社组织。其次，以家族、社区公共利益为导向的传统互助合作组织，通过家礼家训、族谱族规、保约乡约社规来维持互助道德、公众福利，也孕育了民众较强的互助合作意识。

二　传统合作的现代价值

　　首先，中国乡村的旧式会社、社会组织具有合作、互助、公益、救济、生产、信贷、尊祖敬宗等多重功能，是传统社会互助合作的组织基础。合作运动介入中国乡村以后，合作运动的理论家与实践者们蓦然发现，中国乡村实际上存在着广泛的合作行为与类似组织。"农村旧日组织，含有合作性者颇不少，例如在各地方之青苗会，堰塘会，土地会等，均为应合作之需要而产生。并有相当基金。"② 又如同姓祠堂或用同姓名字所兴之清明会、纪念会，各种庙会等，也不少拥有雄厚的基金，但多用

---

　　① 参见郑厚博《我国原有合作制度之介绍》，《农行月刊》第 4 卷第 1 期，1937 年 1 月 15 日，第 42—43 页。

　　② 董时敏：《改良农村旧式会社与农村合作》，《民间》第 1 卷第 18 期，1935 年，第 16 页。

在养孤葬死及族亲消费方面，"设能加以改良，将他变为一种生产的性质，必能为农村合作之一大助力。"① 国民党中央民众训练部关于民间原有社会组织的处理办法就规定，"属于经济互助一类之会社，得视性质，以劝导方式指导其成立各种合作社。"② 可见，在提供国家公共服务的现代政府尚未出现的前近代时期，传统互助合作体系承担了相当部分的社会公共服务和社会保障功能。

其次，中国乡村传统的合作互助组织与输入中国的西方合作制度存在共同之处。合作运动虽为舶来之物，但中国固有的合作基础确是根深蒂固的，倡扬行之已久的合作意识与互助意识，将传统的合作行为与西方合作制度结合起来，不失为合作运动发展之路。"我们提倡农村合作社，应以中国农村中固有合作雏形作基础。"③ 在上述乡村合作传统中，以"合会"为代表的资金互助与近代西方信用合作可谓不谋而合。中国向来有各种合会，亦称集会、纠会、做会等，浙江俗称"蟠桃"，"这种合会，实具有互助储蓄保险等意义"④，其成效或在组织合作社之上。中国平民金融机关除高利的典当外，其他尚无设立，储蓄机关亦不发达，所以合会为非资产阶级乃至于资产阶级唯一救济困难的办法，它完全以个人（会首）平日的信用向戚友告贷若干，立刻凑成一笔巨款，在出款者（会脚）又多一个储蓄的机会，这种办法实在含有信用合作的意义。"合会之起因，在含有人类互助之美德及提倡储蓄之成分，其效力所及，尤能减少高利之贷放，遂成为农村间之重要机构"⑤，在购买、贩卖领域的联合购买与运销，类似于西方合作制度中的消费合作与运销合作。中国社会上集合朋友共同去购买一种物品大家分用后按照价目分配出钱的事例很多，像买一匹绸几个人分做几件长衫，虽是很简单的一件事情就含有合作的意义。广东乡间有一种月饼会流行，每年正月集合同村数十家，每家缴钱若干集成巨款，去趸买月饼再分配到各家，大家每年节省不少费用。贩卖合作，中国也是

---

① 董时敏:《改良农村旧式会社与农村合作》,《民间》第 1 卷第 18 期, 1935 年, 第 16 页。

② 蔡斌咸:《本省农村社会固有组织在农村建设上的评价》,《浙江建设月刊》第 10 卷第 2 期, 1936 年 8 月, 第 29 页。

③ 蓝梦九:《中国农村中固有合作雏形的记载》,《乡村建设》第 2 卷第 2 期, 1932 年 8 月 11 日, 第 1 页。

④ 江家瑚:《中国固有的合作基础及对合作运动的希望》,《浙江建设月刊》第 6 卷第 2 期, 1932 年 8 月, 第 76 页。

⑤ 朱轶士:《江北农村间之合会》,《农行月刊》第 3 卷第 5 期, 1936 年 5 月 15 日, 第 60 页。

很有基础的。徽州是出茶叶的地方，一个村坊所产的茶，总是委托一个"主人家"卖出，所谓"主人家"可以说就是贩卖合作社，后来"主人家"取起手续费来，并且渐渐地多取起来，就变成了不挂招牌的牙行了。[①] 在利用合作与生产合作方面，以农事居于多数。利用合作以农具、水利等方面的共同合作与相互帮助为目标，如为防止水患集合社团共同修堤筑塘就是一例。最普遍的是乡间的水碓，都是由一村集资建筑，供各家利用。生产上的合作在乡村副业、手工业、农事管理上较为普遍。如福建、广东一带盛产甘蔗地方的制糖会，按照产蔗者的田亩数量分别出资购买制糖器具，设立制糖厂，将自己所产的甘蔗送厂制糖。浙江衢县一带有"农禁会""守牛会""青苗保护会"等组织，便利农事管理及防止牲畜践踏农作物，也具有类似性质。

最后，文化传统与互助合作意识为农业互助合作运动提供了文化基因。农村合作运动的发展需要植根中国深厚的文化传统和文化精神，以传统的合作互助意识为根基，而非简单借用西方合作制度所能奏效。以合会为例，"会以义始，必以信终"，义、信二字，足以表明合会自身之特性。有无相通、缓急相济、朋友有信等明哲古训和传统伦理，渗透在中国人民的日常合作中。20 世纪前期的中国农村合作运动，国民政府对西方合作制度的援引不遗余力，但收效并不明显，合作运动之于小农经济变迁的助力成效不彰，这与民众对合作主义的认同程度不高密切相关。中国共产党在革命根据地的农业互助合作则注重利用旧有互助传统，将民间"日常合作"纳入组织、动员和运动群众的轨道，吸收而不拘泥于外来合作制度，在与传统互助合作的衔接中推进农业互助合作运动，实现了生产动员与群众认同的良性互动，从而推动了传统互助合作制度的现代变迁。

第三节　农事习惯：自耕与互助

在中国乡村传统的互助合作体系中，最为普遍和惯常的是农事耕作上的搭套、帮工、换工、拨工等合作习惯。除租佃制度本身的互助合作功能有助于近代农业发展外，自耕农经济也离不开互助合作。自耕农是乡村中

---

① 参见江家珹《中国固有的合作基础及对合作运动的希望》，《浙江建设月刊》第 6 卷第 2 期，1932 年 8 月，第 76—77 页。

一个庞大的生产群体,自耕农在农业生产中与租佃制度无涉,独立耕种自家所有土地,他们在农业生产中同样形成并利用约定俗成的农事互助与合作习惯,维持生产与扩大再生产。习惯一经形成就具有较强的稳定性和延续性,农业生产生活中的劳动互助亦是如此。"传统农业生产互助可视为在小农经济这一特定环境下自然滋生的一种带有补救性质的民间纯经济组织"①,它离不开人力、畜力、农具、土地四个要素,组织形式复杂多样,发挥着农业生产资本与各类资源的调配功能。张佩国对山东乡村中以帮工、搭套为中心的劳动组合与劳动协作关系进行了研究,认为这是山东土地经营方式之一,一般存在于缺乏耕畜及大农具的一般的自耕农和佃农中间。② 张思对近代华北农村中的搭套、换工、役畜借用、代耕、帮工、帮忙、伙养、伙喂牲口、共同租种等农耕结合习惯进行了全面深入的历史人类学考察与研究,以此透视近代华北村落共同体的变迁。③ 抗日战争时期,中共为有效推进劳动互助运动,曾对陕甘宁、晋察冀、晋绥、山东等根据地乡村的既有劳动互助形式进行了广泛调查,力图盘活传统资源,服务群众生产运动。这些调查是为开展劳动互助合作运动服务的,均反映各根据地劳动互助合作运动之前的情况,故本节以抗日战争时期中共在各根据地的劳动互助合作调查为基础,探讨中共农业互助合作运动开始之前的乡村农事互助合作习惯的基本特征。

首先,旧有劳动互助是以亲情、宗族、近邻等血缘、地缘关系为基础而形成的合作关系,兄弟、亲属、朋友、邻居之间,互助最易发生。"越是复杂的变工形态则亲戚、亲族关系的作用越是重要,它的范围越是狭隘。"④ 正是基于农户间的相互信任和相互理解,才产生他们之间的土地与劳力、生产与生产的相互调剂和相互帮助。

以陕甘宁边区所在的地区为例,旧有劳动互助有变工、扎工与唐将班子、兑地等多种形式。变工"是边区各地比较最流行的一种劳动互助形

---

① 李小红:《中国传统农业生产互助组织模式研究》,《黔南民族师范学院学报》·2007 年第1 期。

② 张佩国:《地权·家户·村落》,学林出版社 2007 年版,第 113—117 页。

③ 张思:《近代华北村落共同体的变迁——农耕结合习惯的历史人类学考察》,商务印书馆2005 年版。

④ 史敬棠等编:《中国农业合作化运动史料》(上),生活·读书·新知三联书店 1957 年版,第 11 页。

式"①，几家农户在进行农业生产时把他们的人力和畜力相互调剂、相互交换、相互帮助，这在陕北的农村中通称变工。有些变工还包括了农具以至土地的相互调剂、相互帮助。在关中分区一带叫作搭工，有的叫作换工或插工，其实所指都是变工。变工的形式有人工的变工、人工变牛工（或驴工）、伙喂牲口、伙格牛、牛犋的变工、输送与碾场牲口的变工、搭庄稼、"并地种"、"伙种"等。

人工的变工是几家农户单纯关于劳动力的相互调剂、相互帮助。没有耕畜的农户为了取得耕畜的使用，除了向有耕畜的农户租进或雇进之外，另一种办法就是借用别人的耕畜，后来再帮人做几天工，这就是人工变牛工（或驴工）。"若是这两家存在亲戚朋友关系，后来也不一定把工还足，这又带有有耕畜农户对贫户的赈济性质。在靖边有的一个牛工要变七个人工，在绥德分区有的一个驴工要变四个人工，这就含有有耕畜的农户对没有耕畜的贫户的剥削性质了。"② 几家农户共同喂养一个牲口，在耕作时轮流使用，这叫作"伙喂牛"（或"伙喂驴"）。"伙格牛"或者叫作"合耕"，关中叫"配套"，吴旗则叫"和牛对"，是指两家农户各有一头牛，都不能单独耕地，便把两头牛"伙格"在一起成为一犋，轮流给两家耕地，分别归原主饲养，牛的所有仍旧是各人的。"不论那种情况的'伙格'或是伙喂，参加的农户一定是有'家门'、亲戚、朋友关系的，不然很难合作到一起。"③ 牛犋的变工或者叫作"并耕"，是指各有一犋或一犋以上耕牛的几家农户，把他们的牛犋和劳动力合作起来，轮流在每户土地上耕作的变工。这种变工很不容易组织，由于地块大小、牛力强弱不同，加之具有一犋牛以上的农户多半已是中农或富农，他们的人力或畜力已可自己调剂，不需再和别人变工，因此牛犋的变工绝大多数是分居后的弟兄或亲属。输送、碾场牲口的变工是在用牲口送粪、驮庄稼、驮柴等输送的时候，为了节省人工，有的农户就在输送时向其他农户借牲口，这种互相借牲口实际就是一种畜力的变工。

搭庄稼是关中一带塬地上最流行的一种变工形式，是几家有本族亲戚朋友关系的小农户，把他们全家的人力、畜力、农具等通过合作来投入劳

---

① 史敬棠等编：《中国农业合作化运动史料》（上），生活·读书·新知三联书店 1957 年版，第 3 页。

② 同上书，第 6 页。

③ 同上书，第 7 页。

作中。这种合作在时间上或是一个播种季节,到每家都种上为止,或是延长到全年,到每家都收割完毕为止。凡是这种合作,几家农户的土地、牲畜、人力都是差不多的,或者是一家人力有余、畜力不足,另一家畜力有余而人力不足,这样才能合作起来。即使有些差别,习惯上彼此都不还工,不找工钱,而且也不计工账,否则认为是太薄情了。至于收获的庄稼则是长在谁家地上就是谁家的。搭庄稼是几家农户在农业劳动上除土地之外的全部合作。"并地种"是几家土地不足、劳动力有余的小农户合作起来,抽出一个人到外边去揽工,他的土地由其余在家的人共同代为耕种,揽工者回来后,或者把所得的钱由大家分,或者给每家还工,这是绥德分区土地极端缺乏的地区所特有的一种变工形式。"抽牲口"是绥德分区的农民调剂土地不足、劳动力过剩的另一种变工方法,例如绥西的许多农民一方务农,另一方兼营驮炭副业,有的几家合作,由一个人吆上几家的牲口去外边驮炭,土地由在家的其他农民耕种,驮炭赚的钱大家均分。"并地种"和"抽牲口"的农户必须是互相信任才能合作,他们都是有亲族等关系的。

"伙种"或称"朋伙种庄稼"也是一种变工形式,中间并不包含土地租佃关系,所以应当和边区租佃形式的伙种严格区别清楚。变工性质的"伙种"常见的有以下几种。第一种是两家有亲族关系的农户,他们的劳动力、畜力、土地等条件都相差不多,他们把人力、畜力、农具以至土地全部合作起来,全年一同耕作,直到粮食收打完毕再平均分配。第二种"伙种"也叫"伙开荒",是绥德分区的农民因为土地缺乏,两家弟兄或至亲共同到"南路"土地多的地方开荒或是租种熟地,在这块土地上他们也是像第一种"伙种"一样把全部人力、畜力、土地、农具等合作起来,在粮食收完后平均分配。第三种"伙种"是两家安庄稼的"伙子"的合作,有的叫作"伙安庄稼",两家农户共同向一个地主安庄稼,打下粮食之后除了应分给地主的以外,其余两家平均分配。两家与地主是土地租佃的关系,但他们两个人构成一个集体的伙子;这两个农民之间,则是像第一种"伙种"一样,是全部人力、畜力、农具、土地的合作,是共同劳动、共同分配的关系。第四种"伙种"是在种菜蔬、西瓜、棉花一类作物需要一些技术和更多投资的时候,几家农户的合作,收获之后按劳动力和投资分配。

其次,旧有劳动互助形式中还渗透有雇佣制度的因素,雇佣关系有时也被纳入劳动互助的范畴。

原陕甘宁边区一带的扎工①与唐将班子即具有类似性质。"札工，按它的本来意义，是一种集体雇工的组织。许多出雇的短工共同组织在一起，向外出雇。但实际上，大多数札工不纯粹是出雇的短工，而是其中包括一部分自己种有土地的农民，为了进行劳动互助才参加札工。因此，札工基本上仍属于一种劳动互助的组织。"② 扎工完全是单纯人力的集体劳动组织，"参加札工的短工和向外'放工'的时候的整个札工，对于'拉工'的农户来说，完全是雇佣的关系。札工和零雇短工不同的地方只有：札工是一个集体出卖的劳动力，他们不是单个人和雇主发生关系而是集体地和雇主发生关系"。③ 也就是说，组成扎工团体的单个劳力之间是劳力互助的关系，扎工团体受雇则是劳动雇佣关系。唐将班子是关中特有的一个名称，与陕北各地的扎工相同，不过唐将班子在组织上、习惯上也有许多和扎工不同之处。班子的人数多半在 10 个人以上，多者至三四十人，以十五六人最为普遍。成立班子的人叫作"包头"（相当于扎工的功德主），他的好处是从每个工人的工资内抽取 1/20—1/10，一部分作为下雨天管饭和各种零用，其余归包头所有。班子的工头叫作"领头"，一般没有什么额外报酬。管账的叫作"书班"，过去的规矩是散工时班子给他做工 1 天，工人不要工钱。像扎工一样，唐将班子也可以分为 3 种，第一种是完全由短工组成的，叫作"客班"，以出雇为主，也叫"卖工班子"；第二种是纯粹由当地农民组成的变工性质的班子，叫作"换工班子"；第三种是一部分当地农民和雇来的短工混合组成的。

晋察冀边区所属区域原有乡村旧有劳动互助与陕甘宁边区相似，在劳力、畜力、土地方面的相互调剂与帮助，唯互助名称略有不同，主要有拨工、包工和"把子找工"、参忙三种形式。拨工在晋察冀各地相当普遍，有"拨工""变工""换工""打拨工儿""换着"等不同名称。在进行农业生产的时候，把他们的人力、畜力相互调剂、相互交换、相互帮助，这是比较普遍流行的一种劳力互助形式。"旧的拨换工多产生于一个自然村内，朋友、亲戚或相互关系较好的农户，他们能互相信托，互相帮助，谅

---

　　① 行文中统一用"扎工"，引文为尊重原文，有"札工"，也有"扎工"。
　　② 史敬棠等编：《中国农业合作化运动史料》（上），生活·读书·新知三联书店 1957 年版，第 12 页。
　　③ 同上书，第 15 页。

解和'包涵'比较容易形成。"① 包工和"把子找工"对雇主来说是雇佣性质，但在劳动者中间又有劳力互助和集体劳动之意义，因此也是一种劳动互助的形式，这种形式同样兼具雇佣性、互助性、行会性等性质。

（1）雇佣性。但是它不同于本地零星短工，又不同于上面说的集体远出的包工形式。与后者的主要区别是：一个是包工的性质，所得按人均分；一个则是基本上个人规定个人的工资，以日计工。集体的雇佣劳作是二者相同点。（2）互助性。正由于这种性质，我们才把它算做劳动互助的一种形式了。它的互助表现在：生活上的互相关心和帮助（其中也有初次出门的年轻人；有的在盘缠上或遇到别的困难，如疾病等，能够互相照雇）；又因为是集体劳动，在生产上，也有互助作用，如对年轻力弱的帮助，否则劳力弱的即会吃不开（有些活是很费力的）。在下市时，遇到主雇后，因为成了"把子"，在鼓动提高工资上，及"要觅全觅，不全觅都不干"口号下，每人都能找到主雇，不致失雇，这些方面都有其互助作用。（3）还有一定的行会性及对地主进行斗争的意义。②

第三种形式是参忙。参忙既存在于地主与农民之间，也存在于农民与农民之间。应该说，农民之间的参忙习惯是非常普遍的，乡村流行着深厚的参忙习惯。"除上述农业上的拨工或'参忙'之外，尚有建筑事业上的参忙，如盖房子，以及婚丧嫁娶事情，所谓过'红白喜事'的'参忙'。……这种'参忙'，在当时情况下，应看做农民于穷困生活中的一种很好的互助形式。"③

在山东省临沭县一带，群众自然组成的搭犋伙在过去相当普遍。搭犋伙是缺乏畜力或劳力的农民，为把庄户干得更好而组织起来的一种互助组织，多限于亲族和近邻。搭犋伙的形式主要有两种，一是常年搭犋。有的是两三家的牲口联合起来共同轮流耕种，有的是几家共喂一牛、共同使用，还有的是有牛户为无牛户耕地，无牛户把牛草一部或全部给有牛户。

---

① 史敬棠等编：《中国农业合作化运动史料》（上），生活・读书・新知三联书店1957年版，第27页。
② 同上书，第31页。
③ 同上书，第32页。

二是临时性的搭犋。有的是在春耕时有牛户出牛给无牛户耕地，无牛户给他做几天工以为报酬，其交换比例酌情而定，看人情关系及其他情况临时交涉；有的是在锄地或收割的时候，为缩短时间提高效率，几家土地与劳力差不多的农户联合起来，一块干活，叫"大合犋"。在临沭，约有80%的中农甚至部分富农都参加了这种临时的或常年的搭犋伙。①

上述关于革命区域旧有劳动互助形式的调查具有非常明显的偏向：着重突出农民之间的互助行为，而将地主—农民之间的互助关系视为剥削加以限制和取缔。例如晋察冀边区的参忙，"所谓农民对地主的'参忙'并非互助性质，而纯系一种苛厉的剥削。实质上它是劳役地租的一种形式"②。同样是参忙，既可以视为农民与农民之间的互助，也可以视为地主对农民的剥削，革命话语对传统劳动互助做了明确界分。实际上，互助是两相获益的行为，地主与农民都可从互助中得到助益。如太岳区的札工队，"太行太岳区的札工队习惯是中小农民以自己剩余的劳动力找个领头儿的，组织起来变工，雇佣对象主要是地主富农。从农民来说是以剩余劳动力换取些零用钱，是临时的有季节性的（割麦子锄苗开荒地）。当地也有长期的札工队，从地主来说是保证作物耕锄及时，比雇用长工极其经济，且经营最为方便，所以札工对地主是有利的"③。中小农民获得工资收入、地主富农得耕锄及时之利，这正是互助的用意所在。但是，在过分强调阶级分野、剔除剥削的初衷下，劳动互助反而降低了互惠功能：

> 今天的搭犋队还有一个最大的缺点，就是只限于中贫农的范围，而没有富农参加，甚至有的是要贫农不要中农，有的只要中农不要富农。……这就使大规模生产受到限制，同时也不能很好的发展富农经济，促进各阶层团结，相反的还会造成各阶级的对立。……现在的搭犋队还只作到集体劳动，各尽所能，互相帮助，而没有实行变工。所以太穷的人，自己地很少，而要和别人一样出力，太富的人自己人畜都有办法，白替别人干活，他就不高兴。临沭今后将实行

---

① 史敬棠等编：《中国农业合作化运动史料》（上），生活·读书·新知三联书店1957年版，第51页。

② 同上书，第32页。

③ 同上书，第44页。

变工。①

由此可以看出，主观地隔断地主—农民间的互助体系是不恰当的，这就需要新的互助机制以弥补因此造成的空缺。

除此之外，民国时期的中国乡村调查中都不乏劳动互助合作的现象，在20世纪三四十年代的社区研究著作中，也都能看到村落社区农业生产中的劳力畜力交换、邻里互助、劳力交换、劳力合作。②尽可能地公平与平等交换是农民默认的规则，"以后要偿还等同的劳力"，是互助合作能够维持的首要因素。故而在农业生产力水平大致相当的状态下，劳动互助的原则、规则、样式、范围也大致相当，唯各地的名称不一。同样，在较为偏远、生态环境更为恶劣、农业生产水平更为低下的根据地里，劳动互助合作的样式与范围仍有延续和利用的必要，将传统互助合作资源加以重新改造和再利用，不失为高效集约的革命动员策略。从中国共产党进入乡村不久，为了根据地的建设与巩固，在利用传统的策略下，领导生产与互助合作的实验就已展开。

---

① 史敬棠等编：《中国农业合作化运动史料》（上），生活·读书·新知三联书店1957年版，第53页。

② 杨懋春：《一个中国村庄：山东台头》，张雄、沈炜、秦美珠译，江苏人民出版社2001年版，第27—28、148页；林耀华：《金翼：中国家族制度的社会学研究》，庄孔韶、林宗成译，生活·读书·新知三联书店1989年版，第67页；费孝通：《江村经济——中国农民的生活》，商务印书馆2001年版，第151—153页。

第 二 章

互助与合作的合流

自 1907 年克鲁泡特金的《互助论》译介进入中国，关于互助与竞争的争论就不曾停息；同在清末时期，发端于空想社会主义思想的合作主义也经由日本输入中国。在互助思想与合作主义输入中国之初，二者是作为两种不同的社会主义思潮独立地传播发展的，互助论是无政府社会主义思想一脉，合作主义是空想社会主义的理论一派。20 世纪 30 年代，华洋义赈会最早将互助制度引入信用合作模式并为国民政府所借鉴，互助与合作在制度层面得以联姻。与国民政府农村合作运动不同，中国共产党则着重发展了以农业生产合作为主的合作制度，强调劳动互助的重要性，将合作运动发展为以劳动互助合作为主体的群众运动。

互助与合作本是胶着在一起的孪生兄弟，乃是不可分离的统一体，二者在制度层面上的区隔与合流是近代合作运动的产物。在近代中国合作运动中，华洋义赈会与国民政府虽然也曾借重互助，但不曾将互助与合作并用，而仅以农村合作运动相称。但在中共革命话语中，互助与合作是接连并用的两个概念，从最初的两个独立思想流派，到强调互助合作的联姻与合流，在此期间经历了怎样的思想起承与转合？本章从概念史与思想史的角度试图为此找寻历史线索。

第一节 两个独立思想流派

合作运动之初，Cooperation 一词的译名相当混乱，合作与互助一度混同为一，"互助制度即是合作制度，因为当时没有确切的译名，所以也有译互助,也有译协作,也有译合作"①。可见最初的"合作"译名颇不一致,"到一九一九年上海国民合作储蓄银行成立之后,才确定了这个'合作'的译名"②。这是从西方话语引进中国时因翻译的分歧而造成的概念混乱,这种说法将互助、合作视作同一个概念,但实际上互助与合作的结合有一个复杂的思想理路,二者的思想来源不同,初入中国的无政府主义互助论和合作主义,基本是两个相对独立的思想流派。

一 互助思想的传播

19 世纪以来,"竞争"与"互助"何为人类进化与生存法则的争论一直非常激烈。1902 年,俄国早期无政府主义者克鲁泡特金出版了《互助论:进化的一个要素》,这是一本论述互助法则的著作,他从论述动物之间的互助开始,进而延伸到蒙昧人之间、野蛮人之间、中世纪城市人之间和现代人之间的互助,以阐述"互助为一个自然法则和进化的要素"③。与主张进化论的达尔文不同,克鲁泡特金认定互助是人类进化的一个要素,互助是生物的本能,"互助法则"是一切生物包括人类在内的进化法则。④ 克氏的互助论进化伦理学,根本任务在于解决竞争与互助、个性与社会性之间的矛盾,互助、正义、道德,构成了它的三个基本概念或要素。⑤

1907 年,互助论传入中国⑥,迄今已经 100 余年。作为一股无政府主义思潮,互助论的传播要归功于中国早期的无政府主义者——新世纪派的李石曾(李煜瀛)、褚民谊、吴稚晖与天义派的刘师培、张继、章太炎诸人。1907 年 8 月出版的《天义报》第 5 卷就曾提到克鲁泡特金的互助论,说他提倡"相互扶助之感情"⑦。由李石曾翻译的《互助论》第一章自

---

① 张廷灏:《介绍一个中国合作主义的先进》,《平民》第 135 期,1922 年 12 月 30 日,第 4 版。

② 张廷灏:《中国合作运动的现状》,《平民》第 152 期,1923 年 5 月 5 日,第 2 版。

③ [俄]克鲁泡特金:《互助论:进化的一个要素》,李平沤译,商务印书馆 1997 年版,第 12 页。

④ 同上书,中译本序言第 3 页。

⑤ 舒远招:《互助论进化伦理学——克鲁泡特金的"进化伦理学"构想》,《山西师范大学学报》2008 年第 5 期。

⑥ 吴浪波:《互助论在清末的传播与影响》,《中州学刊》2005 年第 2 期。

⑦ 吴浪波:《互助论在近代中国的传播与影响》,湖南师范大学,硕士学位论文,2005 年,第 4 页。

1908 年 1 月 25 日出版的《新世纪》第 31 号起连续刊发，这是《互助论》的最早中文节译本。1902 年即随驻法公使孙宝琦赴法的李石曾"由农学而研究生物学，由生物学而研究拉马尔克的动物哲学，又由动物哲学而引到克鲁巴金的互助论。他的信仰互助论，几于宗教家相像"①。"新世纪派"在学理上是以互助论为根据的。此外，"李氏的同志如吴敬恒、张继、汪精卫等等，到处唱自由，唱互助，至今不息，都可用《新世纪》作为起点"。②

互助论对中国思想界的影响始于 1907 年，要早于合作主义数年。在李石曾、褚民谊等人的努力下，互助论至少在无政府主义者中引发相当关注。如宗教般虔诚信仰互助论的李石曾，1919 年又在《东方杂志》第 16 卷第 5—10 号（1919 年 5 月 15 日—10 月 15 日）上连续发表他翻译的《互助论》。李石曾在《弁言》中谈道，"今译者非仅欲以此谢责于朋辈之前。实以欧战之教训，足以证明互助与竞争之实验，及其优劣之分。而互助一书，不可为国人所忽"③，由欧战失败的反思而再次译介《互助论》。同期，高一涵在《北京大学日刊》1919 年第 445—449 期（1919 年 9 月 24—29 日）发表《"互助论"的大意》，对《互助论》一书及克鲁泡特金的互助思想进行了介绍。1921 年，商务印书馆出版了周佛海翻译的《互助论》全译本，此后又多次再版。1939 年，开明书店出版了朱洗翻译的《互助论》，并增加了由其增写的《中国人的互助》一章。④ 1947 年，拉来桑《生存互助论》由吴克刚翻译、商务印书馆出版，该书认为生存竞争导致人类的退化、贫穷与愚蠢等种种恶果，挽救人类厄运，唯有消灭家庭、私有财产制度与阶级，"使一切有知识、有力量的人，都能自由结合，努力谋个人的及社会的幸福与进步"⑤。

近代中国互助思想的传播基本上是围绕《互助论》一书的介绍、翻译与讨论而展开的。五四新文化运动时期，各种社会思潮纷至沓来，纷繁杂陈，互助思想也再次引发知识分子的倡导与关注。在互助与竞争的关系

---

① 蔡元培：《五十年来中国之哲学》，《蔡元培选集》，中华书局 1959 年版，第 218 页。

② 同上。

③ 李石曾译：《互助论》，《东方杂志》第 16 卷第 5 号，1919 年 5 月 15 日，第 88 页。

④ 参见邹振环《20 世纪轰动中国的〈互助论〉》，《民国春秋》1995 年第 6 期。依据巴金为朱洗译本所写的前记，《互助论》旧译本出版于 1922 年，1930 年由商务印书馆万有文库出版新译本。

⑤ ［法］拉来桑：《生存互助论》，吴克刚译，商务印书馆 1947 年版，第 62 页。

上，不少知识分子已经摆脱了非此即彼的观点，而是主张二者的统一。子民（蔡元培）的《互助与依赖》从权利与义务、互助与依赖的关系立论，认为互助乃权利—义务对等之义。他引述西方寓言："有至不幸之甲乙二人，甲生而瞽，乙有残疾不能行，二人相依为命，甲负乙而行，而乙则指示其方向，遂得互减其苦状。——甲不能视而乙助之，乙不能行而甲助之，互助之义也。""互助之义如此，甲之义务，即乙之权利，而同时乙之义务，亦即甲之权利，互相消即互相益也，推之而分工之制。一人之所需，恒出于多数人之所为，而此一人之所为，亦还以供多数人之所需。是亦一种复杂之互助云尔。若乃不尽义务，而惟攫他人之义务之产业以为权利，是谓依赖。"祛除依赖之心，不唯依靠互助，亦须自助，是谓"自助之义不背于互助者也"[1]。周建人《生存竞争与互助》则对当时国内以互助反对竞争之说加以驳斥，主张"生存竞争与互助两说，在今日不害其并存，谅将来也便如此"[2]。吕培宗亦持类似观点，主张"要于互助之中去求竞争，又要于竞争之中去谋互助"[3]。陈兼善也主张"互助不过是许多生存竞争方法中之一"[4]。在强调互助的同时而没有抛弃、忽视竞争，这是互助思想传播初期的主要特点。有学者认为，"在中国近代史上影响巨大的进化论，在思想界曾有一个从竞争进化论向互助进化论的文化转向"[5]，这一观点值得商榷。实际上，当时对互助论的误解与误读多半源于对《互助论》一书的译读不充分所致。[6]

五四时期，将互助思想付诸实践的是工读互助团的成立。工读互助团谋求教育与职业合一、学问与生计合一，半工半读、互助协助。最先成立的是北京工读互助团，由李大钊、陈独秀、蔡元培、胡适、周作人、王光祈、高一涵等 17 人发起成立，"本互助的精神，实行半工半读"[7]。随后上海工读互助团也发起成立，《上海工学互助团简章》对工读互助之宗

---

① 子民:《互助与依赖》,《东方杂志》第 14 卷第 11 期, 1917 年 11 月 15 日, 第 154—155 页。

② 周建人:《生存竞争与互助》,《新青年》第 8 卷第 2 号, 1920 年 10 月 1 日, 第 73 页。

③ 吕培宗:《竞争与互助》,《石室学报》创刊号, 1921 年 11 月 10 日, 第 10 页。

④ 陈兼善:《互助与互竞》,《博物杂志》1921 年第 4 期, 1921 年 5 月 1 日, 第 12 页。

⑤ 李怡:《近代中国从竞争到互助进化论的文化转向与文化回归现象——兼论中国无政府主义者的道德建设误区与戒鉴》,《华中师范大学学报》2004 年第 2 期, 第 55 页。

⑥ 毛一波:《互助论之误解》,《语丝》1926 年第 95 期, 第 16 页。

⑦ 《北京工读互助团消息》,《新青年》第 7 卷第 2 号, 1920 年 1 月 1 日, 第 186 页。

旨、团员义务权利做了规定，"本团以实行半工半读互助协助为宗旨"，团员每人每日必须工作 6 小时，如生活费不足维持得增加工作时间，团员生活之必须的衣食住及教育费、医药费、书籍费均由团体供给，工作类别有平民饭店、洗衣店、石印、贩卖商品及书报，工作所得归团体公有。①季陶（戴季陶）对工读互助团成立的原因有这样的看法：

> 我以为工读互助团发生的原因，大约有三个：（一）许多有思想有毅力的青年学生，因为他们的思想和行为，与家庭中父兄的意见抵触。而那些父兄们，便用经济的压迫对付他们，停止供给他们的学费（这当中关于群众运动和婚姻问题的最多）。（二）许多有志求学的青年，很想求学，实在没有负担学费的能力，陷于很苦痛的境遇。（三）学校的教育、管理种种方面，都和青年的希望相背驰。有向上精神自由思想的学生，要想脱离这学校的桎梏，又苦别无求学的地方。以上所述三种事实，和现在涌现出来的"劳工神圣"、"互助"的理想，结合起来，于是发生出"工读互助"的这一个思想。

他所理解的"工读互助"有两重意义："一、现在负担工作责任的人对于在求学年龄及老人的互助。二、现在工作的人自身对自身——即全体对全体的互助。"不过他认为工读互助团是无法达到此种目的的，因为工读互助无法战胜现代资本主义生产方法，要实现工读互助理想，也只有投向资本家生产制下的工厂去。②

工读互助是在专门学校以上青年学生中发起成立的自助互助组织，一定程度上是为维持学业而缓解经济生活困难之举。20 世纪 20 年代初，互助思想逐步跃出青年知识分子的范围，已经延伸到经济互助、资金互助、金融互助、农业互助的讨论与实践上。1922 年 3 月 11 日出版的《道南》杂志报道，厦门经济互助社创设织染部于 3 月 10 日开业，"如得各社友之协助造成一完善之社会则于厦中人民生活不无少补"③。1924 年，沧水（徐沧水）提出以银钱业互助为救济钱业金融紧急之应急方策，"吾人观

---

①　《介绍上海工读互助团》，《星期评论》1920 年第 40 期，1920 年 3 月 7 日，第 4 版。

②　季陶：《我对于工读互助团的一考察》，《星期评论》1920 年第 24 号，1920 年 3 月 21 日，第 1 版。

③　《厦门经济互助社创设织染部》，《道南》第 4 卷第 6 期，1922 年 3 月 11 日，第 11 页。

于此次金融紧急，益觉银行与钱业，殊有真正合作之必要"。他认为，仅仅甲行与甲庄或乙行与乙庄之互助，尚不足以言银钱业全体之合作，"诚使有票据交换所之设，合银行为一家，合钱庄为一家，彼此存缺，均可预计，银行固可合力以应钱庄之需求，钱庄亦可合力以应银行之缓急，由个别的互助，进为全体的合作"①。徐沧水所言已显现从互助到合作的思想轨迹。《通崇海棉业互助储金概要》提出，依靠该地棉业资源优势，仿照世界各国农工商互助办法，设立通如崇海4县农工商互助储金会，以接济地方农工商本业资金，储金会之基金由4县棉花商于棉花出境时每担带收银2元充之。② 这一方案意在借鉴效仿德国农工互助办法，以谋地方农工自救自助之法，其互助理念已经延伸、拓展到农业救济领域。莫古黎所主张的中国与西方农业互助之法，是借鉴美国农作物品种引进培育经验，从国外引进农作物品种，20年代初，岭南大学农科在高鲁甫、张焯垫、沈会儒及莫古黎教授努力下，已引进果木、蔬菜及景观植物不下数十种。③劳动界的互助在劳资纠纷、工人罢工运动迭起的国民革命时期也得到重视，工人罢工期间无以做工，生活更行困难，尤其是在工人总罢工时更是如此，故"拟先组织一劳动者连（联）合会，树互助之基础，预备嗣自今□罢工时节避免及身所受之苦，不受时人所谓慈善之协济云"④。

互助论也对早期马克思主义知识分子产生了重大影响，恽代英就曾说道："我很喜欢看见《新青年》、《新潮》，因为他们是传播自由、平等、博爱、互助、劳动的福音的。"⑤ "我信只要一个人有了自由、平等、博爱、互助、劳动的精神，他自然有日会懂得安那其的。"⑥ "要说创造少年中国，不可不注意合理的，有计划的分工与互助。"⑦ 可见，恽代英对互

① 沧水：《述金融紧急之原因及维持互助之意见》，《银行周报》第8卷第33号，1924年8月26日，第3页。

② 《通崇海棉业互助储金概要》（笔者注：文中为"通如崇海"，但文章名为"通崇海"），《湖北省农会农报》1924年第6期，1924年6月，第33页。

③ 莫古黎著，谭自昌译：《中国与西方农业互助之一法》，《农事月刊》第3卷第6号，1924年12月1日，第1—5页。

④ 《劳动界互助之动机》，《河南实业周刊》第4卷第20期，1925年12月19日，第11页。

⑤ 《致王光祈信》（1919年9月9日），《恽代英文集》（上卷），人民出版社1984年版，第109页。

⑥ 同上。安那其即Anarchism的音译，意为无政府主义。

⑦ 《怎样创造少年中国》（1920年7月、9月），《恽代英文集》（上卷），人民出版社1984年版，第171页。

助思想是非常推崇的。1919 年 7 月，李大钊发表《阶级竞争与互助》一文，对克鲁泡特金的互助论和马克思的阶级竞争论进行了比较，他得出的结论是，马克思主张的阶级竞争的历史不是通用于人类历史的全体，只是人类历史的前史的一段，"他是确信人类真历史的第一页，当与互助的经济组织同时肇启"，"这最后的阶级竞争，是改造社会组织的手段。这互助的原理，是改造人类精神的信条"。因此李大钊主张人类应该相爱互助，可能依互助而生存，而进化；不可依战争而生存，不能依战争而进化。① 1919 年 9—11 月，李大钊又发表了《我的马克思主义观》，提出"马氏所谓真正历史，就是互助的历史，没有阶级竞争的历史"②。李大钊还认为，"我们相信人类都有劳动权，都有生存权，只要经济组织一经改造，世界上的地方都许世界上的人劳动生存，我们大家安安宁宁的工作起来，只有互助，无须相争，只有友情，那有仇怨"③。毛泽东在 1920 年 12 月写给蔡和森、肖子昇等的信中，认为新民学会"会友相互及会友个人的态度，我以为第一是'互助互勉'（互助如急难上的互助，学问上的互助，事业上的互助。互勉如积极的勉为善，消极的勉去恶）"④，对互助思想也是非常重视的。

　　从以上对互助思想传播范围与影响的讨论来看，清末民初互助思想的传播，首先对近代知识分子产生了重大影响，讨论互助与竞争，是新文化新思潮的重要一支。作为无政府社会主义思潮的互助论在 20 世纪初传入中国，晚于主张"物竞天择、适者生存"的进化学说 20 余年，但同样对时代思潮产生了强烈冲击。由于近代知识分子是在寻求救国之道的理念下接受西方各种社会思潮的，因此互助论也得到许多知识分子的呼应和唱和。包括许多早期马克思主义者如李大钊、恽代英、毛泽东、蔡和森等在向马克思主义转变之前或转变过程中都曾受其影响。⑤ 五四运动以后，互

---

①　《阶级竞争与互助》（1919 年 7 月 6 日），《李大钊全集》（第二卷），人民出版社 2006 年版，第 356 页。

②　《我的马克思主义观》（1919 年 9 月、11 月），《李大钊全集》（第三卷），人民出版社 2006 年版，第 34 页。

③　《亚细亚青年的光明运动》（1920 年 4 月 30 日），《李大钊全集》（第三卷），人民出版社 2006 年版，第 181 页。

④　《致蔡和森等》（1920 年 12 月 1 日），《毛泽东书信选集》，人民出版社 1983 年版，第 8 页。

⑤　陈桂香：《"互助论"无政府主义与李大钊的马克思主义观》，《山东大学学报》2006 年第 2 期。

助论仍然对无政府主义者、国民党人、早期共产党人产生了深远影响①，并成为20世纪20年代后期中国乡村合作运动的重要思想源头。

五四新文化运动时期，互助思想的传播主要是围绕克鲁泡特金《互助论》的译介、宣传展开的，中心议题是互助与竞争的关系，论及互助与合作关系的言论少之又少，互助思想是作为社会进化要素之一为知识分子所宣扬的。随着互助思想的传播，工读互助、劳动互助、资金互助、经济互助、农业互助的实践也零星展开。这为20世纪20年代中期以后中国共产党的劳动互助合作运动、华洋义赈会的农村合作运动及国民政府的农村合作运动都做了一定的思想铺垫和理论启蒙。

二　合作主义的传播

大致比互助思想输入中国稍晚，西方合作主义思想也在清末民初进入中国。合作主义一经引入，就体现出远比互助思想更为巨大的社会影响力。合作主义是以合作互助、自助助人、人人为我、我为人人为基本价值观，介于资本主义和社会主义之间的经济制度、社会理想与意识形态体系。合作主义是随着工业革命的兴起而发展起来的，在其输入中国时已经基本形成了完善的合作思想体系、成熟的合作经济制度、完整的合作组织体系和普遍认同的合作原则。西方经验的移植与本土的实践几乎是同时展开的，促成了民国前期的合作运动。

西方合作主义的渊源，最早可以上推到1769年的英国。是年，苏格兰爱尼乌克村少数贫苦的纺织工人最先组织了消费合作社；1777年，格拉斯哥附近哥朋村也成立了消费合作社；1795年，哈尔市的劳动者经市长及市参议员的赞助，设立合作面粉厂；1800年，苏格兰最早的面包制造合作社成立。② 可见，早在18世纪末期，合作社组织已经在英国零星出现，随后的19世纪初期，合作社组织在丹麦、波兰、法国等国家也陆续出现，连同英国成为世界合作运动最早的策源地。

西方合作思想的先驱，主要有罗伯特·欧文（Robert Owen，1771—

---

① 郭伟伟：《从空想到科学——互助论对中国先进知识分子影响之探析》，《当代世界与社会主义》2003年第3期；吴浪波：《互助论在近代中国的传播与影响》，湖南师范大学，硕士学位论文，2005年，第21—32页。

② 葛稚荪：《世界合作大事年表》，侯哲荪：《合作理论》，黎明书局1937年版，第211页。

1858)、金威廉（Dr. William King, 1786—1865）、傅立叶（Charles Fourier, 1772—1837）、毕薛（Philippe Buchez, 1796—1865）等思想家。吴藻溪将近代西方合作思想先驱者分为 4 种类型：一是以欧文、圣西门、傅立叶为代表的空想社会主义的合作思想；二是以金威廉、葛朗德维为代表的基督教社会主义的合作思想；三是以布朗、拉萨尔为代表的国家社会主义的合作思想；四是以蒲鲁东等为代表的无政府主义的合作思想。① 他们对合作思想的阐发与创立合作组织的实践（参见表 2—1），促成了合作主义思潮的出现。

表 2—1　　　　　　　　　　近代合作思想先驱

姓名	生卒年代	国别	对合作运动的贡献
俾勒斯	1654—1725	英国	提倡理想乡（产业大学）
朗吉	1743—1793	法国	最先提倡法郎斯台
柏斯泰洛齐	1746—1827	瑞士	提倡共同劳动，合作思想先驱的教育家
圣西门	1760—1825	法国	提倡集产主义的理想乡
欧文	1771—1858	英国	合作运动的倡导者及实行家，创立新村
傅立叶	1772—1837	法国	提倡法郎斯台
葛朗德维	1783—1872	丹麦	合作思想先驱的教育家，创立国民高等学校
金威廉	1786—1865	英国	基督教社会主义的先驱，创立共同店
毕薛	1796—1865	法国	生产合作思想的先驱，创立木工合作社
胡布	1800—1869	德国	合作思想研究的先驱
蒲鲁东	1809—1865	法国	提倡无政府主义的"交换银行"
布朗	1811—1882	法国	生产合作思想的先驱，提倡社会工场
拉萨尔	1825—1864	德国	提倡国家社会主义的生产合作社

资料来源：吴藻溪《近代合作思想史》（上册），棠棣出版社 1950 年版，第 36—37 页。

西方合作运动的发展，不仅得益于合作思想的日趋成熟，也得益于合作运动中为绝大多数合作社所遵循的基本原则和规范的合作制度。1844年，英国曼彻斯特罗虚戴尔公平先锋社的建立，一般被认为是按照现代合作原则建立的第一个合作社。罗虚戴尔公平先锋社创立与发展过程中所遵循的章程、条款后来被国际合作联盟命名为"罗虚戴尔原则"。1937 年，

①　吴藻溪：《近代合作思想史》（上册），棠棣出版社 1950 年版，第 65 页。

国际合作联盟正式议决将"罗虚戴尔原则"归纳为 7 项,作为世界合作运动发展共同遵循的合作原则。"罗虚戴尔原则"是:门户开放(入社自由);民主的管理(一人一票);按交易额分配盈余;股本利息应受限制;对政治和宗教的中立;现金交易;促进社员教育。此外还附加了 4 个项目:只对社员交易;社员入社是自愿的;照时价或市价交易;创立不可分的社有财产。[①] 1966 年,国际合作联盟将上述 11 项"罗虚戴尔原则"缩减为 6 项,改称"合作原则",这是合作社组织、合作社经营区别于一般企业的基本特征与根本性质。

　　合作思想何时传入中国,合作学界说法不一。于树德认为"合作思想之输入我国也,乃民国七八年间之事"[②],但实际上清末北京京师大学堂即开设有"产业组合"课程,开合作思想输入之先河。在此之后,经过留学欧美、日本的留学生的努力,合作思想的传播范围及影响日渐扩大。初期合作思想的主要倡导者及其著作可以参见表 2—2,此外戴季陶、陈果夫等人对合作主义也宣传有力,影响颇大。

表 2—2　　　　　　　　　初期合作思想的主要倡导者及译著

倡导者及译著 ＼ 传播国	日本	德国	法国
主要人物	戴季陶　覃受公 徐沧水　于树德	薛仙舟	汤苍园　楼桐孙 吴克刚　彭师勤
主要译著	《产业组合法》 《信用合作经营论》	《中国合作化的方案》	《协作》 《消费协作》
主要论点	介绍日本合作社 实施办法	建立合作共和国	介绍法国妮姆派 的学说

　　资料来源:郭铁民、林善浪《中国合作经济发展史》(上册),当代中国出版社 1998 年版,第 29 页。

　　笔者曾在此前的研究中指出,西方合作思想至少包括以下几个流派:消费合作中心论、生产合作中心论、农业合作中心论与信用合作中心论。

---

① 尹树生:《合作经济概论》,(台北)三民书局 1980 年版,第 10—11 页。
② 于树德:《合作社之理论与经营》,中华书局 1929 年版,序言第 1 页。

在中国合作运动发展的萌芽与实验时期（1912—1927），西方合作主义思想的各个流派都曾在中国社会获得实验机会，但中国社会经济环境的现实需求，最终使农业合作中心论获得衍生滋长的际遇，成为影响以后 20 余年中国乡村发展的主要经济政策之一，并成为推进中国小农经济变革的因素。这一中国合作运动发展方向的选择与定位过程，即中国合作运动的"乡村化"。①

在五四运动前后，宣传西方合作思想最力者有朱进之、徐沧水、谭常恺等人，从其思想主张看，主要是集中于对西方信用合作、消费合作的介绍及倡导。朱进之（？—1923）是近代著名教育学家与经济学家，他主张设立平民银行，认为"平民事业万不可靠政府"；同时主张提倡互助制度，因为"西洋有信用互助，由社员集资设立小银行，以便借贷，是即平民银行之别名。消费互助，合资趸购日用物件，分配给社员，其价可廉。贩卖互助，合设堆栈机关，以便待价而售，免大商人之抑制。农业互助合购机械籽种肥料等，并合办灌溉诸事以补独立之不及。生产互助，设厂制造，以产品照原质分配社员，我国亦宜从早提倡，俾平民仿行"。②朱进之所言之互助制度实即合作制度，也就是西方合作运动中的信用、消费、贩卖、农业、生产合作，这与合作主义初期时对合作一词的翻译不一致有关。③徐沧水（1895—1925）曾任《民立报》编辑，1916 年任教于上海私立南洋商业公学，1918 年发表《说产业工会》，接着发表《消费公社与百货商店》《平民银行之商榷》等文，随后他赴日本考察经济组织，回国后任职《银行周报》，继续发表《营利主义之矫正与消费公社之提倡》《说贩卖公社》《合作银行之研究》等文章，其思想主张多以宣传消费合作、信用合作为主。他将合作银行界定为："合作银行，基于会员自助与互助之精神而成立，所以谋平民金融之润泽也"④，这也正是合作银行与普通银行之差别所在。⑤谭常恺于 1920 年在《建设》杂志上发表《合作银行论》，将本合作主义（Coopreralism）组织的合作银行（Cooper-

　　① 魏本权：《农村合作运动与小农经济变迁——以长江中下游地区为中心（1928—1949）》，人民出版社 2012 年版，第 73 页。

　　② 伍玉璋编：《中国合作运动小史》，中国合作学社 1929 年印行，第 8—9 页。

　　③ 张廷灏：《介绍一个中国合作主义的先进》，《平民》第 135 号，1922 年 12 月 30 日。

　　④ 沧水：《合作银行之研究》，《银行周报》第 5 卷第 17 号，1921 年 5 月 10 日，第 3 页。

　　⑤ 《合作银行与普通银行之异同辨》，《银行周报》1921 年第 5 卷第 25 号，1921 年 7 月 5 日，第 4—5 页。

ative Bank) 定位为官立银行和私立银行之外的第三种银行,他将合作主义解释为"本多数人的能力和精神,以互相功作之法,图谋共同幸福"①,主张借鉴德国信用合作经验,发展面向平民大众的合作银行。

五四新文化运动时期对合作主义传播贡献最大的,是以薛仙舟为核心形成的复旦大学《平民》周刊社团群体。在他们的努力下,合作主义逐渐得到社会认可,零星的合作组织开始出现。薛仙舟(1878—1927),广东中山人,1901 年起留学美国、德国,1911 年回国,1914 年任教于复旦公学,"对合作,即开辟了宣传的根据地"②,"复旦大学以有薛先生之倡导合作,乃成为我国未设合作课程之合作学术发源地"③。1918 年,薛仙舟出任工商银行总经理,1919 年 10 月 10 日,薛仙舟发起成立上海国民合作储蓄银行,迈出了从宣传合作到践行合作主义的第一步。上海国民合作储蓄银行的宗旨,在于"补助小本营业;提倡合作主义;鼓励同胞储蓄;解放平民经济"④。该行借款利息年息 1 分左右,徐家汇和法华两镇的乡民,都愿意向该行借款。1920 年 5 月 1 日,在薛仙舟的努力下,上海复旦大学的李荣祥、黄华表、毛飞、谭常恺等 20 余名学生发起组织成立了《平民》周刊社,编辑出版《平民》周刊。《平民》周刊最初以提倡平民主义、促进平民教育为宗旨,自第 4 期开始刊发第一篇关于合作主义的文章;第 6 期出版了《合作号》,引起外界的注意;自第 11 期开始,确立了"以改造平民经济为目的",而"以合作主义为改造经济的方法"。该刊出版的第一年发行量即达到 2000 余份,对宣传合作主义可以说是贡献巨大的。1921 年 12 月 6 日,《平民》周刊社改名为"平民学社",平民学社章程规定其宗旨是研究合作主义,提倡平民教育,发展平民经济,已经具有依靠合作主义来发展平民经济和平民教育的意识。《平民》周刊社与"平民学社"是此时介绍和研究西方合作主义的主要团体,到 1924 年 10 月平民学社中止活动,共计出版 215 期,刊发有关合作主义的文章数量与类型可参见表 2—3。复旦大学还有合作同志社的组织,1920 年 12 月 12 日成立,以研究合作主义、提倡合作事业、造就合作人才为宗旨,共有会员 70 余人,第一届委员会共有委员 9 人,分别是薛仙舟、程婉珍、

---

① 谭常恺:《合作银行论》,《建设》第 2 卷第 4 号,人民出版社 1980 年影印版,第 641 页。
② 伍玉璋编:《中国合作运动小史》,中国合作学社 1929 年印行,第 11 页。
③ 陈岩松:《中华合作事业发展史》(上),(台北)台湾商务印书馆 1983 年版,第 59 页。
④ 戚其章:《复旦大学底合作运动》,《平民》第 47 号周年增刊第 2 张,1921 年 5 月 1 日。

陈果夫、徐沧水、陈端安、邵力子、陆思安、毛飞、李安。

表 2—3 《平民》周刊发表主要文章内容统计
(1920 年 5 月—1924 年 10 月)

文字	篇数	期数	文字	篇数	期数
合作的总述	50	61	合作史事	50	73
信用合作	22	54	合作教育	7	9
消费合作	41	46	合作法的研究	8	9
生产合作	17	45	国际的合作团体	17	23
农业合作	32	67	合作的讨论	32	23
妇女合作	7	10	合作的杂言	16	19
信用合作社报告	9	9	生产合作社报告	5	5
消费合作社报告	13	13	合作宣传的报告	22	22

资料来源：伍玉璋编《中国合作运动小史》，中国合作学社 1929 年印行，第 30—31 页。

合作主义者致力于宣传探讨合作主义在社会革新、经济改造中的地位与意义。毛飞参照苏俄经验认为，"合作"与"社会主义"无论是现在还是将来都有沟通融洽的余地，革新社会、改造经济，二者当同时进行。毛飞指出，五四新文化运动时期流行的经济改组学说，"概括来说，可得下列三派：'无政府主义'；'社会主义'；'合作主义'"[1]。毛飞认同西方合作学界的连锁学派（The Solidarity School）理论，认为合作主义即经济上的连锁关系，主要的类型有信用合作、生产合作、农业合作、消费合作。徐志摩《合作底意义》一文，参照西方经验与中国实际，谈了对合作主义的看法，"合作底主义，第一，在于全部盈利的均平支配。第二，从集中的专制的实业管理，转到分布的平民的趋向的根本变迁。目的，在于用组合底方法，平均分布财力及权势于全体人民"[2]。他介绍的合作方法则有消费合作、信用合作、生产合作三种。陆思安认为，社会改造非从经济方面改造开始不可，而经济方面改革的法子，最好莫如合作。[3] 李安则分

---

① 毛飞：《经济革命中的社会主义与合作主义》，《平民》第 24 号，1920 年 10 月 30 日，第 1 版。

② 徐志摩：《合作底意义》，《平民》第 25 号，1920 年 11 月 6 日，第 2 版。

③ 思安：《能懂得合作主义的有几人?》，《平民》第 47 号周年增刊第 3 张，1921 年 5 月 1 日。

析了当时知识分子对合作主义的种种理解,他注意到当时有 4 种不同认识,有以办理合作社为慈善事业者,有以合作为一种节俭制度者,有以合作为寄生于资本制度下之工人用以自卫及培养其战斗力之制度者,有以合作为改造社会经济组织之最和缓与最稳健的方法者。就后两种看法来说,既有合作足以改造社会之理由,也有合作无以贯彻其改造社会主张之能力的理由,且举办各种合作社之困难也是明显的。如欲发扬光大合作主义,他提出两点主张,其一,合作学说"如欲此种主义变而为一般人之人生观,尚须赖专门研究合作者加以发辉(挥)广大之理想的学话(说),或加以哲学与科学剖析与证明";其二,不仅注意合作主义的经济功效,更要重视合作教育在合作制度上的重要性。①

　　合作主义对中国近代乡村问题而言,也提供了一个改造乡村经济和民众的新的路径。一则有西方国家如法国、荷兰、丹麦、美国、德国等国农业合作的现成经验及日本农业产业组合的利用模式,二则中国乡村问题逐渐引起知识分子的注意,乡村之衰败远甚于都市劳资问题,为此面向乡村与农民的农业合作渐渐引起注意。《平民》周刊就曾连续刊发 Lionel Smith Gordon 所著、许绍棣翻译的《农业合作》,介绍西方各国农业合作。再比如合作银行可以是农业救济的利器,荷兰、德国的农业合作就是可资借鉴的样本。② 马君武指出,对中国而言信用合作与生产合作最为重要,"我是常常在乡村里走走的,觉得信用合作的需要,实很切急。因为乡人实在借不到款,即能借到,每年的利息,总在百分之二十以上。其他如生产合作消费合作,对于中国都是有益无害的"③。他并且主张,就中国目下情形看来,生产合作实较消费合作尤为紧急。童玉民列举了 9 类农业方面的合作运动,分别为国际农业合作、农政合作、农会合作、农学者合作、农校合作、农事试验场合作、农村产业合作(包括信用合作、贩卖合作、购买合作、生产合作)、农村公益合作、农村阶级合作,以使中国农业由守旧的、退步的一变而为革新的、猛进的。④

　　中国初期合作主义的传播,还有一个重要特点就是合作主义宣传与政治运动的结合。初期的合作主义者注重宣传合作效用,鼓吹合作制度,将

　　① 李安:《合作主义面面观》,《平民》第 47 号周年增刊第 3 张,1921 年 5 月 1 日。

　　② 陆宝璜:《农业救济和合作银行》,《平民》第 55 号,1921 年 6 月 11 日,第 2 版。

　　③ 《合作的理论与历史》,《东方杂志》第 20 卷第 10 号,1923 年 5 月 25 日,第 138 页。

　　④ 童玉民:《农业上之合作问题》,《中华农学会报》第 45 期,1924 年 2 月,第 1—4 页。

合作主义视为"我们唯一的救星"①，其初衷是实用主义的，此时合作主义者的政治立场尚不明显。1921 年以后，随着中国共产党的成立、中国国民党的改组以及五四运动后群团组织的演化整合，合作主义者的政治立场也日渐显现出来。西方合作主义的发展经验也表明，合作主义是介于资本主义、社会主义之外的第三股社会思潮，有其独特的价值观和社会理想。但合作主义移植到中国以后，合作主义的独立性逐渐弱化，难以独力担负改造社会的重任。于是在 20 世纪 20 年代的社会思潮整合流变中，合作主义的价值被中国国民党、中国共产党、华洋义赈会等整合进各自的政党、社团组织发展战略，合作主义渐渐淡化，合作运动逐渐兴起，合作政策开始唱起主角。1924 年《平民》周刊的停刊，就与平民学社因参与政治活动而受江浙战争爆发后国民党在沪行动受限有关。平民学社在发展过程中深以合作运动未得帮助政治及离开农工太远为虑，故而认定"加入政治运动，为接近农工的要图，能接近农工，亦即合作帮助政治的捷径"②。但正因其参加政治运动而使平民学社活动宣告结束。张廷灏曾发表《中国国民党和合作运动》与《合作主义者为甚么要加入政党》两文，前文主张国民党要想实现农工主张，要兼采合作制度；后文主张中国合作欲与世界并驰，则先从政治入手，实为要图③，即非常明显地表达了参与政治的企图。

中国国民党很早就重视合作制度的效用。1919 年，孙中山在《地方自治开始实行法》中就将合作事业视为地方自治机关所应举办要事，"自治开始之六事（指清户口、立机关、定地价、修道路、垦荒地、设学校——引者注）如办有成效，当逐渐推广，及于他事。此后之要事，为地方自治团体所应办者，则农业合作、工业合作、交易合作、银行合作、保险合作等事"④。孙中山把合作事业作为与地方自治相互关联的"要事"，可见其对合作事业的重视。陈果夫认为，"中国国民党之重视合作运动，实以此为起点。"⑤ 孙中山还推崇消费合作，他在三民主义之民生

---

①　张廷灏：《合作主义如何能够解决第四阶级者的痛苦》，《平民》第 166 期，1923 年 8 月 11 日，第 1 版。

②　伍玉璋编：《中国合作运动小史》，中国合作学社 1929 年印行，第 29 页。

③　同上。

④　孙文：《地方自治开始实行法》，《建设》第 2 卷第 2 号，1920 年 3 月 1 日，第 207 页。

⑤　陈果夫：《十年来的中国合作运动》，秦孝仪主编《革命文献》（84），台湾"中国国民党中央委员会党史委员会"1980 年版，第 192 页。

主义第一讲中曾说:"现在世界天天进步,日日改良,像以前所讲的分配之社会化,是一种新发明,这种发明叫做合作社。"① 戴季陶也很早就重视合作制度的功能,他将协作社视为改良社会为目的的互助组织,从而与由劳动组合(即工会)、劳动党、社会党组成的战斗组织相区别;他从社会主义的立场认为协作制度的利益在于:免除商人剥削,增加消费力和储蓄力,免除高利贷金的痛苦和大资本家的垄断,减轻社会的浪费,养成社员社会的道德和能力,因此协作制度对于社会组织幼稚的中国,尤其是改造社会的一个必要方法。② 陈果夫也是国民党内较早注意合作主义的人,1920 年,薛仙舟即会同陈果夫、邵力子等人发起组织成立了上海合作同志社,这是陈果夫从事倡导合作运动之开端。1924 年,陈果夫与陈蔼士同组中国合作运动协会,"为直接接受党(国民党)的指导宣扬合作运动之团体"③,中国国民党介入合作运动的宣传与指导自此开始。

三 互助与合作的区联

从以上中国合作主义的传播历程、内容及路径来看,合作主义者在宣传合作思想的同时,引互助思想以为奥援,认为合作运动的发展离不开劳工与民众的自助与互助。合作社本身就是社会弱势群体自助、互助的经济组织,"合作乃由英文 Co-operative 之字义翻译而来,日本则译为组合,乃今日经济制度中之弱者——无产者及小资产者——自助互助之团体,以谋其经济上之利益者也"④。也就是说,合作社是自助互助的团体,通过合作社使得社员自助与互助精神得以实现,这清楚地表明了互助与合作的关系。

应该说,互助与合作是一体两面的,合作的含义有广狭之分,广义的合作即"集合多数人同力合作,此乃精神能力上的互助";狭义的合作是"因为一部分人得不着社会底平等待遇,或缺少生计上的供需;于是深感能力薄弱,联络多数人,创立一种团体,根据了互助的精神,来减少经济

---

① 李敬民:《国父合作思想之研究》,《合作供销》第 10 期,1941 年 12 月 31 日,第 18 页。
② 戴季陶:《协作制度的效用》,《建设》第 2 卷第 5 号,1920 年 9 月,人民出版社 1980 年影印版,第 936—944 页。
③ 秦孝仪主编:《革命文献》(84),台湾"中国国民党中央委员会党史委员会"1980 年版,第 305 页。
④ 于树德:《合作社之理论与经营》,中华书局 1929 年版,序言第 1 页。

上的压迫。他方面可以助长社会进化，人类和平"。① 合作行为的发生离不开互助精神；合作制度的建立与维系也以互助精神为根基。故而陈岩松认为："'互助'一词，英文为 Mutual Aid，意为互相扶助协助，'合作'一词，英文为 Co-operation 或 Working Together，意为共同工作。就合作制度范畴而言，互助为合作的精神基础，合作为互助之力的具体表现，两者互为表里，而有密不可分的关系。"②

可以说，随着合作主义的传播，互助思想才摆脱了早期宣传中仅仅立足于克鲁泡特金《互助论》的狭隘倾向，是合作主义赋予了互助思想以更为广阔的生存空间和解释策略。合作主义者均较为重视互助思想，合作主义将互助、自助作为自己的哲学基础和道德根基，合作以自助、互助为基础，合作运动的发展离不开合作社员的自助及互助精神，以此发展为合作学界普遍认可的合作原则。这与互助思想没有在理论建构、制度推进方面有更大的作为恰恰相反。故而是合作主义带动了互助思想的第二波传播，并且二者的结合与融合也逐渐显现出来，而将这种融合推向实践化的，是华洋义赈会。

第二节　华洋义赈会的实践

与前述思想潮流相吻合，华洋义赈会（全称为中国华洋义赈救灾总会）最先开始了借助合作制度进行救灾、防灾的实验。而在华洋义赈会合作运动的发展中，华洋义赈会首先开创了建立互助组织（互助社）的探索，从互助社到合作社，是华洋义赈会合作运动救灾防灾、培植民众合作意识、提高民众合作能力的基本路径。其次，国民党与南京国民政府在推进农村合作运动、灾害赈济中也一度利用互助社作为信用合作的基础。

华洋义赈会成立于 1921 年 11 月，缘起于中外赈灾团体在赈济 1920 年的华北 5 省旱灾中的共同经历与合作。该会设总会于北平，设分会于各省，其宗旨在协同各省官厅暨公共团体办理赈务及防灾事宜，为民国时期最大的民间慈善组织。该会在救灾中鉴于消极放赈不如积极防灾，决定在

---

① 毛飞：《经济革命中的"社会主义"与"合作主义"》，《平民》第 24 号，1920 年 10 月 30 日，第 2 版。

② 陈岩松：《中华合作事业发展史》（上），（台北）台湾商务印书馆 1983 年版，第 1 页。

河北省试办农村合作。1922 年 4 月，该会设立农利分委办会，从事农村调查事项，调查结果认为农村信用合作制度最适合于中国农村社会的需要。于是参照各国合作成法，于 1923 年 4 月制成农村信用合作社空白章程，并于 6 月在香河县城内成立香河县第一信用合作社，这是华洋义赈会组织成立的第一个农村信用合作社。1923 年 8 月，农利分委办会议决设立合作委办会，专门负责办理农村合作事业，聘请于树德（于永滋）为合作指导员。1924 年 2 月，开始承认及放给款项。1925 年 10 月，农利股正式成立，全面负责合作事业。截至 1933 年 8 月，华洋义赈会在河北省共计有承认合作社 408 社，社员 11865 人，此外尚有未承认社 506 社，社员 11332 人。①

　　1931 年，华洋义赈会接受南京国民政府救济水灾委员会的委托，代为办理安徽、江西两省的水灾救济及农赈事宜。1931 年 12 月，华洋义赈会在上海成立驻沪办事处（又称该会扬子江水灾赈务委员会），次年 1 月又在安庆设置皖赣农赈办事处，负责办理皖赣两省农赈，并于安庆、芜湖、蚌埠、南昌、九江设立农赈分处。南京国民政府先后共拨美麦 16800 吨、约合国币 125 万元为农赈资金。与以往不同的是，华洋义赈会办理农赈工作是从组织"农村互助社"着手的。互助社的组织结构极为简单，社内职员有社长、副社长及评事几人，以一村或数村为单位，社员均负连保责任。"半年间，计在皖赣六省三十七县中，共成立互助社三千六百六十四处，社员二十万零二千三百零二人，贷放赈款达一百二十余万元。"② 成立互助社的初衷，意在"以互助社作合作社的初步"③。出于这样的初衷，华洋义赈会将互助社的宗旨界定为："本社以互相扶助之精神共谋本社社员农事之恢复及改进，以达自给自救为目的。"④ 《合作月刊》在刊发华洋义赈会《农村互助社章程》所配发的"编者按"中就说到这一点：合作社社员以能"自给自救"方为正当，而现在"大灾之后"，农人"力有不及"，须"予以相当有效的援助"，"俾早日脱离灾境，而达自给自救之目的"，是

---

　　① 《华洋义赈会办理合作情况》，《农村复兴委员会会报》1933 年第 7 号，1933 年 12 月 26 日，第 162 页。

　　② 孙本文:《华洋义赈会十二年来之赈务工作》，《时事月报》第 10 卷第 1—6 期合刊，1934 年 1—6 月，第 99 页。

　　③ 《农村互助社章程》，《合作月刊》第 4 卷第 4 期，1932 年 4 月 15 日，第 29 页。

　　④ 同上。

必然的了。可知互助社是"他救的",与合作社是"自救的"有所不同。互助社与合作社之不同点（参见表2—4）。

表2—4　　　　　　　　　合作社与互助社之不同点

合作社	互助社
永久的组织	暂时的组织
互助社进一步的化身	合作社的简单雏形
农民谋求自救的组织	被灾后为承借农赈而组织的团体
入社份子必须是纯正农民，且无不良嗜好，有自助互助精神	凡是灾农并有恢复农事能力者，便可入社，限制不十分严刻（苛）
凡关于生产的事业，主办机关均将设法予以协助	对本组的关系，仅限于承借农赈
可由外面借得低利的资金	仅能向本组承借农赈
有远大目标，近之可以谋社员经济上之利益，远之可以改造社会	仅是一种救灾的办法
好像大家拿出资本来开一家银行或铺店，每个社员都是股东，反过来说，每个社员又都是顾客	大家合借赈款，分开使用，到期偿还
组成之后，须经政府登记，才能成了（立）正式的团体，所以费时较久	组成之后，不再有其他手续，所以成立较速
系根据政府颁布的法律组成的	不必依据固定法律，仅有临时的章程
由农民自动发起组织	由农赈人员解释指导而组成的
不带慈善性质	以救济为出发点

资料来源：《合作社与互助社之不同点》，《农赈月刊》第6期，1934年6月，第4—5页。

华洋义赈会农赈的散放程序是"先由灾农，组织互助社，函请派员调查，请求承认后，始能借款。此种农赈贷款，取利极微，其最少之数，按月仅取四厘。并无抵押，颇似信用合作社之借款，以社员全体之信用为担保。故互助社直不啻合作社之预备社"[1]。华洋义赈会通过合作讲习会等途径一再向民众宣讲互助社与合作社之不同，以期消除民众误解，提高合作意识。"互助社是在水灾区域内灾农为承借农赈的临时组织。合作社是同感经济上需要的农民自动自立自救自给的永久团体。与'赈'字毫

──────────

① 王伟烈：《从长江水灾说到安徽的农村合作》，《中国实业杂志》第1卷第5期，1935年5月15日，第846页。

无关系。"① 近代合作专家郑厚博就认为:"互助社为被灾农民,以互助精神负连环担保责任,以谋社员间恢复农事资金之融通,农事之改进,以达自立目标之团体组织,故互助社实具合作之性质,亦即一种合作社预备组织也。"②

因此,华洋义赈会组织的互助社仅为农赈的承贷组织,具有合作上的预备性与存在上的临时性,一旦农赈结束,灾后经济恢复,互助社即需加以改组或整理。华洋义赈会的做法是,如若互助社符合合作原则,具备改组为合作社的条件,即承认为正式的信用合作社。截至 1933 年 10 月 26 日,华洋义赈会驻赣事务所共计承认合作社 141 社,未承认合作社 176 社,共计 317 社,社员 10210 人。③ 截至 1934 年 12 月,中国华洋义赈救灾总会驻皖事务所指导下之合作事业,有承认合作社 668 社,社员 18935 人;未承认合作社 2317 社,社员 62418 人;尚未改组之互助社 1608 社,社员 88240 人;合计共 4593 社,社员 169593 人;合作社社员自集资金共计 173598.58 元;贷放款额共计 1157286.92 元。④

华洋义赈会"由办理皖赣农赈的经验,发现以互助社为合作社预备社的办法。现在各地多有采用者,且有把互助社改称合作社预备社者"⑤。在"围剿"战争期间及战后,南京国民政府通过组织农村合作预备社作为鄂豫皖赣"剿匪区内"各省农村金融救济的机构。在南京国民政府的农村合作运动中,这一做法在不少地方得以推广采用,华北战区农赈即以互助社为基础进行。1932 年 11 月,《华北战区救济公债条例》尚未颁布,丰润、遵化等六县农民互助社已先后组织成立,大村每村设一社,小村由数村合组一社,将来贷款数目,即由互助社呈请救济委员会核发。⑥ 华北战区救济委员会亦将互助社作为"承借农赈的一种团体","这种互助社

　　① 《合作社与互助社不同》,《合作讯》第 93 期,1933 年 4 月 10 日,第 1 页。

　　② 郑厚博:《中国合作运动发展之原因》,《农村合作》第 2 卷第 3 期,1936 年 10 月 15 日,第 74 页。

　　③ 秦孝仪主编:《革命文献》(84),台湾"中国国民党中央委员会党史委员会"1980 年版,第 486—487 页。

　　④ 王伟烈:《从长江水灾说到安徽的农村合作》,《中国实业杂志》第 1 卷第 5 期,1935 年 5 月 15 日,第 856 页。

　　⑤ 吴敬敷:《华洋义赈会农村合作事业访问记》,《农村复兴委员会会报》第 2 卷第 4 号,1934 年 9 月 26 日,第 57 页。

　　⑥ 《华北战区各县组农民互助社》,《合作月刊》第 5 卷第 11、12 期合刊,1932 年 12 月 15 日,第 30 页。

的根本意义，是要使'人人能自助，并要互助'"。① 1933 年 8 月，陕西省政府决定拨款 50 万元，交由陕西省银行会同全国经济委员会会商办理陕西农村合作事宜，并先成立互助社，开始进行。② 此类合作预备组织，在菏泽实验县 20 世纪 30 年代的水灾救济中亦有农村合作预备社、借款联合会等类似组织，名称虽异，但均为承借农赈的团体则同。是年，菏泽实验县水灾极为严重，全县 39 万人口中约有 32 万人受灾，华洋义赈会、中国银行、民生银行、菏泽县政府共同进行赈济，共计组织互助社 264 处，有加入互助社的 7164 农户得到赈济，贷款总额 118736.82 元。③

综上所述，华洋义赈会在 1931—1932 年皖赣水灾赈济中开创的以互助社进行赈灾救济的经验与做法，在南京国民政府农村合作运动中得到借鉴和推广，这是互助组织在 20 世纪中国乡村的首次推广运用。在此之前虽有各类互助社组织的出现，但多数仅仅限于都市知识分子之间，深入乡村的互助社是华洋义赈会的首创。互助社实为信用合作的雏形，"现在普通救济农村金融的办法，不求信用合作社的直接组织，而求信用合作社之预备组织"④。因此，在国统区，互助社的组织与推广有助于信用合作的发展，这也符合中国农村合作运动初期以信用合作为主流的趋向。

然而尤其还应引起我们注意的是，几乎就在华洋义赈会在皖赣两省开创互助社救灾模式的同时，中国共产党也在江西、福建等地苏区，开创了新的互助社发展模式。与国统区互助社从承借赈款、金融借贷开始不同，苏区的互助社是从劳动互助开始发展起来的。名称虽同，内涵却已不再一致，一种新的互助模式也已经孕育出来。

第三节 中国共产党的策略

在五四新文化运动和国民革命时期，中国共产党已经开始注意合作社在工人阶级运动中的作用，并有意识地深入乡村组织农民的合作社，但这

---

① 《互助社与合作社的关系》，《农赈月刊》1934 年第 2 期，1934 年 2 月，第 1 页。

② 《陕拨款办互助社》，《合作月刊》第 6 卷第 10 期，1933 年 10 月 15 日，第 37 页。

③ 范云迁：《菏泽实验县农村互助社贷款之报告》，《乡村建设》第 4 卷第 23、24 期合刊，1935 年 4 月 21 日，第 31 页。

④ 同上书，第 19 页。

一时期合作运动的发展受西方合作制度影响甚大。中国共产党对农业互助合作运动理论的独立探索是在苏区革命中,苏维埃经济建设促成了互助与合作的合一。以往学界多论及中共农业互助合作运动的具体展开,而对前期的理论探讨的关注则相对薄弱。本节仍围绕"互助"与"合作"的合流与合一问题进行讨论。

1927 年之前,早期中国共产党人已经开始从事合作社的宣传和组织工作。中国合作运动的早期宣传者于树德(于永滋)就是中国共产党党员。于树德 1918 年留学日本,在京都帝国大学攻读经济学,1921 年回国。1920—1921 年,于树德在《东方杂志》《平民》等期刊上发表《农荒预防与产业协济会》《产业协济会之经营》《我国古代之农荒预防策——常平仓义仓和社仓》《资本之研究》等文章,1921 年出版《信用合作社经营论》(又名《平民银行论》),是较早从事合作主义宣传的知识分子。1922 年 6 月,于树德加入中国共产党,此后仍积极从事合作社的组织指导和思想宣传,1926 年,在广东农民运动讲习所开设"农民合作概况"课程。

中国共产党早期的合作组织实践也开始甚早。1921 年 9 月 27 日,中国共产党领导下的第一个农民协会——衙前农民协会正式成立,"衙前农民协会,就是农民合作社的别名,是浙江省萧山县衙前村全村的农民所组织"[1]。张廷灏称衙前农民协会为农民合作社,而它又是共产党员沈玄庐所组织,因此可以说是中国共产党人发起成立的第一个合作社。在安源路矿工人运动中,安源路矿工人消费合作社的成立与发展也是中国共产党努力的结果。1922 年 5 月 1 日,安源路矿工人俱乐部成立,即开始谋求合作社之组织,7 月得告成立,股本 100 元,社员 30 余人。同年 9 月,安源路矿工人俱乐部因罢工改组,合作社也重新改组,到 1923 年已发展社员达 13000 余人,凡安源路矿工人俱乐部成员均为其社员,资本 2 万元;每月约销米 500 石,盐 1 万斤,菜油 4000 斤,洋油 2000 余斤,兑换约换洋 2 万元。[2]

此外,在中国共产党历次代表大会的决议及中国共产党领导的工人农

---

① 张廷灏:《中国合作运动的现状》,《平民》第 152 期,1923 年 5 月 5 日,第 2 版。

② 《安源路矿工人消费合作社的沿革和现状》,《平民》第 155 期,1923 年 5 月 26 日,第 1 版。

民运动中，合作运动作为对抗资本主义剥削、维护工农利益的组织形式也得到高度重视。1922 年 7 月，中共二大在最重要的产业工人的工会运动议决案之外，还有几点次要的议决案，其中就有"工人消费合作社是工人利益自卫的组织，共产党须注意和活动此组织"①。1926 年 9 月，第三次全国劳动大会专门就合作社问题做出决议案，认为"合作社已成为现在中国工人们的需要"②，故提出了组织生产合作社与消费合作社的决议。1926 年 9 月，中共第四届中央执行委员会第三次扩大会议通过的《农民运动决议案》也提出"提倡农村消费合作运动"③。诸如此类的决议在广东、江西、湖南、湖北等各地农民运动决议案中也一再出现④，说明中国共产党对合作社运动是非常重视的。从相关决议看，此时中国共产党对合作社的认识受西方合作主义的影响甚大，注重对合作社组织形式的借用，而未展开对西方合作主义的批判和新民主主义合作理论的构建。

苏维埃革命时期，深入乡村的中国共产党面临着与以往大不相同的革命环境，农业的、小农的、乡村的、战争的环境下的苏维埃经济建设中，中国共产党因地制宜地创造出了许多新的合作模式，劳动合作社、劳动互助社、耕田队、犁牛合作社、粮食合作社等群众生产组织第一次出现在合作运动的文献里，赋予合作社以新的内涵和内容。

苏区革命时期，中国共产党尤其注重劳动互助的意义，这是因为"在目前的条件之下，农业生产是我们经济建设工作的第一位"⑤。乡村生活中互助的范围是极为广泛的，例如，"在两湖川黔一带，栽秧最忙，且需多人。故农家不请人，而由邻里亲戚互相帮忙。譬如这一家那一天要栽秧的时候，事先就已通知邻居及亲戚，到那日大打锣鼓，口唱秧歌，邻近的人都来帮忙争栽，甚至过路的人也要来帮忙做。那天主人招待得非常

① 《中国共产党第二次全国代表大会附加议决案》（1922 年 7 月），《中国供销合作社史料选编》（第二辑），中国财政经济出版社 1990 年版，第 3 页。

② 《第三次全国劳动大会合作社问题决议案》（1926 年 5 月），《中国供销合作社史料选编》（第二辑），中国财政经济出版社 1990 年版，第 95 页。

③ 《中国共产党第二次全国代表大会附加议决案》（1922 年 7 月），《中国供销合作社史料选编》（第二辑），中国财政经济出版社 1990 年版，第 4 页。

④ 《中国供销合作社史料选编》（第二辑），中国财政经济出版社 1990 年版，第 96—98 页。

⑤ 《我们的经济政策》（1934 年 1 月），《毛泽东选集》（第一卷），人民出版社 1991 年版，第 131 页。

好，请吃茶吃饭，吃酒吃肉，都是乡间不易得的。因为人多，数十百亩田，快快乐乐的两天就栽完了，当主人的自然非常感激，以后凡遇有邻近及亲戚栽秧，也要一律去帮忙"①。这几乎成为乡村社会生活的常态。迨至苏区革命时期，苏区革命对人力资源的巨大需求以及战争期间的人口逃亡流失，使得苏区农业生产面临巨大人力缺口。据毛泽东对兴国县长冈乡的调查，1933 年时长冈乡全乡出外的 320 人，除十几人为半劳力外，其余均为全劳力，而留乡的全劳力仅 150 人，为 68% 对 32% 之比。② 畜力短缺亦是如此，瑞金石水乡、兴国长冈乡、上杭才溪乡的调查显示，农民无牛的占 20%—30%。为了缓解农业生产中的人力与畜力短缺，劳动互助社、耕田队、耕牛互助社、犁牛合作社应运而生。毛泽东在《才溪乡调查》中就曾说道："本乡劳动合作社，一九三一年开始创设的，现在全苏区实行的'劳动互助社'，就是发源于此。"③ 江西兴国县长冈乡的调查也显示，"劳动力的有组织的调剂，成为生产上的中心问题，因此群众热烈地欢迎劳动互助社。劳动互助社的工作是优待红属、社员互助与帮助孤老，均完全达到目的，红属的田一般耕得好"④。毛泽东的上述调查表明，苏区最初以劳动合作社来组织和调剂人力资源，后易名为劳动互助社，并在全苏区推广。"很多的地方组织了劳动互助社和耕田队，以调剂农村中的劳动力；组织了犁牛合作社，以解决耕牛缺乏的问题。"⑤ 这也表明，在概念使用上，劳动互助社已经得到中国共产党的普遍采用。

苏区革命时期，以合作社命名的合作组织主要有犁牛合作社、粮食合作社、生产合作社、信用合作社等。到 1933 年 9 月，闽赣两省 17 县已发展合作社 1423 个，股金 30 余万元，"发展得最盛的是消费合作社和粮食

---

① 卓之:《中国农民的合作制度》,《国闻周报》第 3 卷第 41 期, 1926 年 10 月 24 日, 第 2—3 页。

② 《长冈乡调查》(1933 年 11 月),《毛泽东农村调查文集》, 人民出版社 1982 年版, 第 310 页。

③ 《才溪乡调查》(1933 年 11 月),《毛泽东农村调查文集》, 人民出版社 1982 年版, 第 344 页。

④ 《长冈乡调查》(1933 年 11 月),《毛泽东农村调查文集》, 人民出版社 1982 年版, 第 310 页。

⑤ 《我们的经济政策》(1934 年 1 月),《毛泽东选集》(第一卷), 人民出版社 1991 年版, 第 131 页。

合作社，其次是生产合作社。信用合作社的活动刚才开始。"① 合作社经济与国营经济、私人经济共同构成苏区经济，"现在我们的国民经济，是由国营事业、合作社事业和私人事业这三方面组成的。"② 合作社经济在苏区经济中的地位与作用是极为重要的，"目前经济建设中的中心的一环是广泛发展合作组织"③，合作社担负着发展生产、调剂粮食供需、发展贸易、改善群众生活的职能，是苏维埃经济建设的生力军之一，对苏区革命的重要性毋庸讳言。

承继苏区革命时期的探索，抗日战争时期，中国共产党在理论上已经将劳动互助与合作运动统一起来。毛泽东将抗日根据地的合作社分为四种类型："除了这种集体互助的农业生产合作社以外，还有三种形式的合作社，这就是延安南区合作社式的包括生产合作、消费合作、运输合作（运盐）、信用合作的综合性合作社，运输合作社（运盐队）以及手工业合作社。"④ 毛泽东的这段话表明，中共农业互助合作运动的类型与西方合作运动基本对应。集体互助的农业生产合作社是农业生产合作的实现形式，与专营消费、信用、运销（运输或贩卖）的合作社不同，综合性合作社实际上就是兼营性的合作社。不同的是，中共农业互助合作运动尤其突出了劳动互助的组织和实现，将合作社作为经济上组织群众的最重要形式，"目前我们在经济上组织群众的最重要形式，就是合作社。我们部队机关学校的群众生产，虽不要硬安上合作社的名目，但是这种在集中领导下用互相帮助共同劳动的方法来解决各部门各单位各个人物质需要的群众的生产活动，是带有合作社性质的。这是一种合作社"⑤。因此，无论是变工队、扎工队之类的集体劳动组织，还是消费、信用、运输、手工业生产合作社，都是合作社性质的，"我们的经济是新民主主义的，我们的合作社目前还是建立在个体经济基础上（私有财产基础上）的集体劳动组织。这又有几种样式。一种是'变工队''扎工队'这一类的农业劳动互

---

① 《我们的经济政策》（1934年1月），《毛泽东选集》（第一卷），人民出版社1991年版，第133页。

② 同上。

③ 博古：《广泛发展合作社是经济建设中的中心一环》（1933年8月4日），《中国供销合作社史料选编》（第二辑），中国财政经济出版社1990年版，第125页。

④ 《组织起来》（1943年11月29日），《毛泽东选集》（第三卷），人民出版社1991年版，第932页。

⑤ 同上书，第931页。

助组织,从前江西红色区域叫做劳动互助社,又叫耕田队,现在前方有些地方也叫互助社"①。无论是以互助社为名,还是以合作社为名,在中国共产党的合作理论中,互助与合作是合而为一的,只是侧重点不同,前者以农业生产领域的合作为主,后者以商业、金融、消费、运销等领域的合作为主。

　　如果跳出对合作社的单纯定性,我们还可以发现,合作运动为中国共产党找到了动员、组织群众的最佳切入点。近代合作运动初起之时,合作主义者即以发展平民经济相标榜,这是一个面向普通大众的经济运动,是对抗资本主义剥削、追求劳动阶级利益的底层经济运动。在中共农业互助合作理论的探索中,"合作社问题基本上是一个群众观点问题,要想到群众"②,这与合作制度的特征恰恰是吻合的。代表底层利益的中国共产党成功地将合作主义的理念改造为争取群众、动员群众的革命策略手段。通过劳动互助,实现群众的生产合作,抵制地主富农的经济剥削;通过合作经济,抵制商业流通、金融、消费领域的中间剥削,这为赢得底层群众和局部执政奠定了道德基础。合作制度的特征决定了合作社是以"人的结合"为根本特征的,合作社社员的自由入社、平等地位和互助关系,是构成合作社运行的基本前提,这为高效集约的群众动员提供了很好的组织基础。因此可以说,合作社经济就是群众经济,中共农业互助合作运动就是群众运动,从合作运动到农业互助合作运动,是从平民经济到群众经济的理念转换,中国共产党据此建构起了根据地经济建设的理论基础。

---

　　① 《组织起来》(1943 年 11 月 29 日),《毛泽东选集》(第三卷),人民出版社 1991 年版,第 931 页。

　　② 《切实执行十大政策》(1943 年 10 月 14 日),《毛泽东文集》(第三卷),人民出版社 1996 年版,第 71 页。

第 三 章

苏区革命与互助合作

将传统互助合作资源加以重新改造和再利用，不失为高效集约的革命动员策略。农业互助合作运动缘起于中国共产党深入乡村后的军民生产与生活互济互助。作为新民主主义经济建设的开端，中央苏区的农业互助合作运动是改造并利用中国传统社会广泛存在着的约定俗成的民间互助行为、创新并发展马列主义合作理论的结果，是作为土地革命时期中国共产党革命动员与经济动员策略而在苏区发展起来的。从苏区农业互助合作运动与革命战争、经济建设、资源动员的关系而言，农业互助合作运动有效地动员起中央苏区民众投身农业生产与商品流通，充分调动了苏区民众参与革命、支持革命的积极性，有效集约地动员了苏区颇为紧缺的人力资源、经济资源和社会资源。

第一节 井冈山的经济斗争：农业互助合作的萌发

1928 年秋，宁冈县第三区第八乡苏维埃政府发布布告："……红军帮我工农，瓜分地主粮田。属乡均已分好，务遂耕耘在前……"[①] 分田之后紧接着"耕耘在前"，凸显了农业生产在边界军事斗争中的重要性和紧迫性。井冈山斗争时期，中共农业互助合作的实践是与工农武装割据、农村包围城市的革命战略相辅而行的，中国工农红军一经深入乡村，军民互助、群众互助耕作、包耕代耕、耕牛农具互助等原初的劳动互助合作就已展开，但农业劳动互助合作尚未深入不同社会阶层之间。租佃与雇佣经营

---

① 井冈山革命博物馆编：《井冈山革命根据地》（上册），中共党史资料出版社 1987 年版，第 180 页。

因土地分配而破坏殆尽,但新的劳动互助模式尚未形成。

农业经营模式是与土地占有密切相关的,土地革命之前,湘赣边界地区的土地状况"大体说来,土地的百分之六十以上在地主手里,百分之四十以下在农民手里"①。"边界的经济本来是一个小农经济的区域,自耕农甚多,日常生活程度颇低",但各地也稍有不同,"宁冈出米,每收获一年可够两年之吃,以是农民都家给人足,有性颇懒";莲花三九都、茶陵、酃县、遂川"土地65%以上仍是操在地主手里",茶陵、酃县"农民以半自耕农为最多,即家有田数亩而同时租佃地主的田耕种,雇农占最少数,富农的数目也不算少";② 而江西修水农村"半自耕农佃农为最多"。③ 总体而言,地处湘赣边界的井冈山地区在中国工农红军进入之前,土地主要集中于地主和家族祠堂、寺庙学校等公产,是一个以自耕农和租佃经营为主体的农业经济区域,劳动互助合作模式体现为宗族内部互助、租佃经营等形态。

领导、组织和支持农民发展农业生产,在井冈山革命根据地创建之初就得到了党的领导人和红军的高度重视。1928 年夏,毛泽东率领红军 31 团来到永新西乡的塘边村,正值夏收时节,毛泽东及时地向全体指战员作了支援农民夏收的指示,"塘边村立即掀起了割禾的高潮,红军从军官到士兵,人人参加,个个上阵,每天早晨天未亮便出工,晚上天断黑才收工。毛泽东同志和红军战士、农民群众一道,参加了割禾,极大地鼓舞了军民参加夏收的热忱。经过广大军民的共同努力,在很短的时间内就把全部稻谷割完了"④。"塘边割禾"是军民互助的典型案例。1928 年,龙源口战斗胜利后,红四军主力部队第三次攻占永新,"他们在那里驻扎期间,一面分兵发动群众,组织群众;一面积极参加生产劳动,割稻子,摘绿豆……样样都干。农民群众称赞说:'红军真是我们的子弟兵,既会打

---

① 《井冈山的斗争》(1928 年 11 月 25 日),《毛泽东选集》(第一卷),人民出版社 1991 年版,第 68 页。

② 江西省档案馆编:《井冈山革命根据地史料选编》,江西人民出版社 1986 年版,第 113、137 页。

③ 同上书,第 88 页。

④ 《井冈山革命根据地的经济斗争》编写组:《井冈山革命根据地的经济斗争》,江西人民出版社 1977 年版,第 42 页。

仗，又会搞生产'"①。类似生产上的"助民"行为，是红军为赢得群众而做出的无代价人力付出，显然有利于构建良好的军民互动关系，而群众的回报就是对工农红军的认同、参军与战争支持。

在井冈山革命根据地斗争的两年多时间里，边界群众农业生产面临着劳力缺乏、耕牛农具匮乏的难题。边界党和各级政府解决劳动力缺乏的主要办法是广泛发动妇女参加农业生产。"至于妇女种田，在井冈山地区的农村并不是一件稀奇的事，但是，要妇女们负担起犁、耙等技术比较高、消耗体力比较大的农活，却有困难。俗话说：'作田冒巧，犁耙重要。'这些农活，妇女从来没有挨过边，要一下子承担起来，困难的确不小。但是，解放了的妇女在困难面前不低头，毅然挑起了生产的重担，很快成了劳动中的主力军。"② 1928 年，永新西北特区"由于发动了广大妇女参加生产，做到了深耕细作，不误农时，那一年西北特区获得了大丰收，单是汗江乡沐头村九百一十亩早稻就比往年多收粮食八万多斤"③。除了发动妇女参加生产外，边界各级政府还发动政府工作人员参加生产劳动，并对军属烈属实行包耕代耕，对缺少劳力的农户，也发动群众实行互助耕作。为了解决耕牛和农具匮乏问题，各级苏维埃政府"曾经组织农民群众实行耕牛和农具互助，互相调剂，以保证农业生产的正常进行"④。"如宁冈县东源乡，原有耕牛 7、80 头，'三月失败'后只剩下 4 头。劳力、耕牛、农具的缺乏是当时农业生产上的严重问题。针对这种情况，湘赣边界各级工农兵政府积极发动妇女和组织政府工作人员参加农业生产劳动，并根据井冈山地区过去就有的农忙时换工的习惯，动员和组织群众实行劳力换工和耕牛农具互助，对军烈属的土地组织劳力实行包耕、代耕。……在邱祖德的带领下，组织了耕田队。他们顶住困难，牛不够就用人力拉，起早贪黑，精耕细作，秋收时获得了丰收"⑤，这是关于中共农业互助中耕田队组织的最早记载。

中共在井冈山根据地开展的群众工作与打土豪、分浮财、分田地的斗

---

① 《井冈山革命根据地的经济斗争》编写组：《井冈山革命根据地的经济斗争》，江西人民出版社 1977 年版，第 42 页。

② 同上书，第 43—44 页。

③ 同上书，第 44 页。

④ 同上。

⑤ 余伯流、夏道汉：《井冈山革命根据地研究》，江西人民出版社 1987 年版，第 241 页。

争,以及工农红军与群众之间的互助互济,形成了良好的党群互动关系。"红军对待群众就象对待自己的父母和兄弟姐妹,经常帮助群众打柴,挑水,扫院子,做农活。打五斗江那一仗,正是插秧季节,战斗刚结束,红军连口气都没歇,就帮助群众插起秧来。红军为工农群众,工农群众也从心底里拥护红军。群众不仅为红军洗衣,做鞋,挖药,带路,放哨,护理伤员,而且还直接投入战斗,积极参加红军,给了红军以极大的支持。"① 应该说,这是"党和群众不得不一齐军事化"② 的现实需要。

不过,在井冈山时期农业劳动互助合作的探索中,也出现了脱离现实、追求共同劳动、耕牛农具公用、共耕合耕等倾向,这些对建构良好的军民、党群关系并无益处。

土地革命以后,围绕土地占有、分配与经营问题,边界地区的乡村社会分层出现新的变动,传统的以自耕、租佃和雇佣关系为基础的农业经营模式必然发生新的变化。边界对于土地是采取全部没收、彻底分配的政策,这就导致了生产经营模式的改变。"如过去我耕田很多,现在分少了,原因分给别人了,农民便要扯去种苗,不要好了别人,结果是由现得田的人补以工钱,或将来平均分儿解决了"③。井冈山时期没收全部土地平均分配的政策极大地削弱了地主和富农经营,租佃经营已经无法存在,中农化的自耕经营成为基本趋势。"在实行分田的时期,农村中马上发现了更进步的阶级分化,有些佔[站]在他们——富农,大自耕农的地位上来主张合耕,以阻挠土地的分配甚至'埃政府'的政权被他们拿到藉以打击贫农。"④ 由此可以看出,富农和大自耕农是分田的受损者,企图以合耕来阻挠土地分配。

井冈山时期,劳动互助模式的探索还出现了苏维埃政府领导共同耕作与共同消费的"左"的倾向。"醴陵南四区'左'得要命,毁掉了田埂,

---

① 罗荣桓、谭震林等著,中共井冈山党委宣传部编汇:《回忆井冈山斗争时期》,江西人民出版社 1983 年版,第 268 页。

② 《井冈山的斗争》(1928 年 11 月 25 日),《毛泽东选集》(第一卷),人民出版社 1991 年版,第 63 页。

③ 江西省档案馆编:《井冈山革命根据地史料选编》,江西人民出版社 1986 年版,第 19 页。

④ 同上书,第 19—20 页。

农民集体生产、生活，醴陵暴动也影响了湘南。"① 觉哉 1928 年 7 月 28
日报告湘东醴陵革命发展情况时谈到，醴陵土地分配有农民均分土地与分
耕、共同耕作与共同消费两种形式，后者由乡苏维埃设立耕作委员会指挥
耕作，农产品由苏维埃根据农民多少分配。其中：

> 最有趣味的是规定耕作时间，六时半鸣炮起床工作，八时半打鼓
> 吃早饭，九时工作至十二时吃饭，一时工作至五时休息。这办法的好
> 处：1. 给私有制以有力打击；2. 打破宗法社会的观念（地方观念家
> 族观念）；3. 均匀劳动，妇孺老弱，分配以轻微工作，不仅可增加劳
> 动的效率，且可得到劳动的愉快；4. 兵士分的田无须（自耕），苏维
> 埃为雇人耕作；5. 农具公用，雇农贫农无农具的困难，可以解决。
> 便于应战，以十人为一组在一地耕作，或三四组在一地耕作，敌人来
> 攻，马上集合。（作工时武器是带在身边的。）②

湖南平江的土地分配也与醴陵类似，盖因反动军队的烧杀抢掠导致粮
食农具屋子等毁于一旦，所余均归公共所有，由苏维埃支配。类似集体耕
作、共同劳动、农具耕牛公用的现象需要强有力的政府调控能力，这在紧
张的军事环境下显然是不现实的。

井冈山时期的《土地法》有关土地分配及耕种的规定也隐含着农业
互助合作的萌芽，但几乎难以实现。1928 年 2 月制定的《土地法》规定，
没收一切土地归苏维埃政府所有，分配方法有三：（1）分配农民个别耕
种；（2）分配农民共同耕种；（3）由苏维埃政府组织模范农场耕种。以
上三种办法以第一种为主体，遇特殊情形或苏维埃政府有力时兼用第二、
第三两种。③ 虽然该《土地法》未对劳动互助合作做出明确界定，但共同
耕种和农场经营显然需要农民之间的劳动互助合作。1928 年 12 月井冈山
《土地法》还规定了"分配土地之后，除老幼疾病没有耕种能力及服公众
勤务者以外，其余的人均须强制劳动"，1928 年 12 月井冈山《土地法》

---

① 井冈山革命博物馆编：《井冈山革命根据地》（下册），中共党史资料出版社 1987 年版，
第 547 页。

② 江西省档案馆编：《井冈山革命根据地史料选编》，江西人民出版社 1986 年版，第 61—
62 页。

③ 中共中央文献研究室编辑：《毛泽东农村调查文集》，人民出版社 1982 年版，第 35 页。

和 1929 年 4 月的兴国县《土地法》都有关于"红军及赤卫队的官兵，在政府及其他一切公共机关服务的人，均得分配土地，如农民所得之数，由苏维埃政府雇人代替耕种"的规定。"强制劳动""苏维埃政府雇人代替耕种"都体现出了苏维埃政府组织和调剂劳力使用的现实诉求。

不可否认，农业生产的持续与稳定是军事斗争的基础，红军的各地转战态势实与经济支撑强度紧密相关。"因为红军经费唯一的来源，全靠打土豪"，"经济困难成了边界最难解决的问题"[①]，因此，全力解决经济困难是井冈山根据地生存的前提。井冈山时期，劳动互助合作的主要贡献体现在通过劳动互助对军属烈属的代耕与帮耕，军队与政府工作人员对群众生产的应急性帮助。总体而言，井冈山时期的农业生产互助合作对军事斗争的支撑是非常有限的，劳动互助模式的摸索尚处于混沌状态，既体现出"左"倾的动向，也处于新旧互助模式的交替和混杂中。

第二节　苏维埃的经济建设：中央苏区的互助合作

在苏区农业互助合作运动研究中，需要深入认识影响它发展的三个方面的关系：传统乡村的民间互助合作行为、马列主义合作理论和中国革命的基本策略，正是这三个方面的互动才产生了苏区农业互助合作运动。本节以中央苏区的农业互助合作运动为考察对象，采用区域社会史的理论与方法，全面考察中央苏区新民主主义经济建设中的互助合作运动与原有的乡村互助合作资源之间的关系，以及受中国共产党革命策略的影响，外来的合作组织与合作制度、革命战争、苏区经济建设之间的内在关联。由此观察中国共产党通过农业互助合作运动对包括乡村社会传统互助组织在内的人力资源、经济资源和社会资源的有效动员与利用。

一　中央苏区农业互助合作的兴起

中央苏区的农业生产是在土地革命均分土地的基础上进行的，也是在战争极度紧张的环境下展开的，动员尽可能多的群众进行农业生产，保障战争供给，同时改善民生，是中央苏区农业互助合作运动兴起的初衷。苏

---

① 井冈山革命博物馆编：《井冈山革命根据地》（上册），中共党史资料出版社 1987 年版，第 249、384 页。

区的群众生活、商业贸易、金融借贷、手工业也借助于合作社组织的保障。

首先，中央苏区的农业互助合作是基于赣南闽西地区传统的乡村互助、合作组织资源而发展起来的。

在赣南闽西地区，农业经营中的帮工、换工、牛会、义仓、常平仓等互助形式与组织，是与苏区劳动互助社、犁牛合作社等互助合作组织相对接的传统民间互助形式与组织。比如中央苏区模范乡才溪乡，该乡农民有外出承揽工程传统，"总共泥水工匠数千之多"，农忙时节无法返乡，便在劳动力缺少的情况下自愿结合，劳动力足的帮劳动力不足的家庭；长汀也有小范围的互助组织，它们在秋收农忙时，几家互相搭伙，进行劳动互助，俗语称为"搭伴"。① 江西新城，"受值而助其耕曰工，独耕无值，请人助己，而还之曰伴工"②。在耕畜的共养、共用方面，牛会组织就是农村原始互助合作习惯的表现，数户合股喂养，轮流使用。③ 犁牛共用则如兴国县永丰区，"贫农以百家论，本区每家一条牛的只有十五家，两家共一牛的四十家，三家共一牛的十家，四家共一牛的五家，无牛的三十家"④。共牛户占到55%，无牛户则达30%。苏区各县在春耕运动中组织成立的犁牛合作社就是为了解决农村中普遍存在的缺乏耕牛农具而形成的。此外，传统社会中具有调剂丰歉、以备饥荒的组织如义仓、常平仓也较普遍，毛泽东在做兴国调查的过程中发现第十区第一乡有4个义仓，第二乡有5个义仓，第三乡有6个义仓，第四乡有1个义仓。⑤ 苏区的粮食合作社等组织在每村设的粮仓基本是沿用旧时的义仓或修葺义仓以供使用，发挥平粜功能，调剂市场粮食价格。

其次，中央苏区的农业互助合作运动承继传统乡土组织资源，以"合作社"这一现代组织形式，实现了对传统社会组织资源的改造与

① 《斗争》第72期，1934年9月23日，转引自孔永松《传统改造与现代建构：中央苏区经济制度的两重趋向》，中国财政学会财政史专业委员会、中央财经大学财政与公共管理学院编《财政制度与经济发展历史问题研究》，中国财政经济出版社2005年版，第67页。

② （清）白潢等修，查慎行等纂：《西江志》，康熙五十九年，卷一七二。

③ 傅衣凌、杨国桢：《明清福建社会经济与乡村社会》，厦门大学出版社1988年版，第75页。

④ 《兴国调查》（1930年10月），《毛泽东农村调查文集》，人民出版社1982年版，第221页。

⑤ 同上书，第203—204页。

利用。

中国共产党试图通过引进马列主义合作思想和合作理论,建立新民主主义的合作制度来对传统的乡土资源加以利用改造,进而实现革命目标和改造乡村的目的。红色区域农业互助合作的主要形式,有劳动合作社、劳动互助社、耕田队和犁牛合作社等。农业生产领域的互助合作始自 1928 年。是年,湘赣边界苏维埃政府为解决劳动力缺乏,"根据井冈山地区过去就有的农忙时换工的习惯,动员和组织群众实行劳力换工和耕牛互助,对军烈属的土地组织劳力实行包耕、代耕"①。此后,这一为红军军烈属服务的形式演化为耕田队、劳动互助社、犁牛合作社等互助合作组织,它们皆为合作社性质的互助团体。这种互助组织是继承了农民固有的换工互助习惯并加以改造,在农民个体经济基础上为调配劳动力进行生产所建立的有组织、有领导的生产组织形式,能在最大限度内起调配劳动力、推动生产发展的作用。②

耕田队和劳动互助社始创于闽西上杭县才溪乡,1930 年春,该乡农民在本村范围内以四五户或七八户为单位自愿联合,实行劳动互助,最先创办了根据地内由农民自愿联合进行生产互助的第一个耕田队。同年 6 月,毛泽东到才溪乡做工作调研时充分肯定了"耕田队"的创举,次年才溪乡成立了中央苏区第一个劳动合作社(即劳动互助社)。农业生产中的劳动互助社是"传统经济中贫苦农民普遍实行的习惯性换工的一种转化"③,1933 年,苏维埃中央政府颁布《劳动互助社组织纲要》,苏区的劳动互助社很快普遍发展起来,尤其是在劳动力很缺乏的时候是特别受到群众热烈欢迎的。从 1933 年 11 月毛泽东所做的长冈乡调查和才溪乡调查来看,耕田队和劳动互助社是解决和调剂劳动力的主要方式。例如长冈乡的 4 个村,每村都有模范耕田队和劳动互助社,模范耕田队调剂劳动力的具体办法是:"劳动互助社帮红军家属耕田(不要工钱),模范队则帮群众耕田(要工钱)。比如某个互助社社员正要帮红属耕田,而他自己家里的田又正待耕,模范队便派人帮他耕,或者代替他帮红属耕田,由他出工

---

①　许毅:《中央革命根据地财政经济史长编》(上册),人民出版社 1980 年版,第 395 页。

②　厦门大学历史系实习调查队:《第二次国内革命战争时期的才溪互助合作运动》,《厦门大学学报》1959 年第 1 期。

③　张侃:《传统的利用与改造——对中央苏区经济的一个思考》,《党史研究与教学》2001 年第 4 期。

钱与模范队员，这样来调剂劳动力。因此模范队须与互助社取得密切的联系。"① 长冈乡的劳动互助社"四村每村一个，除红属外，凡有劳力的，十分之八都加入了。全乡有社员三百多"，"互助社的工作是优待红属、社员互助与帮助孤老，均完全达到目的，红属的田一般耕得好"②。劳动互助社以帮工的形式优待红属，大约紧时红属每月须帮工 25 个，平时每月约须帮工 10 个，均由群众根据家庭劳力多少帮工；社员互助则工数对除，少做了的找工或找算工钱于多做了的；帮助孤老，只要吃饭，不要工钱；以村为单位全盘计划生产，调剂人工。才溪乡的劳动合作社与耕田队主要任务也是"帮助红属与群众互助"，帮助红属带饭包（不带菜），带农具，莳田割禾也是这样；群众互助议定每天工钱二毛，男女一样，紧时平时一样，1930 年起就这样做；工钱，红属帮助红属每天一毛半，红属帮助群众每天二毛，群众帮助红属不要工钱。③ 由此可以看出，长冈乡与才溪乡的耕田队和劳动互助社的任务、运行规则基本相同，成为动员组织生产、解决劳力不足问题的主要途径。

同时，苏区政府提倡耕牛互助、群众合股购买耕牛，成立犁牛合作社，以解决耕牛不足的困难，或称为"耕牛运动"④。犁牛合作社倡办于瑞金武阳区石水乡，起初称作犁牛站。犁牛合作社或犁牛站，"这是当时根据地出现的一种较劳动互助社更高级的互助合作形式"⑤。1933 年 4 月 13 日，中央土地部发布关于在全苏区组织犁牛合作社的训令以后，中央苏区的犁牛合作社也有较大发展。据统计，截至 1934 年 4 月，仅在江西兴国县成立有劳动互助社 1206 个，社员达 22118 人；另有犁牛合作社 72 个，社员 5252 人，长汀县有犁牛合作社 66 个。

除农业生产领域之外，合作社运动还在消费、信用、手工业、流通等领域发展起来。1932 年 4 月 12 日，临时中央政府颁布了《合作社暂行组织条例》，将合作社组织界定为"发展苏维埃经济的一个主要方式，是抵制资本家的剥削和怠工，保障工农劳动群众利益的有力武器，苏维埃政府

---

① 毛泽东：《长冈乡调查》（1933 年 11 月），《毛泽东农村调查文集》，人民出版社 1982 年版，第 309 页。

② 同上书，第 309、310 页。

③ 同上书，第 343 页。

④ 《中央土地人民委员部发起犁牛合作社的训令》（1933 年 4 月 13 日），《中国供销合作社史料选编》（第二辑），中国财政经济出版社 1990 年版，第 119 页。

⑤ 许毅：《中央革命根据地财政经济史长编》（上册），人民出版社 1980 年版，第 407 页。

并在各方面（如免税、运输、经济、房屋等）来帮助合作社之发展"；条例还规定，"合作社系由工农劳动群众集资所组织的，富农资本家及剥削者，均无权组织和参加"；并将合作社的种类统一规范为消费、生产、信用三种。①

"中央苏区的合作社经济，最先出现在赣西南的东固苏区"②，1928年10月，东固区苏维埃政府拨款和群众集资成立的东固消费合作社是苏区成立最早的消费合作社。1929年10月，该社扩大股金成立东固消费合作总社，下设东固、南垄两个分社。东固区的这一经验，到1930年在赣西南苏区普遍推广。在闽西苏区，1929年10月，上杭县才溪区在上才溪乡、下才溪乡分别创办了油、盐、肉合作社、布匹合作社、豆腐糖果合作社以及猪仔合作社等14个消费合作社，加入消费合作社的人家，上才溪乡有60%、下才溪有90%。合作社把收购来的农产品如土纸、烟草、米谷以及鸡鸭蛋运到白区，换回盐、布、药材等生活必需品，按成本价出售给群众。这样，消费合作社成为"便利工农群众贱价购买日常所用之必需品，以抵制投机商人之操纵"③的流通组织。

手工业生产合作社是苏区原有的手工业的新型组织形态，集中在苏维埃经济建设的重要生产部门，如造纸、制铁、采矿、织布、刨烟等领域。中央苏区在1933年8月之前有手工业生产合作社76个，社员9276人，股金29351元；到1933年8月在中央苏区南部17县经济建设会议之后出现发展高潮，1934年2月发展到176个，社员32761人，股金58552元。④苏区的落后工业也因手工业生产合作社的发展而得到初步恢复发展，这对苏区缓解工业品奇缺，提供起码的军需民用工业品起到了积极作用。

1932年8月，邓子恢出任中央财政部长后又在中央苏区发起粮食合作社运动。"粮食合作社在目前确是中农贫农雇农阶级抵抗商人富农等商业资本剥削的经济组织，是土地革命战争的深入与□□，是巩固与发展苏

---

① 《临时中央政府颁发〈合作社暂行组织条例〉》（1932年4月12日），《中国供销合作社史料选编》（第二辑），中国财政经济出版社1990年版，第72页。

② 余伯流、凌步机：《中央苏区史》，江西人民出版社2001年版，第744页。

③ 《临时中央政府颁发〈合作社暂行组织条例〉》（1932年4月12日），《中国供销合作社史料选编》（第二辑），中国财政经济出版社1990年版，第72页。

④ 亮平：《目前苏维埃合作运动的状况和我们的任务》，江西省档案馆、江西省委党校党史教研室编《中央革命根据地史料选编》（下册），江西人民出版社1982年版，第621页。

区的经济动员，在革命发展前途上说，是准备将来革命转变到社会主义革命道路的一个基础"①。粮食合作社的使命与消费合作社不同，乃是预储大量的粮食，调剂苏区粮食价格的过高或过低，提高农民的生产兴趣，增加生产量，同时反抗富农奸商的投机剥削，充裕红军以及政府机关的给养，改善劳苦工农群众的日常生活。为了实现每乡成立一个粮食合作社的目标，1933 年 5 月 25 日，中华苏维埃共和国中央国民经济人民委员部发布训令，要求"各县国民经济部，应帮助并催促各区乡政府，调查旧有谷仓，加以修葺。在还没有公共的谷仓的乡，要建造谷仓一处，至少要以能容纳三百石谷子为限（由粮食合作社管委负责），以供粮食合作社之用，在每区要建造谷仓数处"②。可见粮仓基本是沿用旧时的义仓或修葺义仓以供使用，粮食合作社承担抑制投机、调剂粮价的功能，与以往义仓、常平仓的功能如出一辙。截至 1934 年 2 月，中央苏区办有消费合作社 1140 个（普及各区、乡），社员 295993 人，股金 322525 元，临时中央政府和闽赣两省，以及 17 个县均建有消费合作总社；粮食合作社 1071 个，社员 243904 人，股金 242097 元。③

总之，农业互助合作运动与合作社运动作为苏维埃经济建设与经济动员的主要方式，在苏区农业生产、手工业生产、商品流通、平抑粮价、信用借贷等领域均发挥了举足轻重的作用，构成了苏维埃经济建设的重要组成部分。因此，农业互助合作运动创造了传统互助向近代互助转换的机制和条件，但是，传统社会建立在"亲情"基础上的互助与建立在合理交换观念基础上的"近代"互助有很大不同。特别是在国共对抗、战争决定经济的状态下，服务于革命动员策略的农业互助合作运动，对中国近代乡村合作运动的意义值得重新加以认识。

二　革命策略与苏区农业互助合作

将苏区农业互助合作运动置于新民主主义革命的时代背景下，在战争、经济、革命、动员的多维视野下，深入分析苏区的农业互助合作运动

---

① 邓子恢：《发展粮食合作社运动　巩固苏区经济发展》节录，杨德寿主编《中国供销合作社史选编》（第 2 辑），中国财政经济出版社 1990 年版，第 155 页。

② 《关于倡办粮食合作社与建造谷仓问题》，《红色中华》1933 年 6 月 4 日。

③ 转引自熊吉陵、黄诚《论中央苏区时期的农村合作制经济建设》，《江西社会科学》2006 年第 10 期。

与革命战争、经济建设、资源动员之间的关系,是非常有必要的。

首先,经济建设服务革命战争、"服从战争"这一中心工作,是苏区农业互助合作运动的基本出发点。

革命战争与和平环境中的经济建设存在很大不同,"经济建设是苏维埃建设中的中心任务之一,我们目前的经济建设,最主要的是为充裕红军的给养,保证革命战争胜利的物质需要,同时,自然一时一刻也不能忘记工农群众生活的进一步的改善"①。因此,考察农业互助合作运动无法回避它植根的现实环境,既保证战争需要,又力所能及地改善群众生活,是苏维埃经济建设的两个基本点。

1933年8月12日,毛泽东在中央革命根据地南部17县经济建设大会报告的开篇就郑重提出:"革命战争的激烈发展,要求我们动员群众,立即开展经济战线上的运动,进行各项必要和可能的经济建设事业。"② 革命战争、经济建设、群众动员的内在关联成为苏维埃经济建设必须要协调处理的关键问题。这次大会对苏区经济建设来说,就是排除了各项错误思想的干扰,确立了经济建设"服从战争"的思路和政策趋向。"在现阶段上,经济建设必须是环绕着革命战争这个中心任务的。革命战争是当前的中心任务,经济建设事业是为着它的,是环绕着它的,是服从于它的。那种以为经济建设已经是当前一切任务的中心,而忽视革命战争,离开革命战争去进行经济建设,同样是错误的观点。"③ 1934年1月,毛泽东在第二次全国工农兵代表大会上的报告再次明确了苏区经济政策的基本原则:"我们的经济政策的原则,是进行一切可能的必须的经济方面的建设,集中经济力量供给战争,同时极力改良民众的生活,巩固工农在经济方面的联合,保证无产阶级对于农民的领导,争取国营经济对私人经济的领导,造成将来发展到社会主义的前提。"④ 作为苏区经济建设的环节之一,这是发展劳动互助与合作运动的基本出发点。

其次,合作运动是革命战争状态下的"经济建设的中心"之一,这

---

① 《目前革命战争环境中的经济建设任务》,《红色中华》第102期,1933年8月16日。

② 《必须注意经济工作》(1933年8月12日),《毛泽东选集》(第一卷),人民出版社1991年版,第119页。

③ 同上书,第120、123页。

④ 《我们的经济政策》(1934年1月),《毛泽东选集》(第一卷),人民出版社1991年版,第130页。

是苏区农业互助合作运动的基本定位。

依据马列主义合作理论，改造利用传统民间互助组织，发展农业互助合作运动，是苏维埃经济建设的重要措施。合作运动在苏区经济建设中的定位，苏区时期文献对此阐述得非常明确。"合作社是苏维埃经济建设上最主要的群众经济组织，是最基本的改善群众生活的组织，并且是吸收广大群众参加经济建设的最适应的组织"①，苏区"经济政策的推行，主要力量是建立在合作社发展的基础之上"②。因此，毛泽东强调："要大家懂得经济建设在革命战争中的重要性，努力推销经济建设公债，发展合作社运动，普遍建立谷仓，建设备荒仓。"③ 这也就毫不奇怪合作运动成为苏区经济建设的中心："我们的经济建设的中心是发展农业生产，发展工业生产，发展对外贸易和发展合作社。"④ 在毛泽东新民主主义经济建设的设想中，合作社事业与国营事业、私人事业一起，构成苏区国民经济的主体。

最后，革命战争状态下的经济建设以经济动员为主要目标，合作运动是苏区革命动员、资源动员与经济动员的策略之一，这是苏区农业互助合作运动的首要功能。

"所谓经济动员，即完全依赖扩大合作社以担负着领导的责任"⑤，因此农业互助合作运动是苏区革命动员倚重的主要手段。农业互助合作运动的动员功能包括：以"扩红"为主的红军兵力动员，妇女、儿童、老人参加农业等各业生产的人力资源动员，购买革命公债、保障军需给养与供给的经济资源动员等。农业互助合作运动有效地动员起中央苏区民众投身农业生产与商品流通，充分调动了苏区民众参与革命、支持革命的积极性，有效集约地动员了苏区颇为紧缺的人力资源、经济资源和社会资源。农业互助合作运动实现了社会动员与民众参与的双向共赢。

苏区农业互助合作运动将一度游离于农业生产领域之外的群体组织起

---

① 《目前革命战争环境中的经济建设任务》，《红色中华》第102期，1933年8月16日。

② 《苏区之合作社运动》，《中国供销合作社史料选编》（第二辑），中国财政经济出版社1990年版，第245页。

③ 《必须注意经济工作》（1933年8月12日），《毛泽东选集》（第一卷），人民出版社1991年版，第121页。

④ 《我们的经济政策》（1934年1月），《毛泽东选集》（第一卷），人民出版社1991年版，第130—131页。

⑤ 《苏区之合作社运动》，《中国供销合作社史料选编》（第二辑），中国财政经济出版社1990年版，第248页。

来。1934 年 1—2 月召开的第二次全国工农兵代表大会上，毛泽东强调指出："劳动互助社和耕田队的组织，在春耕夏耕等重要季节我们对于整个农村民众的动员和督促，则是解决劳动力问题的必要的方法。不少的一部分农民（大约百分之二十五）缺乏耕牛，也是一个很大的问题。组织犁牛合作社，动员一切无牛人家自动地合股买牛共同使用，是我们应该注意的事。"① 在江西兴国长冈乡，该乡大部分青壮男子外出参军支前，剩下的多数是妇女、老人和孩子。在"著名劳动模范"、妇女耕田队长李玉英带领下，该乡 130 多名妇女冲破"妇女学犁，要遭雷劈"的封建习俗，赤脚下田参加生产，学会了犁耙功夫，涌现了一批妇女生产能手。1933年 8 月，苏区中央政府奖给长冈乡一面题有"妇女成为生产中的能手"的锦旗，同时还奖给两头水牛，并授予"模范集体长冈乡"的称号。在闽西上杭，据 1933 年统计：光是上才溪妇女能用牛的有 300 人，能莳田的有 60 人，而暴动前上下才溪只有 30 多个妇女能用牛。

在农业互助合作运动中，苏区人民还为革命战争贡献了巨大的经济资源。如上杭才溪人民就在这一场残酷的军事斗争、经济斗争中，把互助合作运动推向更高潮，依靠集体力量苦干巧干，生产了大批粮食、猪肉和土特产，购买了 38146 元大洋的经济建设公债，同时还使大批劳力参加红军队伍，有力地支援了工农红军的"反围剿"斗争。正如毛泽东所说，才溪的"劳动合作社（别地称劳动互助社）、消费合作社、粮食合作社，组织了全乡群众的经济生活，经济上的组织性进到了很高的程度，成为全苏区第一个光荣的模范。这种经济战线上的成绩，兴奋了整个群众，使广大群众为了保卫苏区发展苏区而手执武器上前线去，全无家庭后顾之忧"②。

总之，中央苏区的农业互助合作运动历经游击战争、创建苏维埃政权和冲破"围剿"的各个历史时期，虽然在不同阶段发展的策略、取向有所不同，但总体而言，它在服务革命战争、苏区经济建设、改善民生等方面，都发挥了无可替代的功能。特别是 1933 年以后，苏区的一切工作在"推销公债""经济动员""扩大红军"三大目标之下进行，中央苏区的农业互助合作运动随着"开展革命战争经济战线的进攻"的口号，而普

---

① 《我们的经济政策》（1934 年 1 月），《毛泽东选集》（第一卷），人民出版社 1991 年版，第 132 页。

② 《才溪乡调查》（1933 年 11 月），《毛泽东农村调查文集》，人民出版社 1982 年版，第 352 页。

遍地成为广大群众的经济运动。苏区农业互助合作运动在运用革命动员策略、利用乡土社会组织资源、创新马列合作理论中，实现了较高程度的发育发展，进而成为与国营经济、私人经济三足鼎立的苏区经济支柱之一。可以说，在革命动员背景下，中国共产党有效地改造并创新了传统乡土社会的组织资源，实现了革命动员与乡村社会改造的双重目标，有效促进了苏区的乡村社会变迁。

第 四 章

减租减息与互助合作

　　本章对抗日战争时期农业互助合作体系的讨论，围绕具有互惠与剥削双重性质的租佃制度的变动以及由此导致的农业互助合作体系的变化而展开。与农事互助习惯、日常合作一样，租佃制度也是构成革命之前乡村互助合作体系的一大要素。抗日战争时期，减租减息重新建构起了乡村民众之间的社会关系，传统农业互助合作体系也因之发生新的变动。

　　社会各界对租佃制度与租佃关系的关注、调查、讨论和研究始于 20 世纪前期。自诩为致力于二五减租、保护佃农、扶植自耕农的南京国民政府，以及高等学校、学术机构、独立社团等组织，围绕租佃形态、纳租方式、租率、业佃关系等问题进行了多省区的社会调查，也形成了截然不同的赞成与废除租佃之争。[①] 与此同时，致力于土地革命、减租减息、土地改革的中共革命政权将租佃制度视为封建剥削之表征，租佃制度在土地革命、发展新式资本主义（新民主主义）和革除封建主义的革命夹缝中多面受敌，作为革命对象其命运几度沉浮，地主经济受到打压、富农经济畏缩不前，租佃制度的生存空间至为狭小。20 世纪 50—70 年代，租佃制度在革命话语中的表达几乎惊人的一致，租佃制度的落后、剥削的残酷、业佃关系的极度紧张使之成为社会生产力发展的桎梏而必须加以革除，租佃制度几乎成为剥削的代名词，各类文本几乎都将地主加以妖魔化并矮化佃农，认为地主是残酷剥削佃农的阶层，而佃农也是生产力低下、无力扩大再生产的贫困阶层。20 世纪 80 年代以后，在现代化理论和新革命史的视

---

　　① 唐启宇：《赞成及废除租佃制度之理由》，《地政月刊》1936 年第 4 卷第 4—5 期合刊，第 483—484 页。

野下，学界对租佃制度的研究愈趋客观与实际。① 例如，制度学派认为租佃制能发挥重要的作用，无论过去还是现在都是如此，它主要的作用是使产权与经营权（或使用权）在必要的时候分离，人为取消租佃制度的国家都不得不恢复这一制度②；"在一定条件下，租佃制度是对技术和生产资本的替代，是对近世中国技术不发展和生产资本不足的适应方式，代表着对人力和土地资本更充分的利用和解放"③；"租佃经济在很多方面表现出优势，其原因在于租佃制使土地的资产功能和生产要素功能分离，使土地经营面积不受土地产权面积的制约，并且也实现了对耕者的择优"④。

应该说，放大或忽略租佃制度、主佃关系的紧张与缓和程度，都是矫枉过正的识见⑤，全面认识租佃制度在近代农业中的地位是非常有必要的。租佃制度攸关土地、劳力、生产资本的配置与调剂，如何全面认识租佃制度尤其是业佃之间的人际、生产关系是一个和土地占有与经营、革命与改良、剥削与被剥削、互助与合作等相互关联的复杂问题。事实证明，租佃制度中业佃之间存在着土地、劳力、资本、生产工具方面的互助关系，"两者是互助的，而且可以调和的。因为生产的要素有三——土地，资本，劳力——缺一不可，帮工佃种法中，地主是有土地和资本而无劳力的；佃农却是有劳力而无土地及资本的。两者间假若不发生农佃的关系，则佃农虽有劳力，也不能生产；地主虽有土地及资本，也不能有收入；同时社会上的土地，资本和劳力，因为不发生关系，也就无用了"。⑥ 一方面，租佃制度是一种走向规模化经营的农业经营方式，是解决家庭农场面积狭小、土地数量不敷使用矛盾的可行手段。另一方面，租佃关系是一种

---

① 较为重要的有：高王凌《租佃关系新论——地主、农民和地租》，上海书店出版社 2005 年版；［美］白凯《长江下游地区的地租、赋税与农民的反抗斗争，1840—1950》，林枫译，上海书店出版社 2005 年版；李德英《国家法令与民间习惯：民国时期成都平原租佃制度新探》，中国社会科学出版社 2006 年版；张玮《战争·革命与乡村社会——晋西北租佃制度与借贷关系之研究》，中国社会科学出版社 2008 年版。

② 赵冈：《从制度学派的角度看租佃制》，《中国农史》1997 年第 2 期。

③ 彭波：《国家、制度、要素市场与发展——近世租佃制度研究》，《中国经济史研究》2011 年第 4 期。

④ 赵亮、龙登高：《土地租佃与经济效率》，《中国经济问题》2012 年第 3 期。

⑤ 李金铮：《矫枉不可过正：从冀中定县看近代华北平原租佃关系的复杂本相》，《近代史研究》2011 年第 6 期。

⑥ 杨蔚：《农佃问题之研究》（续），《新农村》第 1 卷第 11 期，1934 年 4 月 15 日，第 26 页。

契约关系，并非仅仅是剥削与被剥削关系那么简单，而是体现地主与佃农之间的依存与依赖、合作与斗争、互助与对抗等复杂关系，并往往与宗族血缘、亲情友朋等伦理关系纠葛在一起。目前，学界从租佃与互助关系角度对租佃制度变迁的研究尚不多见，唯有张玮在晋西北租佃制度的研究中述及其中存在的互助，但未展开述论。[①] 本章依据民国时期国统区及抗日根据地实地社会调查资料，围绕"租佃与互助"的关系，主要分析在剧烈革命风潮前后的租佃制度的互助特征与合作性质，以及减租减息所带来的农业互助合作的变化。

第一节　租佃制度:剥削与互助

从原初意义上来说，租佃是关于土地出租—经营的基本方式，体现出租人与承租者之间的契约关系。自土地私有制度确立之后，土地渐次集中于少数人之手，"地主不能亲耕，乃分租于无地之贫农，或贷以资本，或假以农具，助其耕作，而取其收获物之一部，或不假以资本农具而坐收其利。在土地出租之时，常订立书面或口头契约，规定租种之条件；租佃之制度于是产生"[②]。由此可见，租佃制度在坐收承租者其利的同时，本身就包含着地主"助其耕作"之意。但在 20 世纪二三十年代，租佃制度成为革命者、社会改革者、自诩为革命者的各种社会力量的讨伐对象，将租佃制度理解为地主与佃户之间的残酷剥削关系，这也是抗战前对租佃关系的主流认识，体现在此期的各类农村社会经济调查中。显然，这样的认识突出了租佃制度的剥削性而忽略了租佃制度的"互助性"。

一　抗战前的租佃关系

就租佃制度而言，租佃经营在近代中国农业生产中占据了重要地位，这首先表现在佃农数量的庞大。据 1935 年国民政府主计处的统计，江苏等 25 省农户共 5800 余万户，其中耕种自有田地的农户不足半数，1912—1937 年，全部或一部租种他人土地者占农户总数的半数以上，"即江苏等

---

① 张玮:《晋西北租佃制度与借贷关系之研究——战争·革命与乡村社会》，中国社会科学出版社 2008 年版，第 224—225 页。

② 国民政府主计处统计局编:《中国租佃制度之统计分析》，正中书局 1942 年版，第 1 页。

二十五省有三千万左右之农户，系生活于租佃制度之下，从事租佃制度中之农业生产"①。就此言之，全国约有 50% 的农户与租佃制度发生关系。揆诸民国时期的乡村经济调查，更可见各地自耕农、佃农的数量之比。江苏铜山的地主约占农村户口 2%，自耕农占 15%，半自耕农占 33%，佃农占 50%②。萧县长安村全村 214 户，农民 186 户，占全村总户数的86.6%；其中自耕农占全体农户的 45.7%，自耕兼佃农占 32.3%，佃农占 22%。③ 南通县农村中自耕农占 15%，半自耕农占 30%，佃农占55%。④ 句容县的自耕农有 26210 户，占农户总数的 57.2%，佃农有 7230户，占 15.8%，半佃农有 12359 户，占 27.0%。⑤ 上述江苏各地纯粹佃种的农户占比在 22%—55%，部分佃种的比例则更高，远远超过纯粹自耕的比例。1933 年，广西省立师范专科学校曾做了 22 县 48 村 2614 农家调查，所得结果为自耕农 1208 户，占 46.2%；自耕农兼佃农 695 户，占 26.6%；纯粹佃农 711 户，占 27.2%。同年中央农业实验所做广西 35 县通信调查，自耕农占 40%，自耕兼佃农占 31%，纯粹佃农占 29%。⑥ 华北地区租佃关系相对较少，占比也高低不一。以河北为例，据董时进对河北 25000 乡村住户的调查，租地耕种者甚少，约占 6.5%⑦；宁津县东北 6 村佃农仅占 6.1%⑧；不过阜平县佃农比例较高，"地主约占十分之二，自耕农约占十分之三，雇农占半成，其余十分之四以上，便是佃农了"⑨。河南北部和中部平原区域自耕农成分约占 80%—85%，佃农成分仅有 15%—20%；豫西和豫南土地集中的程度较高，叶县以西佃农的成分在 40% 以上。⑩

　　佃农比例的高低，基本能够反映土地所有权与经营权之间的差别，体现土地分配失当的社会现实。当然，佃农并非全然是乡村中的贫民阶层，采取佃耕方式的富农、中农并不少见，"佃富农是近代中国农村中一个特

---

① 国民政府主计处统计局编：《中国租佃制度之统计分析》，正中书局 1942 年版，第 1 页。
② 冯和法：《中国农村经济资料续编》（上编），黎明书局 1935 年版，第 1 页。
③ 同上书，第 14 页。
④ 同上书，第 24 页。
⑤ 同上书，第 34 页。
⑥ 同上书，第 304 页。
⑦ 同上书，第 147 页。
⑧ 同上书，第 162 页。
⑨ 同上书，第 169 页。
⑩ 冯和法：《中国农村经济资料续编》（下编），黎明书局 1935 年版，第 581 页。

殊的阶层"①。据对河北省深泽县梨元、南营两村的调查,"事实上租种他人田地的农场,并不如一般的想像属诸小农场,在这两村有租种他人田地的农场,多系中农"②。表4—1说明,河南许昌、辉县、镇平等地富农、中农的佃耕经营也相当普遍。表4—2显示,广西各类农户中佃耕兼自耕的富农及中农亦占相当比例。嘉兴县农村调查也显示,"较大经营里的租佃成分一般地比较经营较小的来得高",嘉兴过小经营的农场租佃成分在50%左右,但50—100亩的农场租佃土地达76.23%,100—200亩的农场也占68.47%。③江苏"在邳县,富农和中农底使用田亩中,有一半是租来的,贫农反仅三分之一;盐城则富农底使用田亩中,仅17.5%是租来的,中农和贫农稍高,约在40%上下"④。这反映出租佃制度亦可代表家庭农场规模化经营的方向,仅仅以地主剥削贫农的论点来认识租佃制度显然是不够的。

表4—1　　　　　　　河南省各类经营中的租佃成分 (1933年)

类别	许昌人（%）	辉县人（%）	镇平人（%）
富农	13.7	58.4	64.7
中农	10.4	20.8	67.2
贫农	22.1	39.1	40.8

资料来源:冯和法《中国农村经济资料续编》(上编),黎明书局1935年版,第185—186页。

表4—2　　　　　　　　　　　广西农户分类

	富农		中农		贫农	
	户数	百分比(%)	户数	百分比(%)	户数	百分比(%)
自耕农	147	12.2	360	29.8	701	58.0
自耕兼佃农	25	3.6	163	23.6	507	72.9
佃农	1	0.1	34	4.8	676	95.1
总计	173	6.6	557	21.3	1884	72.1

资料来源:冯和法《中国农村经济资料续编》(上编),黎明书局1935年版,第305—306页。

---

① 史建云:《近代华北平原佃农的土地经营及地租负担——近代华北平原租佃关系探索之二》,《近代史研究》1998年第6期,第101页。

② 冯和法:《中国农村经济资料续编》(下编),黎明书局1935年版,第651页。

③ 冯紫岗编:《嘉兴县农村调查》,国立浙江大学、嘉兴县政府1936年印行,第41页。

④ 行政院农村复兴委员会编:《江苏省农村调查》,商务印书馆1934年版,第51页。

　　20 世纪前期，中国乡村农佃整体上趋向于逐年增加，相关社会调查资料也证实了这一点。据 20 世纪 30 年代中央农业实验所的调查，近 20 年来佃农逐渐增加，自耕农则略行减少，半自耕农则无若何变动。[①] 1934—1935 年金陵大学农学院农业经济系对豫鄂皖赣 4 省 53 县的抽样调查也显示，佃农趋向逐年增加，自耕农逐渐减少（参见表 4—3）。单从河南一省来看，1928—1933 年，富农、中农、贫农各阶层中自耕逐渐减少，佃耕逐渐增加的趋势也是非常明显的（参见表 4—4、表 4—5、表 4—6）。

表 4—3　　　　　　豫鄂皖赣四省历年各类农户所占百分比　　　　　　（％）

省份	农户类别								
	自耕农			半自耕农			佃农		
	1913 年	1923 年	1934 年	1913 年	1923 年	1934 年	1913 年	1923 年	1934 年
河南	33	28	28	38	37	37	50	48	48
湖北	15	15	13	17	16	16	19	17	17
安徽	18	17	16	20	20	20	22	22	21
江西	14	14	14	17	16	17	15	15	15
平均	20	18	17	22	22	22	26	25	25

　　资料来源：《豫鄂皖赣四省之租佃制度》，《统计月报》1937 年第 31 号，统计摘录第 2 页。

表 4—4　　　　　　河南三地中农中自耕与佃耕成分的增减　　　　　　（％）

类别	许昌			辉县			镇平		
	1928 年	1933 年	增减	1928 年	1933 年	增减	1928 年	1933 年	增减
自耕农	92.6	84.6	－8.0	94.1	91.5	－2.6	56.9	44.2	－12.7
佃农	0	1.3	＋1.3	0	2.1	＋2.1	13.7	23.1	＋9.4
自耕兼佃农	7.4	14.1	＋6.7	5.9	6.4	＋0.5	29.4	32.7	＋3.3

　　资料来源：冯和法《中国农村经济资料续编》（上编），黎明书局 1935 年版，第 190 页。

---

　　① 冯和法：《中国农村经济资料续编》（下编），黎明书局 1935 年版，第 600 页。

表4—5　　　　　　　　河南三地贫农中自耕与佃耕成分的增减　　　　　　(%)

类别	许昌			辉县			镇平		
	1928 年	1933 年	增减	1928 年	1933 年	增减	1928 年	1933 年	增减
自耕农	75.6	71.3	-4.3	84.0	80.9	-3.1	74.5	64.3	-10.2
佃农	1.8	3.0	+1.2	3.4	4.4	+1.0	8.9	13.0	+4.1
自耕兼佃农	20.8	23.7	+2.9	11.3	13.6	+2.3	13.5	17.9	+4.4
出租者	1.8	2.0	+0.2	1.3	1.1	-0.2	3.1	4.8	+1.7

注:贫农往往把少量的土地全部出租,另谋生活。

资料来源:冯和法《中国农村经济资料续编》(上编),黎明书局1935年版,第190—191页。

表4—6　　　　　　　　河南三地富农中自耕与佃耕成分的增减　　　　　　(%)

类别	许昌			辉县			镇平		
	1928 年	1933 年	增减	1928 年	1933 年	增减	1928 年	1933 年	增减
自耕农	95.2	69.6	-25.6	87.0	75.0	-12.0	42.1	41.7	-0.4
佃农	0	0		0	0		21.1	16.6	-4.5
自耕兼佃农	4.8	30.4	+25.6	13.0	25.0	+12.0	36.8	41.7	+4.9

资料来源:冯和法《中国农村经济资料续编》(上编),黎明书局1935年版,第191页。

自民国以来,租佃关系在两个维度上被加以解读和建构。在农业经营层面上租佃关系是一个经济学命题,涉及租佃契约的订立、租佃双方权利义务关系、租额、租率、纳租形式、租佃行为习惯等。在革命话语中租佃关系是一个政治学命题,或曰政治问题,被视为地主与佃农之间尖锐的阶级矛盾,体现了地主对农民的剥削、压迫和无度榨取,因长期存在的主佃纠纷、佃农风潮、抗租运动而显得愈加严重,但也在一定程度上屏蔽了主佃之间的多维关系。"租佃关系是中国传统封建土地制度下一种基本的剥削关系。"[1] 在关于民国时期租佃制度的讨论中,租佃制度受到社会各界的苛责远远多于客观公允的认知,租佃常被视为农民贫困的根源,"繁重的租佃是农村中吮吸农民膏血的魔鬼"[2],"这种苛重的田租

---

[1] 史志宏:《20世纪三四十年代华北平原农村的租佃关系和雇佣关系——以河北省清苑县4村为例》,《中国经济史研究》2003年第1期。

[2] 冯和法:《中国农村经济资料续编》(上编),黎明书局1935年版,第62页。

负担（尤其是在荒年）是农民贫困的第一原因"①。以下将试图超越上述两个观察视角，从主佃之间生产、生活实践的角度分析二者之间的合作与互助关系。

二　租佃关系：非对称性合作

土地出租者与承租者之间的关系既不能简单地等同于地主与农民之间的经济剥削与被剥削关系，也不能否认两者之间事实上的合作互助关系。主佃双方离开任何一方，租佃关系即无法成立，造成农业耕作难以持续或劳力资源浪费的局面，这在"糊口经济"状态下对双方都是无益的。从近代以来租佃关系的演变可以看出，租佃关系首先是土地—劳力的交换关系，互惠与互利是维系租佃关系的纽带，互助与合作是租佃双方的最优选择，良性的租佃互动关系可以有效化解生产力水平低下造成的土地闲置与人力浪费，提高农业生产效率。

（一）互助的需求

在租佃关系的讨论中，主佃之间的关系绝非剥削与被剥削所能涵括之，事实上业佃之间的合作互助需求相当普遍。河北省宁津县东北6村外出营商者"一面营商，一面耕种；即谋食他方者在家妇女亦多种田，或雇用劳力或求助他人"②。在河南南阳一带，"佃农贫穷——土地既瘠，从事于耕种者又赤贫如洗，农作物生产量必因此减少。地主为尽量获得生产物起见，不得不由自己供给一切资本，以补佃农之不足"③。"在南阳，尤其是近城的乡间，一村一村的佃农，他们底房子是他们底地主为他们盖的，他们所需要的重要农具等等，多是他们底地主为他们预备的，他们身体之自由，也几乎完全为他们底地主所操纵，所以他们和工资劳动者在本质上可说是同一的东西。"④ 豫鄂皖赣4省租佃调查也说明，"凡佃农无力购买农具者，每向他人租借，例如水车，犁，耙，碾，磨等大件农具，互相借用者，甚为普遍"⑤。"较贫困之佃农，则常集资合购之，或向他人租借。更有以自身之人工与他人之畜工互换者，

---

① 冯和法：《中国农村经济资料续编》（上编），黎明书局1935年版，第6页。
② 同上书，第162页。
③ 同上书，第205页。
④ 同上。
⑤ 《豫鄂皖赣四省之租佃制度》，金陵大学农业经济系1936年印行，第36页。

亦属常事。"①

　　之所以存在主佃之间的类似互助需求，土地的无力耕种与不敷耕种自不待言，二者在生产资本投入及生产资料占有上也存在巨大差距。20世纪二三十年代的农村经济调查显示，耕畜与农具匮乏是非常普遍的，成为制约农村经济发展的重要因素之一。湖北省枣阳县"各村土地集中，多成庄田制。租佃关系，大部份之利益，绝对属于地主方面，佃户若无相当资本，且无种田希望"②。铜山县八里屯村所有耕畜平均起来，"要三户合用一牛，两户合用一驴，九户合用一辆大车，五户合用一付犁耙"③。（参见表4—7）该地"通常无耕畜无农具的农民，先去帮助有耕畜有农具的农民耕种，不受工资；到人家田地耕种完毕，然后借用人家的耕畜和农具来耕种自己的田地"④，即所谓"用人力换牛力"。萧县长安村"主要农具共计大车三十三辆，平均六户合用一辆；犁耙五十三副，平均三户半合用一副"，"没有耕畜的农户也是'用人力去换牛力'。大概借用耕畜耕地一亩，应当替人家工作三天；过此以上可以取得工资，工资数额平时每工两角，忙时每工四角，冬天做散工只吃饭不拿钱"⑤。湖北省黄安县"凡种田近二十亩之农家，则多两家共饲一牛"⑥。平汉铁路沿线，"至于生产技术，还是数千年来传下之古拙方法。地少人多，一切工作还是用人力，畜力，尚有许多没有耕畜"⑦。山西"借贷的另一种形式是借牲畜，这特别成为榨取失去牲口的贫农大众的手段，大概借骡马耕田，日需洋一元，牛驴需六角"⑧。山西平顺县"豆口村，有人口一千余，地一千六百多亩，所有的耕畜，仅驴子六头、马二匹、毛驴五十几头、牛十余头而已"⑨。在如此匮缺农具、牲畜的状态下，农业生产如若没有劳力、资本的调剂机制显然是难以为

---

　　①　《豫鄂皖赣四省之租佃制度》，金陵大学农业经济系1936年印行，第36页。
　　②　冯和法：《中国农村经济资料续编》（上编），黎明书局1935年版，第107页。
　　③　同上书，第8页。
　　④　同上书，第10页。
　　⑤　同上书，第17、19页。
　　⑥　同上书，第94页。
　　⑦　郑佩刚：《平汉沿线农村见闻杂述》，陈伯庄《平汉沿线农村经济调查》，交通大学研究所1936年版，第42页。
　　⑧　冯和法：《中国农村经济资料续编》（上编），黎明书局1935年版，第252页。
　　⑨　同上书，第262页。

继的。

表 4—7　　　　　铜山县八里屯村耕畜与耕地分配　　　　（单位：亩）

	户数	所有耕地	每户平均	使用耕地	每户平均
无耕畜	61	116.5	1.91	277.5	4.54
一耕畜	38	202.0	5.58	426.0	11.21
二耕畜	22	228.5	10.39	587.5	26.70
三耕畜	5	30.0	6.00	229.0	45.80
四耕畜	1	80.0	80.00	80.0	80.00

资料来源：冯和法《中国农村经济资料续编》（上编），黎明书局 1935 年版，第 9 页。

　　另据薛暮桥对广西农村农业经营的调查，出租耕牛在广西非常普遍。无牛农户向人家租牛使用 1 年，除负责饲养外还要缴纳租谷 100—200 斤，百色等处高至 300 斤，或替牛主做工 30—45 天。租牛 1 天通常要还人工 3 天，不过有些农民向亲戚借牛使用可以不出租金，或随便还工几天并不十分计较。也有许多地主买条小牛交给农民饲养，所生牛犊仍归地主所有，或同农民均分。有些地主因为出租耕牛比买田来得有利，所以喜欢买牛出租。永福县龙岩井和崇山两村 12 户地主，共有耕牛 38 条，自己只用 6 条，还有 32 条完全出租；31 户贫农自己只有 15 条牛，租入耕牛 27 条。[1] 1934—1935 年金陵大学农学院农业经济系对鄂豫皖赣 4 省 53 县的抽样调查，"佃农资本多为自有，由地主供给者较少"，但农本缺乏是显见的，佃农资本主要用途有五：置备农具、购买家畜、购买种子肥料、买进佃权、置办车辆。4 省中佃农有完备之农具设备者，豫省占 67%，鄂省占 48%，皖省占 77%，赣省占 63%；4 省佃农有役畜者，河南为 92%，湖北为 62%，皖、赣为 59%。[2] 4 省平均约有 36% 的佃农无良好完备农具，34% 的佃农无牲畜（参见表 4—8）。

————————

[1]　参见冯和法《中国农村经济资料续编》（下编），黎明书局 1935 年版，第 673 页。

[2]　《鄂豫皖赣四省之租佃制度》，《统计月报》1937 年第 31 号，统计摘录第 6 页。

表 4—8　　　　　豫鄂皖赣四省佃农与自耕农之农具及牲畜比较

省份	有良好完备农具者百分比（%）		有牲畜者百分比（%）	
	佃农	自耕农	佃农	自耕农
总平均	64	81	66	87
河南	67	79	92	95
安徽	48	69	60	83
湖北	77	90	59	84
江西	64	89	58	90

资料来源:《豫鄂皖赣四省之租佃制度》,《统计月报》1937 年第 31 号,统计摘录第 15 页。

与土地、劳力一样,耕畜、农具、种子、肥料等农本投入是农业经营不可或缺的要素。据对河北省深泽县梨元村与南营村农业经营成本的调查,梨元村 78 家庭农场每亩经营成本中工资费用约占 67.7%,其他约占 32.3%；南营村 106 家庭农场每亩经营成本中工资费用约占 73.4%,其他约占 26.6%（参见表 4—9）。无锡农村调查显示,在 55% 的其他农本中,种子、肥料约占 33%,机械工、畜工约占 10%,耕畜、机械、农具占 12%（参见表 4—10）。由此可见,对于尚处前近代农业经营模式的近代中国而言,包括种子、肥料、农具、耕畜等在内的农业资本是除土地、劳力之外最为重要的生产支出,导致佃农不得不在农本及耕畜利用上求助或借助于地主,依靠人力换牛力,地主提供农本、佃农以劳力补偿甚至提供劳役等方式维持农业经营与主佃关系的相对平衡。

表 4—9　　　　河北省深泽县梨元村与南营村农业经营费用　　　（单位:元）

类别	梨元村（78 农场平均）	南营村（106 农场平均）
每农场作物亩数（亩）	31.37	26.32
工资费用（元）	6.936	8.186
农舍费用	0.303	0.255
农具费用	0.267	0.274
牲畜费用	0.831	0.605
作物费用	0.328	0.438
家庭工艺费用	0.525	0.462

续表

类别	梨元村（78农场平均）	南营村（106农场平均）
赋税	0.667	0.542
其他	0.392	0.395
全体费用总计	10.248	11.156

资料来源：冯和法《中国农村经济资料续编》（下编），黎明书局1935年版，第634—636页。

表4—10　　　　　　　　无锡三个农场的农业经营调查

类别	家工雇工工资（元）	百分比（％）	其他农本（元）	百分比（％）
地主	405.60	25	1217.43	75
富农	1264.17	40	1910.55	60
中农	2758.44	48	3043.21	52
贫农	4065.96	49	4241.15	51
总计	8494.17	45	10412.34	55

资料来源：冯和法《中国农村经济资料续编》（下编），黎明书局1935年版，第690—691页。

（二）互助的选择

一般而言，互助与合作最易发生于社会地位、经济基础大致相同的个人或群体之间。地主与佃农之间的互助合作则是非对称性合作，体现在土地与劳力的交换、人力换畜力、农本支出与收益分成等方面。在耕种模式、租佃方式上体现出业佃之间的互助、互惠与互利关系，但佃农处于明显劣势。

租佃关系首先体现为主佃之间的土地—劳力交换关系。作为土地所有者，出租者或者由于土地太多无力自种，于是雇工经营或出租召佃经营；或者由于劳力缺乏无法独立耕种，于是将部分土地经营权转让于少地、无地农民，形成租佃关系。"租佃制中的所谓租佃，乃指支付田租而在他人土地上耕作或畜牧而言，出租人便是田主，承租人便是佃户。"[①] 在关于

---

① 马寅初：《中国的租佃制度》，《东三省官银号经济月刊》第2卷第1期，1930年1月15日，第3页。

租佃关系的传统认识中，地主、富农出租土地于无地少地的农民，依靠土地所有权压榨剥削贫农、中农，几乎成为租佃关系的标签。事实上，土地出租人可能是地主，也可能是贫农、中农；承租土地的未必全是贫农，也有意欲扩大再生产的地主、富农。租佃是业佃之间的经济契约关系，出租人提供土地，承租人以剩余劳力耕种并支付地租，多余的土地与剩余的劳动力在租佃关系中相互对流，实现了各自价值增益。

在主佃之间的耕种互助中，20世纪前期"伙种"与"分种"仍较普遍。一般认为"伙种"是较为落后的租佃形式，但"伙种"较能体现出主佃之间的合作互助关系。满铁调查中沙井村有4对采取"伙种"形式的租佃关系，李注源—刘万祥"二者的租佃关系乃是一种互惠之作"①。"伙种制下地主与佃户间常存在着较密切的关系，他对佃户常常要加以选择，挑那些劳动能力强，为他所信赖的农民或亲戚朋友之类。"② 既能成伙，那主佃关系自应相当信赖。河北深泽县梨元村与南营村"实行分种的业主与种户，多系有亲友的关系，通常以口头订约，无须立契，亦不规定年限。秋收后由业主到场上监视打场，打得净粮双方按成分取。梨元村的分种，业主不供给任何资本，收成由业主与种户双方按对半分取，租物包括粮柴两部分。……在南营村较为通行的分种，由业主供给肥料与种籽的一半，分收时业主种户两方粮柴平分"③。当时的调查者就指出，梨元村与南营村"这两村的习惯，称分种为'客种'，实含有合作经营的意义。实际上，客种的业主与种主，在社会生活的关系上，彼此尚没有地佃阶级观念，应酬来往类同邻友，这与江浙一带分租稻田的佃业两方在社会地位上之悬殊的情形，完全不同"④。

地主提供部分或全部生产资本、佃农投入全部或部分劳动力、作物收益按比分成的分租制也体现出地主与佃农之间的合作关系。"所谓分租，是由地主和佃农按照一定的比例分收农产品，比例的大小看所投成本分配的多少而定。"⑤ 分租制包括地主全部供给、部分供给和不供给农本三种

---

① 转引自安宝《"不在地主"与城乡关系——以租佃关系为视角的个案分析》，《东北师范大学学报》2011年第1期。

② 高王凌：《租佃关系新论——地主、农民和地租》，上海书店出版社2005年版，第140页。

③ 冯和法：《中国农村经济资料续编》（下编），黎明书局1935年版，第655页。

④ 同上书，第656页。

⑤ 同上书，第583页。

情况，在近代租佃制度中分租所占比例不是很高。与力租制类似，分租制也被视为较为落后的租佃形态，因为佃农往往需要担负租佃之外的义务乃至劳役，并且"各地所纳租额，似以钱租为最轻，谷租次之，分租最高"①，分租制下的佃农负担远较钱租、谷租为重。南京国民政府中央农业实验所将中国租佃制度分为钱租、谷租、分租三类，其中分租占28.1%，谷租占50.7%，钱租占21.1%。② 1934—1935 年，金陵大学农学院农业经济系对豫鄂皖赣 4 省 53 县的抽样调查显示，钱租、谷租、分租为主要纳租形式，分租包括粮食分租法及帮工分租法，"在粮食分租法之区域中，地主除供给佃农以耕地及房屋外，尚须供给种子，肥料，牲畜，及农具等"③。地主供给佃农全部资本的帮工分租法只河南省采行，"帮工分租法，地主所供给之资本，较其他任何租法为高，举凡田场上一切需用者，均由地主供给，佃农仅供劳力而已"④。河北省南和县按地主供给生产资料之多少而有"大庄家""小庄家"之分。所谓"大庄家"，是佃农耕种地主土地，同时地主供给佃农一切耕种用具如牲口、耕作用具、车等，但一切赋税即完全由佃农负担，此种佃农没有定数的租金或租粮给予地主，每季收获后双方互分，各得若干，草类归佃农所得。与"大庄家"相比，"小庄家"所得更少，一切农民用具完全由地主供给，佃农只管出劳力按时下种按时收获，一切赋税也由地主负担；贫农多半一方面耕种自己的土地，另外再租地主之一部分土地。⑤ 河南许昌"六七年前，有些大户还自己经营一些农田。他们并不全雇长工，往往召集附近的农民当他们底'外班儿活'（性质介于雇工与佃户之间），在他们底地上做工。种子、肥料、牲口、都由地主供给，甚至农具住房也有由地主供给的，'外班儿活'自己吃饭，不拿工钱，到收获后仅仅从地主那里分得三成粮食"⑥。广西恭城、平乐一带"还有一种变相的雇农，耕畜、农具、种子、肥料全由地主供给，农民只是提供劳力，分得收获物底一小部份，

---

① 《豫鄂皖赣四省之租佃制度》，金陵大学农业经济系 1936 年印行，第 60 页。

② 薛暮桥：《中国现阶段的租佃关系》，《中国农村》第 2 卷第 4 期，1936 年 8 月，第 64 页。

③ 《鄂豫皖赣四省之租佃制度》，金陵大学农业经济系 1936 年印行，第 54 页。

④ 同上书，第 56 页。

⑤ 冯和法：《中国农村经济资料续编》（上编），黎明书局 1935 年版，第 159—160 页。

⑥ 同上书，第 214 页。

很像北方通行的'二八分租'制度"①。"皖省佃农,大都寄住于业主供给之庄屋,此外农具种子,间亦有由业主供给者"②。安徽省天长县南乡"佃农的农舍,水车系由地主供给,但肥料、耕畜、犁耙等等,地主概不给予,全由农民自备"③。萧县长安村对半分租占53%,是"业主出地,佃户出力;所用种子肥料佃业各半,所得收获物品也是佃业各半,这是比较温和的制度,大多通行于至亲近族之间";二八分租占34%,是"佃户替业主种田,肥料种子农具都由业主供给;所得收获,佃二业八(佃户得二成业主得八成),这种农民介于佃户与雇农之间"④。出租者向佃户提供种子、农具、肥料甚至房屋等必需生产资本与生活条件,是租佃制度中非常普遍的现象,这在一定程度上是有利于佃农耕种土地和生活稳定的,当然这也是租佃分成的主要依据。

在分租制之下还有附租、帮工、送工、送礼等额外名目存在,这也是租佃制度饱受诟病之处。安徽省天长县南乡"附租如下:一、租鸡——种十石种的佃农应缴租鸡二斤。二、山芋等——每石缴二十斤。佃农在农闲时间不但要替地主修墙、补屋、打杂,就是在农忙时,如果地主家中有婚丧大事,也要把工作停下来去为地主服务"⑤。"分租是河南最盛行的一种租佃制度"⑥,通常有佃业平分、四六分、三七分、二八分等几种办法,"无论那一种分租办法,佃户每年例须为地主家里服役几天,只管膳食不给工资。在辉县,普通是人十天,牲口三天以至十天;在镇平,人二十天,牲口少至十天,多至三十天。有的并不规定日期,每逢地主家里有事,便随意去帮忙;一年中为地主服役四五十天,也是常有的事"⑦。南阳县"农闲时在建造或修理房屋,遇喜事或丧事,或其他工作的时候,佃户须在地主家里义务工作几天(供膳食但不给工资)"⑧。山东鲁南临沂、峄县、滕县一带有大佃、小佃、揽田三种租佃制度,其中大佃租田在100—300亩,耕牛至少有二三犋,大车一辆,耕具全备,并雇有"大

---

① 冯和法:《中国农村经济资料续编》(上编),黎明书局1935年版,第320页。
② 洪瑞坚:《安徽之租佃制度》,《地政月刊》1936年第4卷第6期,第928页。
③ 冯和法:《中国农村经济资料续编》(上编),黎明书局1935年版,第83页。
④ 同上书,第19—20页。
⑤ 同上书,第82—83页。
⑥ 同上书,第193页。
⑦ 同上书,第194页。
⑧ 同上书,第204页。

领"，肥料完全自备，种子与地主分出，不为地主服役，但遇婚丧除外；小佃佃地在 10—20 亩，耕牛、耕具均依赖于大佃，然非无条件的使用，小佃须为大佃服农役，做完大佃的农事方能做自己的工作，以这样的方式取得耕畜使用权，俗称"以人力换牛力"，至于肥料种子与大佃相同，但地主无论何事均可任意驱使小佃，名为"出差"；揽田系揽田者向地主揽来若干佃地，分给佃农耕种，揽田者从中不无微利可图。① 在河南省，"在分租制度之下，还存在着劳役制度的残余。农闲的时候，如果地主家里建造房屋或遇婚丧喜事，佃户须在地主家里服役几天，仅供饭食，不给工资。这种习惯，在全省到处可发现，以豫南光山一带为尤甚"②。河北省阜平县"此外佃农对地主还得白尽些义务，例如地主家里遇有婚丧事项，佃农便趋前去伺候，看地主用不用他们；如果遇有兵变匪乱，替东家搬东挪西，背箱掣笼，也是分内的事，好使地主欢喜，以固其耕地"③。山东峄县，"东君遇有嫁娶丧祭等事，佃户须前往服役"④。在江西，"佃户对地主除纳租外之义务，总括言之，在已调查之五十四县中，有义务者有二十二县，其余大部份尚未见有此种习惯。而此二十二县中，系多数为地主帮工或送礼，或在地主收租时，由佃户设筵席款待"⑤。帮工、送工之类的佃户对地主的劳役、雇役等义务性劳动以及送礼、敬献等供奉性的付出，"这些封建社会残留下来的'深情厚谊'，在商品经济的激荡之下必然逐渐消灭；尤其在经过革命浪潮一度洗刷的地方，恩情关系的崩坏更加来得急速"⑥。实际上，这恰恰是地主与佃农之间的"互助合作"，但在革命话语中以剥削、落后的名义被革命化了。

分租一定程度上体现出主佃之间的合作互助关系，地主提供生产资本之一部分或全部，缓解了佃农生产资本不足的困境；佃农以劳力投入，双方参与收益分成，也解决了剩余劳动力的出路。民国时期租佃调查及研究学者，建构了一套对租佃制度的评判标准，以此界定租佃关系的先进与落

---

① 参见黄鲁珍《鲁南临峄滕三县的租佃制度》，《东方杂志》第 32 卷第 4 号，1935 年 2 月 16 日，第 88 页。

② 冯和法：《中国农村经济资料续编》（下编），黎明书局 1935 年版，第 585 页。

③ 冯和法：《中国农村经济资料续编》（上编），黎明书局 1935 年版，第 170 页。

④ 同上书，第 231 页。

⑤ 冯和法：《中国农村经济资料续编》（下编），黎明书局 1935 年版，第 545 页。

⑥ 薛暮桥：《中国现阶段的租佃关系》，《中国农村》第 2 卷第 4 期，1936 年 8 月，第 68 页。

后。"钱租是最进步的田租形态"①,因为钱租是较为简单明晰地货币化地租,地主与佃户之间的关系以货币来衡量,明确而清晰。物租或谷租是以土地出产实物缴租,缴租比例一般于契约中事先约定。分租则是按照收获量的多少按比例分配,分成多少也受制于业佃关系的亲疏远近及双方投入的多寡。力租则是佃农以劳力为承租条件,完全依靠劳力获取收益,类似于雇佣制度下之雇农。就近代中国乡村经济发育程度来看,分租、力租一般被视为较为落后的租佃制度,将地主—佃户间的资本—劳力合作理解为劳役制的残余,这是从乡村资本主义经济发育程度和农业现代化程度来判定的结果,而评判租佃制度先进抑或落后的标准是主佃之间依附关系的强弱。

在各类租佃制度中,土地—劳力交换关系在力租制中体现较为明显,但也最受非议与诟病。民国时期的纳租方式以钱租、物租、力租为主,货币化的钱租尚未完全取代物租、力租的存在。按照时人的认识,钱租与物租是货币化与实物性地租,而力租则是以劳力、力役为代价偿还地租,属于较为落后的租佃制度,甚至带有雇佣制度的色彩。据薛暮桥的研究,中国租佃制度有永佃制、分益雇役制、分益制、定额物租制、钱租制、力租制等形态,其中力租制是用劳力来抵偿地租,这在中国已经很少存在。②如江苏宝山流行的"脚塞"制度与河南的"送工"习惯,"'脚塞'(即佃农)每向地主租田一亩,每年要缴纳三十天的力租——即替地主工作三十日。这种租佃方式也可称为雇役制度。河南等省流行着的'送工'也是一种力租。它是佃农缴纳物租以外的额外负担"③。力租属于典型的以"劳力换佃权"的形式,在江西,"代耕"即属此类租佃。江西各种纳租方法以纳谷制为最多占73.6%,其次为分获制占11.4%,再次为纳金制占10.7%,代耕制为最少占4.5%。④"在代耕制中,地主对佃户尚供给农具、种子、肥料、住房、耕牛、或饮食等。佃农如遇经济困难时,地主间有贷予银钱,以资周转。此种制度,系为最原始之形态。佃农仅出劳力,为地主作工。至生产物收获后,按成分配,大约二八或三七分,即佃

① 冯和法:《中国农村经济资料续编》(下编),黎明书局1935年版,第582页。
② 薛暮桥:《中国现阶段的租佃关系》,《中国农村》第2卷第4期,1936年8月,第61—64页。
③ 同上书,第64页。
④ 冯和法:《中国农村经济资料续编》(下编),黎明书局1935年版,第543—544页。

农得二成或三成，地主得八成或七成，此虽名为佃种，事实上等于包工制。"①

　　租佃制度中，佃农之间、大农与小农之间的帮工、换工也是极为普遍的互助行为。据对萧县东南9村的调查，该地流行着几种比较特别的生产关系。一是帮手。种10亩田（或自田或租田）左右的农民，自己喂不起牲口，无力耕种，便要给牲力有余而人力不足的富农或中农做帮手，以自己的人力换取牲力来种田。② 在9村中共有26户帮手，占农户总数的5%、贫农的8%。双方合作期限不一，长可至数年之久，短在数月之间，通常以1年为限。二是搁具。所谓"孤牛不成具"，所以他们常联合喂单牛或单驴的两三家，合作种田，使牲畜成为一具——每具多则三只，少则二只，里面总要有一匹牛——共同使用，这就叫作"搁具"，大家互称为"具伙计"。③ 搁具合作主要在耕、种、收获3个环节，耕地仅是牲口合作；播种不仅牲口合作，具伙计也合作起来，以各人种田多寡作为出工的标准；收获时的合作大致与播种时相同。"搁具制度在这里是异常的普遍，统计九村中搁具的农户共有百八十四户，占总户数百分之三十八。"④ 三是工粮。富农种田很多，每到收获及中耕时，需要巨量的工人，唯恐临时雇不到短工，大多在春季把粮食借给小农及贫农用，到收获及中耕时借用的人便过去给他做短工，工资和待遇与普通短工一样，调查时9村共有33户，占总户数的7%。

　　湖南安乡县湖田区域，"遇着农忙的时候，也临时雇用短工，但主要的，还是由临近的各个小农户彼此交换帮工为多"⑤。"人工换畜工之办法，乃农民资本缺乏之表现。其法乃农户耕种之田地太少或资本太小，不足以养耕畜，遂借用有剩余畜力者之耕畜力，而以人工偿还之也。"⑥ 此类现象数见不鲜，唯换工比例各地多有差异。"江苏靖江县借用牛工一日，须还人工二日，（用磨一日仅还人工一日）。萧县耕种十余亩之农户，若由另一农户之牛代耕，则须长年为另一农户尽短工之义务。此种办法俗称'可叉'。浙江缙云县之人工换牛工，亦系人工一日，换牛工一日。四

---

① 冯和法：《中国农村经济资料续编》（下编），黎明书局1935年版，第545页。
② 同上书，第692页。
③ 同上书，第693页。
④ 同上。
⑤ 同上书，第709页。
⑥ 同上书，第717页。

川绵阳县之'一牛抵三工'。乃人工三日始能换牛工一日也。广东龙门县人力与牛力之比，亦为三与一之比。高明县则为六与四之比，而其方式略有差异。……广西天保县大农将牛若干头交小农牧养，小农可以随时使用。四月农忙，小农须为大农作工，有饮食而无工资。隆安县无牛力之农户，欲全年使用其他一农户之牛力，每年须为其工作二十日至四十日。贵州册亨县无牛力之农户使用他人之牛力，亦须为他人作工，惟其互换之比例不详耳。河南邓县无牛力之小农，欲使用大农之牛力，常先与大农约定每日人工之工资与牛工耕种每亩之工资。小农为大农作工若干日，大农之牛为小农耕地若干亩，两相清算，互相抵补。叶县虞城县俱有小农为大农作工而用大农之牛耕地之办法。此种办法陕甘各省亦多有之。"①

　　荒歉之年，主佃相互议定减租也是较为通行的做法，花租、折租、浮租等即可以酌减、折让之租，这是具有救济性质的助佃行为。浙西地区的"花租"是可以酌情减让的，无论谷租或米租，凡议定租额永不折减的，在浙西通称为板租，"凡在荒年能允让酌减的称为花租。在少数农村，米租的花租租额每较一般标准略高，在平年亦与佃户少许折让以示优异"②。浙西荒年减租办法各村习惯不一，今昔常不相同，可以归纳为以下几种：随钱粮蠲免成数折减；由乡村自治机关议定，嘉善习惯秋收后由辅善堂、义学、教育局、款产会协议当季折租的成数，当地花租租额原较邻县为高，即在平年亦须折扣；地主及绅董议定，桐乡县杨南村向由大地主及绅董会议折扣成数，然后印发公议租单，实贴各村巷；地主下乡查勘，协议减租，荒年由地主或代理人直接同佃户协议，这种方法最为通行；荒年落田均分，荒年落田均分系实行缴纳租谷或租米的，在年荒临时改为地佃均分的分租，受灾的损失名义上是地佃平均担负，实际仍是佃户受的损失较重；荒年倒改分成，在实行地六佃四的场合，在荒年时改做地四佃六的比率分收；由县政府规定折减成数，这是近年最通行的办法。③ 在广西，纳租方式也以额租与分租为主，其中"定额租俗称'打干租'或'包租'。其中尚有软硬之分，或称浮租实租；行实租之农田，无论大熟荒歉，均按佃业议定之数额缴纳，丝毫不能增减；浮租虽也有规定数额，但遇荒年歉

---

① 冯和法：《中国农村经济资料续编》（下编），黎明书局1935年版，第717—718页。

② 同上书，第534页。

③ 同上书，第534—535页。

收，佃农可以恳求地主，酌量减收，或者改行分租"①。这种减让租额的规定，在某些地方直接写入租契，浙西租契专有荒年减租规定，"或'水旱虫灾悉照四边大例'。（武康县宣家炉村租契）。或'水旱偏灾，风潮荒歉，照于四畔另议'。（富阳县中下河租契）。或'虫侵旱蝗，应请田主落田均分。'（富阳县盛村租契）。或'虫灾水旱，邀凭业主临田勘明，酌让租谷。'（孝丰县抱福坛镇租契）"②。此类减租办法，虽未形成定制，但亦反映主佃之间关系并非全然冷若冰霜、毫无通融余地。

租佃无契约、本相互信任，宗族式、友邻式、亲朋式、地缘式的租佃关系也体现出业佃之间的相互信任关系，为业佃互助合作奠定了道义基础。河北省涿县辛河村的"租佃制度很简单，大都没有成文契约，只是口头契约，亦无年限关系。因在村乡住的人，大都是彼此认识的，他们颇重信义，用不着写立文书，只要有租交，便可继续种下，如欠租时则将田收回"③。保定西马池村租佃制度，"甚少用成文契约，亦无年限。交租近来多用现洋。前四五年每亩租金四元，今则二元。租金收上期，在每年秋收时交出，届时如不交，田主则收回佃权，另租别人。至于收成丰歉，地主概置不理"④。山西平顺县佃租可分永佃与非永佃两种：

> 大半是非永佃制，佃期不等，普通在十年以下，且多仅用口头契约。用文字契约的，都规定年限，用口头契约的多不规定年限，无论在什么时候，佃农都可以退佃，地主也可以随时将土地收回。佃地的手续也很简单，一般的情形是佃农央请中人向地主请求，条件讲好后，这种手续就算完结。没有押租，佃农的各种额外义务，如所谓"年鸡"，"年米"，"送工"等等，在这里也没有的。不过佃户对于地主，在礼貌上总得恭敬点，这也是一种身分制的残余。又在歉收时，可以减租，或欠租，没有免租的。欠租也有加算利息，也有不加算利息的，这要看双方的感情及关系若何而定。地主对于佃户亦没有任何的帮助，牲畜种籽（分租制除外），农具，农舍完全由佃户自

---

① 冯和法：《中国农村经济资料续编》（下编），黎明书局1935年版，第590页。

② 同上书，第536页。

③ 郑佩刚：《平汉沿线农村见闻杂述》，陈伯庄《平汉沿线农村经济调查》，交通大学研究所1936年版，第3页。

④ 同上书，第9页。

备,甚至田赋,"地亩"(地亩捐及村社经费,均按亩摊派,叫做"地亩")等,都出自佃户,地主只坐享利益。①

广西"租田办法,大多是佃户和地主双方一言为定,很少有中间介绍人;用书面契约的,更是绝无仅有"②。

在租佃制度的历史演变中还形成了若干保护佃农、维护佃农利益的习惯与行为,永佃制就是保障佃权的形式之一,对佃农的佃权颇有保护意义。永佃制通行东南各省,明清时期即已确立。黄志繁认为,明清时期南方地区普遍出现的一田二主,甚至一田三主、四主的现象,不仅是社会经济发展的产物和佃农抗争的结果,更根本的原因乃是人地关系紧张导致的对土地所有权的共同享有,抗租风潮则是实现这种共同享有所有权的具体过程。③"在盛行永佃制的地方,除佃户欠租外,地主没有权力撤佃。占有田面权的永佃农民,如果不愿耕种这块田地,可以把他的田面出租或出卖,地主通常也是无权干涉。"④"永佃制对于佃农,的确很有利益,因为他可使佃户安心耕作,不受田主的牵制"⑤,"有永佃权者,利多在佃农而不在地主"⑥。例如浙江崇德,"全县的租佃是永佃性质的。……佃农只要不欠租,业主就不能撤换佃户或收回自种。永佃在民国十六年以前是一种习惯的事实到后来不免渐渐地起了变化。以前田面权绝对由佃户保存,但是新近收买土地的地主,都凭藉金钱的势力,打破这一层的惯例",此即所谓"'不欠租不撤佃'是崇德极通行的惯例"⑦。浙江义乌租佃中的"客佃"就是一种永佃关系,"客佃"是一种永佃权,与之相对的是"清业"。所谓"清业"是包含"田皮"和"田骨"的完全产业权,而"客佃"仅具有"田皮"的所有权,它能世代相传,也可互相授受,除非地主把"田骨"出卖给佃农,或佃农把"田皮"让渡给地主,否则这关系

---

① 冯和法:《中国农村经济资料续编》(上编),黎明书局1935年版,第258—259页。

② 冯和法:《中国农村经济资料续编》(下编),黎明书局1935年版,第592页。

③ 黄志繁:《地域社会变革与租佃关系——以16—18世纪赣南山区为中心》,《中国社会科学》2003年第6期,第199页。

④ 薛暮桥:《中国现阶段的租佃关系》,《中国农村》第2卷第4期,1936年8月,第61页。

⑤ 马寅初:《中国的租佃制度》,《东三省官银号经济月刊》第2卷第1号,1930年1月15日,第5页。

⑥ 《豫鄂皖赣四省之租佃制度》,金陵大学农业经济系1936年印行,第112页。

⑦ 冯和法:《中国农村经济资料续编》(上编),黎明书局1935年版,第73—74页。

就永远存在。这种客佃是义乌农村中最占优势的租佃形式，约有 2/3 的土地具有"客佃"关系。①

通过以上考察，可以得到以下几点结论。第一，上述以永佃、伙种、分种、换工、帮工、分租、力租等形式形成的业佃合作与互助关系，在市场化、货币化的租佃关系尚未完全形成之前，一直伴随着租佃制度的历史变迁。在土地与劳力的契约交换中，种子、肥料、农具、耕畜等也借助上述机制进行流动。第二，力租、分租制度被视为落后的租佃制度，这是由于佃农对地主仍存在着较强的依附关系，农业现代化程度不高所致，但其中的业佃互助和合作也最明显，因为佃农需部分或全部依赖于地主的资本供给才能进行生产。第三，租佃制度中的互助合作不仅包括地主与佃农之间的合作，也体现为佃农之间的帮工、换工及耕种互助，而且后者更为普遍。第四，业佃关系的非对称性、不公平性也所在多有，不胜枚举。尤其是力租、分租制度，佃农收益几乎完全取决于劳力资本，收益微薄无以糊口，于是佃农风潮迭起，租佃纠纷不断。第五，全面解读租佃制度中的业佃互助与合作关系，无法回避其中的剥削及不公因素，但如果将业佃关系都理解为剥削与被剥削关系，也是有失公允的。

三　剥削：租佃与互助的两难

在租佃制度中，非对称性的合作与互助是业佃关系的常态，地主具有生产资本上有的优势，佃农则仅以付出劳力为代价，寻求租佃关系的脆弱平衡。租佃关系中事实上的不平等和不公平性，剥削与被剥削关系的存在，体现出租佃关系的复杂面相。

首先，在近代中国，租佃制度极为普遍，但租佃制度并不仅仅是剥削制度，也不仅仅体现出租者—承租者之间的剥削与被剥削关系，租佃中的剥削与额外剥削确实存在，但往往集中于少数土豪、大地主及乡村恶霸之流。以地处华北的山东抗日根据地为例，租佃关系实际上非常普遍。"有租佃关系的村庄，约占所有村百分之八十以上，以至百分之九十以上。"② 莒南县 513 个自然村中存在租佃关系的有 430 村，沂蒙 21 个区有租佃关

---

① 冯和法：《中国农村经济资料续编》（上编），黎明书局 1935 年版，第 59 页。

② 《论群众路线与山东群众运动——黎玉在一九四五年九月分局群众工作第二次代表会议上的报告》，山东省档案馆、山东社会科学院历史研究所合编《山东革命历史档案资料选编》（第十五辑），山东人民出版社 1984 年版，第 381 页。

系的 867 村, 泰山区 5 个县 1012 村中 909 村存在租佃关系, 鲁中区 600
村庄有 501 村存在租佃关系, 鲁南 2528 村庄中 1981 村存在租佃关系。租
佃关系如此普遍, 租佃纠纷及业佃矛盾自然极为紧张, 但租佃关系中真正
认人气愤的是汉奸、恶霸地主强取豪夺、肆意盘剥佃户的行为, 触犯乡村
伦理道德底线, 造成社会关系极度紧张, 引起群众激烈或是消极反抗, 此
即所谓租佃关系中的"额外剥削", 使得租佃制度变成了"罪恶的剥削制
度"。山东抗日根据地的查减材料颇能说明这一问题:

> 一年来查减的结果说明, 地租制度种类是很复杂的, 大体上是伙
> 种、分种、定租为主。各种名称更多, 有里份子牛、外份子牛、干提
> 鞭、赔牛客、干上坟、拔瓜地、干锄地、汇子地、投庄、看山户、揭
> 边、抽陇子、小租、大包租、预租、客租、定租等, 各附有一定条
> 件, 除定租制外, 均带有各种额外剥削。如吃份子粮, 有吃一还三,
> 吃一还二, 最高者吃一还四; 还有吃粗还细, 带种地(白带地), 拨
> 工(拨房工、逃难工、盖房、修围子、顶出夫、娶亲、出葬), 送礼
> (一年三季或四季送鲜货), 折地罚工, 封门大抹头, 放高利贷、利
> 涨准折。此外政治压迫, 打人骂人, 勾结官府, 私通敌伪, 强奸妇
> 女, 甚至有初夜权, 使佃户累死、饿死、下关东, 情形非常悲惨。所
> 以中国社会非革命不可。[①]

封建势力与恶霸地主二位一体, 才是租佃制度罪恶之所在, 减租减息
运动中的"反恶霸"即反映了这种普遍性。整个山东根据地"根据不完
全统计, 19307 次斗争中, 有反恶霸 5201 次, 减租 4672 次, 增资 3369
次, 反资敌 192 次, 反奸细 215 次, 反黑地 518 次, 反贪污 3186 次, 其
他 1954 次"[②]。反恶霸次数甚至超过了减租次数, 可见恶霸地主是租佃制度
中的最大敌人。再以滨海区为例, "滨海 1317 个斗争〈对象〉成分上来说,
其被斗原因, 有因土匪占 6.9%, 恶霸占 53%, 贪污占 12.5%, 顽固占
10.6%, 盘剥占 0.5%, 内奸占 4.1%, 国特占 3.09%, 流氓占 9.31%"[③]。

---

①　《论群众路线与山东群众运动——黎玉在一九四五年九月分局群众工作第二次代表会议上
的报告》,《山东革命历史档案资料选编》(第十五辑), 山东人民出版社 1984 年版, 第 381 页。

②　同上书, 第 389 页。

③　同上书, 第 391 页。

由此可以证明，恶霸为害一方，引起群众深恶痛绝。这种正常租佃关系之外的额外剥削及政治经济压榨，尤其是恶霸地主的经济强制和社会公愤，也是乡村道德伦理所不允许的，引起群众反对并作为革命斗争对象，是非常自然的事情。

其次，从理性经济人的角度分析，地主选择佃户往往愿意选择劳动力强、经营有方、资本相对丰富的佃户；佃户也往往会选择长期租佃、稍有感情、亲情血缘、合作顺畅的东家。租佃关系的形成，本质上应是土地—劳力合作互助关系的确立。

从民国时期的乡村社会经济调查可以看出，主佃关系陷入相互依存而又彼此纠纷不断的两难境地。豫鄂皖赣4省"据一般情形而言，地主对待佃农态度，尚称公允，过分苛刻及藉势欺凌之事较属少见。佃农倘能按时缴租，不事拖欠，则地主对于佃农，恒存好感"①。"每遇荒歉较重之年，佃农为维持生活计，迫不得已，时有请求减免或缓交租谷之事。惟此项请求，能否获得地主之允许，胥视地主经济宽裕与否，主佃间感情之程度，以及地主之个性或态度，殊不能一概论也。"②"感情方面，亦以居乡地主与佃农较为密切。盖接触既多，了解自深，有无相助，情感自能友好。居外地主平时与佃农来往绝少，故感情亦极疏淡。"③ 如若分省而论，"豫省地主与佃农间之感情较好，故佃农送租至地主家中，或地主下乡分租时，均互相供给酒食。在年节时，佃农亦每携鸡，肉，果品等馈赠地主。鄂省情形，各地略不同，例如枣阳县，每逢年节，地主与佃农，互相馈赠礼物，且有地主于佃农送租时，特设席张宴者，凡佃农之最忠实及勤劳者，每列首席，藉资鼓励"④。在江苏萧县长安村，"农村地主和农村债主虽然同样剥削农民，但它们彼此之间还能保存若干温情关系；而且同住一村，利害关系也比较密切一点，在施肥下种等等农民需款十分迫切时候，他们常能慷慨解囊；网罗投资的大部利益，留一点残余给农民享受"⑤。湖北省黄安县"佃农与地主，感情融洽，抗阻勒取之事甚少"⑥

---

① 《豫鄂皖赣四省之租佃制度》，金陵大学农业经济系1936年印行，第82页。

② 同上书，第67页。

③ 同上书，第77页。

④ 同上书，第70页。

⑤ 冯和法：《中国农村经济资料续编》（上编），黎明书局1935年版，第22—23页。

⑥ 同上书，第95页。

上述调查材料或来自受马克思主义影响的学者,或来自国民政府地方当局,但反映的问题基本一致,即主佃之间的合作与互助是存在的。

但是不得不承认的是,与"从前所谓'东佃如父子'"① 长期并存的是"伙子不偷五谷不收"② 等"逆袭"行为。业佃纠纷从来都是主佃之间的尖锐矛盾,汹涌的抗租风潮更加激化二者之间的矛盾。"业佃间之争执,大部由地主或其代理收租人之勒索苛求而起。惟因地主之权势浩大,且官厅常予地主以特殊之护卫,故结果,佃农往往失败。"③ "四省地主对于佃农,平时恒少救济,荒歉之年亦然。惟豫省淮阳等县,在每年春季小麦未收获以前,佃农若缺乏食粮时,得向地主告借粮食一庄,计小麦一斗,高粱一斗,藉资补救。至收获时,如数归还,不计利息。"④ 江苏"近年来租风嚣张,佃农抗租,已成普遍之现象"⑤。凡此种种,皆因业佃之间经济地位的巨大差别而起。此外,调查所见佃农欺骗地主现象也不在少数,"据调查所得,每于年岁荒歉,佃农请求地主临场踏勘减租时,代理收租人往往利用机会,向佃农勒索,佃农亦乐意为之。盖代理收租人既受佃农之贿赂,每将收成短报,蒙蔽地主,故此项损失,影响地主较多,而于佃农较少也";"收租时,地主欺骗佃农者,鲜有其事。……佃农欺骗地主者,在豫省颇多"。⑥ 种种相反相成的现象说明,业佃之间的互利互惠关系受制于非对等的社会地位和经济条件,业佃双方都想在租佃较量中赢得收益的最大化。

再次,从道义经济学的角度来看,互助是道义经济学的应有之义,但租佃制中的剥削亦无处不在,然其主要原因或不在租佃制度本身。实际上,民国时期的地主经济与佃农经济都处于极不稳定状态,发展环境岌岌可危。例如句容县"佃户固然很苦,地主也不算好。按租钱与地价的比例论,地主投资买地每年所得的利息,不到八厘。完粮纳税须得费去二厘,收入净数不过六厘,有些时候连这点微利也收不到。假如这些

---

① 马寅初:《中国的租佃制度》,《东三省官银号经济月刊》第 2 卷第 1 期,1930 年 1 月 15 日,第 5 页。

② 高王凌:《租佃关系新论——地主、农民和地租》,上海书店出版社 2005 年版,第 138 页。

③ 《豫鄂皖赣四省之租佃制度》,金陵大学农业经济系 1936 年印行,第 87 页。

④ 同上书,第 86—87 页。

⑤ 赵棣华:《租佃问题研究报告》,《地政月刊》1936 年第 4 卷第 4—5 期合刊,第 46 页。

⑥ 《豫鄂皖赣四省之租佃制度》,金陵大学农业经济系 1936 年印行,第 69—70 页。

地主能把田卖去，把所得的钱存入银行，至少年息可得一分"①。陶希圣强调，"官僚组织是榨压民众的铁钟"②，中国传统社会长期存在的具有官僚、地主双重身份的士大夫的存在，才是宗法封建社会构造的基础。所以专制条件下的"地主权贵二位一体"方为土地问题之真正根源。③"城居地主与其未建立租佃关系的农民，如要发生经济剥削等关系，须参与到乡村的权力空间，依《惯调》中沙井村的资料，城居地主并没有参与到乡村权力的运行，大量事实均表明，城居地主与佃户双方间更多的是一种身份平等的关系，几乎没有人身依附关系的等级地位差别。"④

最后，无法否认的是，地主与佃户之间的互助合作是强势精英与弱势小农之间的互利互存，互助的特征体现为不公平性、剥削性与互惠性并存。借助对土地占有及生产资料上的经济优势，盘剥和压迫小农之事所在多有。1935 年全国土地委员会对全国 16 省的普查，所述租佃的附加条件及封建负担如下：

> 地主于租田时，供给佃农以住屋，名为随田者，颇为普遍，如有住屋之外，并供给荒山坟地，池汤，晒场，不另取租者，此中又分为无条件有条件两种……其附有条件者，如河北苍县，佃农住屋，由地主供给，不纳租金，惟每年须帮地主工作若干天，以天数工资代租金。湖北宜昌之四区，佃户住屋，不纳租金，惟须押金。安徽芜湖，不纳租金，有时送鸡一只，名为庄鸡。至佃农对于地主，则于缴租之外，尚多其他封建负担，可分下列数点述之：（一）佃农须代地主缴纳田赋与摊派，如陕西长安之田赋，□由佃户负担，陕西之武功，乾县，湖北之武昌，湖南之安乡，（于收租时扣回）等县，佃农须代地主纳税，河北之井陉，高邑，易县三县，临时摊派，由佃户负担，正定一县，如地主在城厢，则佃农须代纳赋税摊派，景县则对于摊派，则业佃对认。（二）额外负担，如安徽亳县，地主派人收租时，佃农

①　冯和法：《中国农村经济资料续编》（上编），黎明书局 1935 年版，第 37—38 页。
②　陶希圣：《太原见闻记》，《独立评论》1933 年第 72 号，第 13 页。
③　秦晖：《关于传统租佃制若干问题的商榷》，《学术月刊》2006 年第 9 期。
④　安宝：《"不在地主"与城乡关系——以租佃关系为视角的个案分析》，《东北师范大学学报》2011 年第 1 期。

对于地主之使者，另送酬金，名曰"小裸"，庐江县有"折席"及"灰斗"等名称，所谓"折席"，系指佃人每届秋收，应请地主一次，嗣后地主不到，佃人将每桌酒席费，折成现金，送与地主，所谓"灰斗"，系指地主赴佃家收租时，量斗灰起，污秽地主衣服，故每届收租时，佃人亦须纳金若干……至纳租谷法者，佃农往往于正产物之外，尚须负担副产物之义务，如陕西乾县，各种作物，业佃均须平分，即柴草亦如此，浙江天台，佃农于米之外，尚须纳麦，此种情形，甚为普遍，详另后述，其他若现物租之分租包租制，均为封建之遗型无论矣。①

　　20 世纪前期的社会调查，几乎都以"先进/落后"思维模式将租佃制度视为封建制度的表征，力图加以改良或革除，这也反映了民国时期租佃问题的严重性。"南阳一带都是落后的，什么关系都还在半封建式的阶段中，租佃当然也脱不了封建制度底形式，所以我们在租佃关系中还很容易看到劳役制底残余。"②"中国今日之租佃本质，封建性实占统治地位，资本主义之形，虽呈方兴之现象，然离封建性佃租崩溃之期，故尚未可以道里计也。"③ 所以革命者提出减租减息，进而探求互助变工换工的可能性，并在抗日根据地展开了减租减息的革命实践。当然租佃制度绝非简单的废除所能奏效，服从于革命战略，作为一种革命策略，容许一定范围内的剥削存在是中国共产党革命根据地经济建设、民生建设的内在要求，这也有助于化解剥削与互助合作的两难处境。"富农剥削是不应该怕的，提高剥削，生产力也可同时提高。"④"将来，贫农一部分上升，一部分补充无产阶级队伍；中农向富农发展；地主向富农发展。故将来发展前途是资本主义。但是新资本主义（即新民主主义），一面限制剥削，一面允许剥削存在，为大多数人谋利益。"⑤ 因为为了推动根据地经济的整体发展，剥削在一定范围内存在还是不可避免的。

---

① 李如汉：《中国租佃制之本质》，《地政月刊》1936 年第 4 卷第 4—5 期合刊，第 73—74 页。

② 冯和法：《中国农村经济资料续编》（上编），黎明书局 1935 年版，第 205 页。

③ 李如汉：《中国租佃制之本质》，《地政月刊》1936 年第 4 卷第 4—5 期合刊，第 76 页。

④ 张闻天选集传记组等编：《张闻天晋陕调查文集》，中共党史出版社 1994 年版，第 299 页。

⑤ 同上书，第 302 页。

考察租佃制度中主佃之间的互助关系，并非要否认近代以来佃农问题的严峻与苛刻。佃农终年劳作而无以温饱，沉重的地租负担制约了扩大农场经营的可能性，加之部分恶霸地主依靠经济强势和政治地位对佃农的无情剥夺，信贷市场与农产交易市场的不完善，都造成了日益严峻的佃农问题。"佃户是乡村中一个被压迫的阶级"①，唯有"耕者有其田"方能革除租佃制度之弊端。为此，南京国民政府力推二五减租、保护佃农与扶植自耕农等政策，但成效甚微，盖因站在地主阶级立场上过多地维护地主阶层的利益而造成了对佃农生产的挤压和限制。在市场经济条件下，租佃是无法人为消灭的经营方式，唯有"基于公允互惠原则而妥为策划，则农佃问题自不成为问题矣"②。抗日战争时期与国共内战前期，中国共产党在抗日根据地和解放区的减租实践，不仅改变了传统的租佃制度，租佃关系因之发生深刻变化，业佃之间的互助与合作也以新的样态呈现出来。

第二节　减租减息与农业互助合作

20 世纪前期租佃制度的命运与革命进程息息相关，在土地革命时期，"整个农村根本无租佃制度之存在。'匪'祸后，原主存在而可以归还之土地，相率还讫，故此地主农民间之租佃关系又因之发生，租佃制度再度成立"③。中国共产党退出苏区以后，"地主对待佃农之态度，在'匪乱'前后，颇有显著之变更，盖'匪乱'以前地主虐待佃农者，迄今皆已改变态度，转而设法辅助佃农矣"，厥因"'匪乱'以后，佃农之数目锐减，仅存之佃农亦多贫困不堪"。④ 抗日战争时期，中共革命不仅导致了租佃制度的变革，也由此带来了互助合作行为的变动，减租减息导致劳动互助发生怎样的改变？本节以"减租与互助"为主题，考察 1937—1946 年革命区域减租之后的劳动互助合作的时代特征。

减租减息之后的租佃关系已然呈现为不同于传统时代的新特征，对此

---

①　吴景超：《从佃户到自耕农》，《史地社会论文摘要》第 1 卷第 2 期，1934 年 11 月 20 日，第 27 页。

②　《豫鄂皖赣四省之租佃制度》，金陵大学农业经济系 1936 年印行，第 128 页。

③　冯和法：《中国农村经济资料续编》（上编），黎明书局 1935 年版，第 103 页。

④　《豫鄂皖赣四省之租佃制度》，金陵大学农业经济系 1936 年印行，第 82 页。

学界已研究甚多。衣保中认为新民主主义租佃关系已经不再是业佃之间的
剥削关系，而是"土地出租者和土地经营者之间在新民主主义政权的调
节和制约下所形成的纯经济关系"①。刘玲则通过张闻天的晋陕农村调查
资料，得出了抗战时期租佃向资本主义方向发展、雇佣关系具有准合法性
的结论。② 张玮、岳谦厚通过对米脂杨家沟马家地主租佃关系的考察，认
为佃农对地主的人身依附关系有所削弱，但一直处于弱势经济地位的佃农
阶层亦难以一下子因减租减息政策完全改变自己的命运。③

不过，目前学界研究的不足之处尚有两点。其一，关于"减租与互
助"的关系。此期革命文献一般认为，"凡是这类减租进行得彻底的地
方，群众生产热忱大大发扬了，政治觉悟大大提高了。群众于减租后，自
动实行变工扎工，修畔溜崖，多施肥，多锄草，增加生产"；"减租运动
实是发动群众积极性的锁钥，是这些区域各项工作的中心环节"④。确实，
中国共产党将减租减息作为各项群众工作的总抓手，希望以此带动群众工
作的发展。那么减租之后，生产热情高涨与自动变工、扎工存在若何联
系？群众是否是一经减租就获得了自动变工、扎工的动力？目前的研究没
有对此进行探讨。其二，学界几乎都没注意到租佃关系变动所导致的劳动
互助合作的变化：抗战时期劳动互助更多地从传统劳动互助中汲取资源，
与苏区革命中的"硬调剂"差别甚大；在党和基层政府的生产动员下，
劳动互助合作中介入了外部推动力量；新的劳动互助合作提倡公平与平
等，以变工换工等形式展开；随着租佃关系的调整，劳动互助主要转变为
农民间的经济行为。

以下就抗日战争时期根据地减租所带来的劳动互助的变动、互助合作
运动对传统互助习惯的移用、减租之后的互助变工进行探讨。

一　减租：租佃制度的改良

抗日战争时期，中国共产党为适应时代主题而适时做出重大战略调

---

① 衣保中：《试论抗日战争时期解放区的租佃形态》，《中共党史研究》1990 年第 2 期。

② 刘玲：《抗战时期中共政权建构下的租佃关系与雇佣关系——以 20 世纪 40 年代张闻天
在晋陕农村调查为个案》，《求索》2009 年第 4 期。

③ 张玮、岳谦厚：《米脂县杨家沟马家地主租佃关系考察——以 1942 年张闻天调查为中
心》，《江汉论坛》2008 年第 8 期。

④ 韩延龙、常光儒编：《中国新民主主义革命时期根据地法制文献选编》（第四卷），中国
社会科学出版社 1981 年版，第 186、187 页。

整，一改往昔废除租佃制度的政策，改行地主减租减息、农民交租交息的双减政策。抗日战争时期，为了赢得群众支持、赢得抗战胜利，宣传、组织、动员和发动群众成为中国共产党各级党政组织的中心工作，群众性的政治、经济与文化教育运动相互叠加，造成了几乎触及抗日根据地所有阶层的群众运动。在敌后抗日根据地，"发展经济，保障供给，是我们的经济工作和财政工作的总方针"①，因此"我们的工作首先是战争，其次是生产，其次是文化"②。生产，是保障根据地自给自足、改善人民生活，走向抗战胜利的经济基础。为了实现发展经济、保障供给的方针，旨在提高劳动效率和群众生产积极性的劳动互助合作在群众生产运动中得到中国共产党的高度重视。

1937 年 8 月 15 日，洛川会议通过的《中国共产党抗日救国十大纲领》正式提出减租减息政策，以改良人民生活，实现了中国共产党土地政策从分田分地到保存富农地主经济的重大转变。1939 年 11 月 1 日，中共中央发布的《中央关于深入群众工作的决定》强调，"在八路军新四军活动区域，必须实行激进的有利于广大抗日民众的经济改革与政治改革。在经济改革方面，必须实行减租减息废止苛捐杂税与改良工人生活。凡已经实行的，必须检查实行的程度。凡尚未实行的，必须毫不犹豫的立即实行"③。1942 年 1 月 28 日，中共中央政治局通过的《中共中央关于抗日根据地土地政策的决定》及其附件对抗日民族统一战线的减租减息土地政策做了详细解读，"党的政策仅是扶助农民减轻封建剥削，而不是消灭封建剥削……故于实行减租减息之后，又须实行交租交息……借以联合地主阶级一致抗日"④。对于如何减租减息，《中共中央关于抗日根据地土地政策决定的附件》对此做了规定：

> 一切尚未实行减租的地区，其租额以减［租］低原租额百分之

① 《抗日时期的经济问题和财政问题》（1942 年 12 月），《毛泽东选集》（第三卷），人民出版社 1991 年版，第 891 页。
② 《文化工作中的统一战线》（1944 年 10 月 30 日），《毛泽东选集》（第三卷），人民出版社 1991 年版，第 1011 页。
③ 《中央关于深入群众工作的决定》（1939 年 11 月 1 日），中央档案馆编《中共中央文件选集》（第十二册），中共中央党校出版社 1991 年版，第 191 页。
④ 《中共中央关于抗日根据地土地政策的决定》（1942 年 1 月 28 日），中央档案馆编《中共中央文件选集》（第十三册），中共中央党校出版社 1991 年版，第 281 页。

二十五（二五减租）为原则，即照抗战前租额减低百分之二十五，不论公地、私地、佃租地、伙种地，也不论钱租制、物租制、活租制、定租制，均适用之。各种不同形式的伙种地，不宜一律规定为依地主所得不超过十分之四，或十分之六，应依业佃双方所出劳动力，牛力，农具，肥料，种子及食粮之多寡，按原来租额比例，减低百分之二十五。在游击区及敌占点线附近，可比二五减租还少一点，只减二成、一成五或一成，以能相当发动农民抗日的积极性及团结各阶层抗战为目标。①

因此，减租减息旨在调整根据地内的租佃关系和借贷关系于合理范围之内，调动地主和农民两个阶层的抗战与生产积极性。"减租是农民的群众斗争，党的指示和政府的法令是领导和帮助这个群众斗争，而不是给群众以恩赐。"②

抗日战争中后期，各抗日根据地一般均贯彻实施了减租减息政策。仅就减租而言，在租佃制度较为盛行的地区，虽然农民地租负担有所减轻，封建剥削被控制在合理范围，但是租佃制度依然存在，减租没有改变既有的地主与农民之间的依存性生产模式，更进一步地组织和动员群众生产的政策因而显得尤为必要。减租减息之后，引导群众生产问题就成为各级政府面对的首要问题，群众生产运动就是在此背景下酝酿发起的。"减租减息实行之后，给予了提高农业生产的必要的前提，而农业生产是抗日根据地的主要的生产，党与政府的工作人员必须用最大力量推动发展之。"③因为唯有农业生产量的增加方能解决根据地的财政经济困难和战争消耗，达到根据地自给自足的目的。那么，如何在既定的经济条件下实现生产增加呢？"土地制度获得改革，甚至仅获得初步的改革，例如减租减息之后，农民的生产兴趣就增加了。然后帮助农民在自愿原则下，逐渐地组织在农业生产合作社及其他合作社之中，生产力就会发展起来。"④ 这样，

---

①　《中共中央关于抗日根据地土地政策的决定》（1942 年 1 月 28 日），中央档案馆编《中共中央文件选集》（第十三册），中共中央党校出版社 1991 年版，第 286 页。

②　《开展根据地的减租、生产和拥政爱民运动》（1943 年 10 月 1 日），《毛泽东选集》（第三卷），人民出版社 1991 年版，第 910 页。

③　《中共中央关于抗日根据地土地政策的决定》（1942 年 1 月 28 日），中央档案馆编《中共中央文件选集》（第十三册），中共中央党校出版社 1991 年版，第 283 页。

④　《论联合政府》（1945 年 4 月 24 日），《毛泽东选集》（第三卷），人民出版社 1991 年版，第 1078 页。

从减租减息到劳动互助合作运动就是自然而然的应然选择，"今年全部根据地的一律彻底减租，将是明年大规模发展生产的一个刺激"①。减租是为了发展生产，而生产如何进行呢？"由于是农村，农民都是分散的个体生产者，使用着落后的生产工具，而大部分土地又还为地主所有，农民受着封建的地租剥削，为了提高农民的生产兴趣和农业劳动的生产率，我们就采取减租减息和组织劳动互助这样两个方针。减租提高了农民的生产兴趣，劳动互助提高了农业劳动的生产率。"② 从减租减息到劳动互助就形成了一个完整的推进群众生产运动的政策链条。

中国共产党的减租减息政策重在保障佃权，减少地主额外施加于佃农的剥削。1938 年 2 月 10 日颁布的《晋察冀边区减租减息单行条例》规定，"大粮、杂租、小租、送工等额外附加，一律禁止"③。同年 12 月，晋察冀边区行政委员会发布训令就"杂租""小租""送工"等专门做出解释。"杂租"系指在租额之外另要些各种物品，如肉类、酒类等，在前喇嘛收租，就有这种现象，这都是无道理的额外剥削，所以应该一律禁止；"小租"这也是佃户于正租额以外对庄头的纳款，系属剥削之一种；"大粮"是佃户约定为地主佃耕时地主预借米粮若干，到次年秋收时加五或加倍偿还，也是高利贷的一种；"送工"就是佃户于每年之内，给地主无代价的服务几天的办法。④ 1943 年 10 月 10 日，《西北局关于进一步领导农民群众开展减租斗争的决定》强调，减租主要是减地主的租，而在农民互相间及有特殊情形的（如鳏、寡、孤、独及抗、工属等）土地租佃关系中也漫无区别地照样实行减租是错误的，尤其是"地主对佃户之一切额外剥削，应严格禁止"⑤。1945 年 2 月 15 日发布的《山东省土地租佃条例》也指出，"地租外之一切额外负担，如份子粮、带种地、干拨工、送礼等均应除消。过去地主出种实行双除种者，应改为单除种，于未分前在公堆上扣除之"，"因取消份子粮致使佃户难以从事生产者，佃户

---

① 《开展根据地的减租、生产和拥政爱民运动》（1943 年 10 月 1 日），《毛泽东选集》（第三卷），人民出版社 1991 年版，第 912—913 页。

② 《必须学会做经济工作》（1945 年 1 月 10 日），《毛泽东选集》（第三卷），人民出版社 1991 年版，第 1016 页。

③ 韩延龙、常光儒编：《中国新民主主义革命时期根据地法制文献选编》（第四卷），中国社会科学出版社 1981 年版，第 232 页。

④ 同上书，第 232—233 页。

⑤ 同上书，第 189 页。

得向业主要求借粮，收获后归还，原无利息者依其习惯，有利息者利率最多不得超过百分之二十五"①。

减租减息法规还对各类租佃形式进行了规范，1944 年 12 月，陕甘宁边区第二届参议会第二次大会通过的《陕甘宁边区土地租佃条例》将地租分为四类：定租（亦称死租），按照土地面积计算所定之租额，是谓定租；活租即指地分粮，出租人只出土地，所需生产工具概由承租人自备，就地上收获正产物由双方按成分配者是谓活租；伙种，出租人除出土地外，并供给承租人各种生产工具之一部分或全部，就地上收获按成分配者，是谓伙种；安庄稼，出租人除出土地及全部生产工具外，并借给承租人粮食、窑房等，就地上收获双方按成分配者，是谓安庄稼。其中伙种、安庄稼因在生产资本、生产工具乃是日常生活上的互助而尤其具有互惠性质。《陕甘宁边区土地租佃条例（草案）》规定，"凡伙种地以当地习惯，生产工具，应由租佃双方负责，所收获之粮食、柴草等，应按租佃双方所出之牲口、劳动力之比例约定分配，不超过租四佃六之原则"。② 对安庄稼（招门客）的规范尤其详尽：安庄稼租额，依粮食、柴草收获量，租佃双方约定，不得超过收获之一半；租方在安庄稼时，必须供给佃方足够耕作需要之耕牛、农具、籽种、草料、肥料等物，农具因耕作损坏，耕牛因耕作生病，由佃方修补与医疗，佃方如无房屋居住，由租方供给之；租方在安庄稼时，必须借给佃方足够之粮食，收获分配后借一还一，其已用之牛、料、种籽，租佃各负一半；安庄稼之佃户，如遇疾病时，可雇人耕作收获，其工资、伙食，由租方垫付，在佃方收获应分粮内扣除，如全数扣除，佃方不能维持生活时，则可分期缓至下年清还之；佃方脱离安庄稼时，借粮需还清，如因事无力还清者分期还之。③

但是保障佃权、维护佃农权益只是提供了进行生产互助的必要条件，"过去经验证明，保障佃权不仅是制止地主威胁农民反对减租的主要手段和发动农民敢于进行减租斗争的前提，而且是提高农民生产情绪，改良农

---

① 韩延龙、常光儒编：《中国新民主主义革命时期根据地法制文献选编》（第四卷），中国社会科学出版社 1981 年版，第 374 页。

② 同上书，第 227 页。

③ 参见韩延龙、常光儒编《中国新民主主义革命时期根据地法制文献选编》（第四卷），中国社会科学出版社 1981 年版，第 227—228 页。

作法和增加生产不能缺少的条件"①。但这并非充分条件，劳动互助的推动主要的动力来自传统习惯与生产动员。一则群众间的劳动互助传统及习惯相沿已久，灵活巧妙地利用传统可以达到事半功倍的"帮忙"效果。二则中国共产党及其基层政府将组织生产、领导生产作为中心工作之一，以"帮忙政府"②的角色介入农业互助合作运动中，"凡在农民减租斗争深入的地区，必须立即计划和组织明年的生产运动，发动每村每乡以至每家农户开荒、集肥、修崖、溜畔、修水利、改良农作法，以及推广合作运输等事业的准备工作，把减租运动与生产运动结合起来"③。根据地的农业互助合作就此逐渐推开。

二　变工：减租之后的互助

抗日战争时期的劳动互助不仅是对传统乡村社会互助习惯的沿用和延续，从社会变迁的角度而言，互助是合作的基础，合作是制度化、契约化的互助，中国共产党致力于建设独立、民主、自由的根据地，则需将劳动生产互助加以契约化、制度化改造，将合作制度引入根据地的现代国家建设中。减租减息施行以后，家庭农场经营条件有所改善，租佃关系趋向宽松、公平，建立在传统与现代基础上的租佃双方的互惠互助与互利共存模式已经形成，地主、富农经济与贫民经济的差距正在缩小，乡村经济的中农化趋势有助于形成公平、合理、均衡的互助关系。本节以张闻天等人在陕甘宁、晋西北的社会调查为资料来源，着重分析减租与互助的关系。

抗日战争时期，传统租佃制度的政治生态发生重大变化，建立在租佃关系基础上的劳动互助也出现了新的动向。首先，租佃关系越来越多地发生在中农、贫农阶层，互助也主要发生在中农、贫农之间，地主、富农与佃农之间的合作互助开始弱化。

据张闻天等对神府直属乡8个自然村的调查，革命以后租佃关系又开始发展。在299家农户中有100户有租佃关系，约占农户总数的1/3。但

---

① 韩延龙、常光儒编：《中国新民主主义革命时期根据地法制文献选编》（第四卷），中国社会科学出版社1981年版，第189—190页。

② 中央档案馆编：《中共中央文件选集》（第十二册），中共中央党校出版社1991年版，第626页。

③ 韩延龙、常光儒编：《中国新民主主义革命时期根据地法制文献选编》（第四卷），中国社会科学出版社1981年版，第190页。

是革命后的租佃情形与革命以前有根本的区别,"革命前租出土地者为地主,而现在则以贫农贫民为多。革命前租入土地者以贫农为最多,而现在则以富裕中农、中农为多。租佃关系的发展是向着资本主义,而不是向着封建主义,这是显而易见的"①。发生雇佣关系的农户也以富裕中农、中农为多,"雇短工的户数,富裕中农与中农雇的最多,二十六户中他们占二十二户。在农忙时,他们常常感觉到劳动力不足。当短工的,贫农最多,其次为中农、贫民、雇农。中农打短是为了劳动力有剩余,挣取额外收入。贫民打短是因为'饿的慌'"②。同时,"租出、贴出牛的大部分为富裕中农与中农,而租入、贴入牛的,以贫农为最多"③。由此可以看出,抗日战争时期革命区域经过土地革命和减租减息,"这种大多数农民的向上发展,是新民主主义社会的特点"④。根据地乡村的中农化趋势非常明显,形成以中农为主体的社会结构,这对租佃关系的影响非常明显,也因此而重塑新的互助关系。"土地革命后,农村阶级关系起了根本变化。地主阶级不再存在了。农民内部的各阶层也起了很大的变化,富农减少或削弱了,雇农没有或很少了,中农与贫农成了农村中的主要力量。"⑤ 自然,劳动互助也就主要在中农、贫农间形成。

神府县直属乡8个自然村的调查还显示,土地革命以后"农民劳动热忱的提高,一方面把土地耕种得更好了,但另一方面更使劳动力的过剩暴露出来"⑥。这就需要新的平衡机制化解劳动力过剩现象,劳力调剂、劳动互助等劳力交换关系因此会日益增加。此外,从绥德、米脂土地与劳动力数量对比也可以发现该地存在严重的劳动力过剩现象⑦,"如党家沟调查所说:'贫农中百分之六十二以上户数出卖一部或大部劳动力,百分之五十以上户数出卖其劳动力大部。'又据印斗九保调查:'一个保中当长工的二十一人,揽短工而以一部时间从事自家劳动者五十六人'"⑧。劳

---

　　① 《陕甘宁边区神府县直属乡八个自然村的调查》(1942 年 4 月 12 日),张闻天选集传记组等编《张闻天晋陕调查文集》,中共党史出版社 1994 年版,第 45 页。

　　② 同上书,第 47 页。

　　③ 同上书,第 55 页。

　　④ 同上书,第 60 页。

　　⑤ 同上书,第 34 页。

　　⑥ 同上书,第 19 页。

　　⑦ 柴树藩、于光远、彭平:《绥德、米脂土地问题初步研究》,人民出版社 1979 年版,第 12 页。

　　⑧ 同上书,第 13 页。

动力的过剩由此可见一斑。在土地革命之前,租佃制度和雇佣制度是化解劳动力过剩的主要机制,在减租减息之后,就必须要创造新的化解机制。晋西北兴县也是如此,"租佃关系主要存在于地主(部分富农)与农民间(中贫农),但也存在于中贫农间。现在前者相对缩小……中、贫农间的租佃关系增加了"①。农民间的租佃关系与以往业佃关系相比,"绝大部分在本村,其特点为:(A)租佃件数多。(B)土地数量少。(C)牵连的户数多。(D)人事关系复杂,带有浓厚的亲属、朋友与互助的关系。故他们对减租无兴趣,也不易减"②。可见,农民间的租佃关系具有更强的互助性。

其次,地主、富农与中农、贫农间的互助关系发生新的变化,伙种、安庄稼等一向被视为"落后"的租佃制度为地主大量采用,以获取尽可能多的收益,规避减租造成的收益损失。

以伙种、安庄稼为例,据张闻天对绥德、米脂土地问题的研究,虽然"伙种、安庄稼现在看来是剥削程度较重的租佃形式"③,但是,伙种与安庄稼较减租之前更加发展。陕甘宁边区绥德、米脂地区流行的土地租佃形式是租种、伙种、安庄稼,其中租种是最主要的租佃形式。减租之前,伙种大多流行于中农、贫农之间,租额一般为对半分,农民都认为伙种要比租种好,土地有剩余而劳动力不足的中、贫农和另一土地不足而劳动力有剩余的中、贫农合作,一方出地、一方出力,经营所得,双方平分,至于牲口、农具、种子、肥料等由何方出并不一定。"在土地革命之后,'地主收租困难,开始采用伙种,新政权建立后,要执行二五减租……地主才大量采用伙种'(党家沟社会调查材料)。一九四一年以后,很多地主要把大量土地由租种改为伙种(详见减租政策的执行与检讨一节)。现在伙种主要已不是中、贫农间的相互关系,而主要的是地主与农民间的关系了。伙种是一个新发展起来的租佃形式。据调查,拥有二百五十多垧地的地主(印斗十保常象贤)完全采用伙种的。"④ 伙种成为地主愿意选择的租佃形

① 《晋西北兴县二区十四个村的土地问题研究(报告大纲)》(1942年7月27日),张闻天选集传记组等编《张闻天晋陕调查文集》,中共党史出版社1994年版,第105页。

② 同上书,第106页。

③ 柴树藩、于光远、彭平:《绥德、米脂土地问题初步研究》,人民出版社1979年版,第52页。

④ 同上书,第47—48页。

式，这是非常值得注意的现象。减租减息施行后，因伙种减租较少，因而"农民多愿租种而不愿伙种，地主则想把租种改为伙种。新发展起来的伙种，大多数是地主只出土地，其余牲口、农具、肥料、籽种等完全由农民置备，这已经不是原来意义的伙种，而是一般的活租（分租制）了"①。这样，地主与佃户之间的关系就发生了微妙的变化，"伙种的佃户与地主之间常存在着较密切的关系。地主为防止佃户以多报少，对佃户常常要加以选择，挑那些劳动力强，为他所信赖的农民或是亲戚朋友之类"②。伙种，更像是一个生产协作体了。

晋西北兴县的调查也显示伙种在抗战时期有部分发展，兴县二区的租佃关系主要有两种形式：租种与伙种（又名拌种、分种），其区别在于租种战前最普遍，现在仍然是最普遍的形式，但"伙种战前很少，现在有部分发展，在川地村子的平地水地的租佃中则很发展。其原因：伙种地在一九四〇、四一年未减租及易于避免减租，这是主要原因"③。伙种的分法有很多种类，依土地质量、地主有无"抵垫"而不同，抗战时期地主只出地的伙种占大多数。"在租佃土地总量的减少中，租种地减少的多，而伙种地却相对增加。在租佃户总量的增加中，租种户增加的少，而伙种户却增加的多，这表示租佃关系中伙种的发展，这种租佃关系，主要在川地村子的平川地中发展，它比较便利于土地的分割、使用与细小的经济单位。"④ 除伙种外，在兴县力役租也有所抬头，"现在有一种情况：因为自己牛力或劳动力不够，将自己一部分土地租出，换取对方以牛工或人工给自己种地来代替租子。也有企图以此来达到减租目的者，但为数不多"⑤。这种力役租，明显具有劳力与牛力的互换与互助性质。

伙种体现地主与农民在土地、劳力、生产资本方面的投入比例以及土

① 柴树藩、于光远、彭平：《绥德、米脂土地问题初步研究》，人民出版社1979年版，第49页。

② 同上书，第48—49页。

③ 《晋西北兴县二区十四个村的土地问题研究（报告大纲）》（1942年7月27日），张闻天选集传记组等编《张闻天晋陕调查文集》，中共党史出版社1994年版，第99页。

④ 同上书，第106页。

⑤ 同上书，第100页。

地收益分成，米脂县杨家沟 57 户地主中，有 11 户存在"伙种"关系。①
在杨家沟全保（乡）220 户中，"多数无地和少地的农民是靠租种、伙种、安种地主的土地来谋生的"，其中租种土地者 93 户，伙种土地者 56 户，安种土地者 21 户。② 以地主马维新为例，马维新家从光绪年间起到 1942 年的大多数年份内都有"安火则"（或称安伙子），这就是地主出种子、肥料、牲畜、农具等一切，而伙子只出劳动力的伙种土地的经营方式。1926—1938 年，马维新的安伙子完全停止，但自 1939 年起，伙种形式重新采用，"据马维新谈，伙种形式，平常存在于'小户户'之间，大地主一般不采取这种形式。但自一九三九年起，由于人民政府减租政策的影响，伙种较出租有利，所以伙种又开始被采用，'安伙子'也重新恢复起来了"③。

安庄稼是绥德、米脂常见的第三种租佃形式，从来就是一种地主、富农与佃农之间的租佃关系。在此形式下，地主不但租给农民土地，而且要供给他以各种生产工具——牲畜、肥料、农具，借给农民以吃用粮食、牲口料、种子以至住窑、用具等；在作物收获后地主、农民按议好成数分配，农民把借的粮食、种子、牲口料归还。减租之前，安庄稼租额一般也是对半分配，草全部归地主，但佃农要承担大量无酬劳动甚至劳役。安庄稼时地主不仅投入土地，而且投入生产工具与生产资料，主佃间的博弈更为紧张复杂，地主需要对生产过程关注较多，地主尤其是大地主"不愿意多安庄稼"，因此佃农在租佃博弈中趋于下风，为避免租佃关系破裂，佃农往往需要讨好地主，因此在减租后出现了业佃联合欺瞒政府的行为，"明减暗不减"的现象多有发生。可见，安庄稼中业佃形成的合作关系更为紧密，于减租政策也更为抵触。

最后，劳动互助不再是自发的土地—劳力交换关系，党和基层政权的生产动员成为互助合作发展的推动力量。

1943 年 12 月 26 日，《解放日报》发表社论《边区劳动英雄代表大会给我们指出了什么？》，提出"我们应当领导人民去发展生产，在发展生产中给人民以看得见的物质利益，这就是我们在边区现时环境下抗战建设

---

① 《米脂县杨家沟调查》（1942 年 11 月 19 日），张闻天选集传记组等编《张闻天晋陕调查文集》，中共党史出版社 1994 年版，第 128—136 页。

② 同上书，第 139 页。

③ 同上书，第 235 页。

的中心"①。领导生产、把发展生产变成一个广大的群众运动,是中国共产党直接介入农业生产的初衷,"而目前在经济上组织人民群众的最恰当与最重要的形式,就是变工队、札工队、唐将班子一类的农业合作及生产、消费、运输、信用等综合性的合作社和运输合作社",并且"变工一类的农业合作,又是分散的小农经济逐渐达到集体化的一个步骤"。② 这样,采取互助合作的方式组织群众、领导生产也就顺理成章了,"我们今后领导生产的中心环节,是在自愿的原则下,采取各种合作形式,来组织更广大的群众"③。以合作的形式组织群众、领导群众,这是中国共产党领导生产、生产动员的一个基本原则和显著特征。

区村政权的建立,使得农业生产的领导组织工作成为可能。战时的村政权主要工作集中在战争动员、改善民生、生产建设、民主建设、文化建设上,具体内容包括:"(一)战争动员,包括人力(扩兵、站岗、放哨,还有抗战勤务)和物力(公粮、公款、村摊款);(二)改善民生,有贷粮款、救济等;(三)民主建设,有选举、开会、调查登记等;(四)生产建设,有春耕、秋收、纺织、合作社等;(五)文化建设,有小学、冬学、卫生、破除迷信等;其他还有解决群众提出的各种问题"④。村政权之下的各种组织中,代耕队是重要的一个,具有劳力调剂功能。"这个组织各村都有,它帮助抗工属代耕。全乡有一个总队长,名义上为管理全乡的代耕工作,但实际上他也只管本村工作。贺家川行政村为一个分队,孟家沟有一个小队。分队里设正副队长,小队里有小队长。凡本村十八岁至五十五岁的男性全劳动力,均编入代耕队。各自然村劳动力有多余或不足,则先以行政村来调剂。各行政村有多余或不足,则由全乡来调剂。关于这个调剂工作,主要负责者为乡长。⑤"通过区村政权及其以下的各类组织,生产的组织领导得以落实和展开。

虽然中国共产党的劳动互助政策在贯彻执行中可能遭遇各种困难,也

---

① 中国人民解放军政治学院党史教研室编:《中共党史参考资料》(九),中国人民解放军政治学院党史教研室 1979 年版,第 258—259 页。

② 同上书,第 260 页。

③ 同上书,第 261 页。

④ 张闻天选集传记组等编:《张闻天晋陕调查文集》,中共党史出版社 1994 年版,第 310 页。

⑤ 《陕甘宁边区神府县直属乡八个自然村的调查》(1942 年 4 月 12 日),张闻天选集传记组等编《张闻天晋陕调查文集》,中共党史出版社 1994 年版,第 76—77 页。

必须服务于战争优先的现实环境，但基层政权开始介入劳力调剂和互助合作的领导已经开始，变工成为劳动互助与劳力调剂的枢纽。中共及其基层政权调剂劳动力的办法如奖励移民、劳动互助、动员妇女、动员二流子、着重优抗、生产给假、军队帮助等办法都是有助于劳动力的调剂的，"特别是劳动互助社的办法最为重要，应在全边区普遍实行起来"①。毛泽东高度肯定了劳动互助的意义，并号召组织起来、变工互助：

> 关于劳动互助。这就是说，在一村之内，或几村之间，不但每一农家孤立地自己替自己耕种土地，而且于农忙时实行相互帮助。例如以自愿的五家六家或七家八家为一组，有劳动力的出劳动力，有畜力的出畜力，多的出多，少的出少，轮流地并集体地替本组各家耕种、锄草、收割，秋收结账，一工抵一工，半工抵半工，多出的由少出的按农村工价补给工钱。这个办法叫做劳动互助，从前江西苏区普遍实行的劳动互助社或耕田队，就是用这个办法组织起来的。人口密集的乡村，还可集合多少互助组为一互助社，组有组长副组长，社有社长副社长，组与组之间还可以互相调剂。在必要与可能时，社与社之间亦可有些调剂。这就是农民群众的劳动合作社，效力极大，不但可使劳动力缺乏的农家能够及时下种、及时锄草与及时收割，就是那些劳动力不缺的农家，也可因集体劳动而使耕种、锄草、收割更为有利。此种办法完全是有益无害的，我们应大大提倡。边区有些地方已经实行的变工，就是这种办法。各县应以大力组织劳动互助社，大大地发展农民的集体劳动。此外还有一种札工，也为边区农民所欢迎，其法不是劳动互助，而是一种赶农忙的佣工组织，也是几个人或更多人为一组，向需要的人家受雇而集体地做工，一家做完再往他家，亦能调剂劳动力。各地对外来札工应予以帮助。例如帮助找工做等。②

从以上考察可以看出，减租政策引起了租佃关系新的变化，但互助合作的需要一直存在，不仅存在于中农、贫农之间，在地主与农民之间亦是

---

① 中国人民解放军政治学院党史教研室编：《中共党史参考资料》（九），中国人民解放军政治学院党史教研室1979年版，第223页。

② 同上书，第222页。

如此。20 世纪 30 年代中国农村派的乡村社会经济调查一般认为伙种、安庄稼等是较为"落后"的租佃形式,农民依附性更强,有力役租与劳役租的特征。但是 20 世纪 40 年代的根据地中,这类租佃形式反而有所发展,表现出租佃制度的"逆现代化"倾向。个中缘由,除了地主依此规避减租外,中农、贫农在生产中的彼此互助合作需要、中国共产党和基层政权的生产动员也是互助合作发展的推动力量。

三　"组织起来"与"第二个革命"

在推进减租之后的劳动互助合作运动实践中,中国共产党对农业互助合作理论的追索也同步推进,理论跟进与实践探索相得益彰。同时,农业互助合作的理论探索也是与土地制度变革密切相关的,减租减息使基于租佃制度的生产互助合作发生历史性转变,转向以"生产者"为中心建构新的劳动互助合作模式。抗日战争时期的农业互助合作理论,以"组织起来"与"第二个革命"的论述最为重要。在"组织起来"的基础上,推进"第二个革命",在实现政治革命与社会革命的同时,实现经济革命,铲除剥削者,构建公平合理的"生产者"之间的劳动互助合作体系,是这一时期农业互助合作理论的主要特征。

"组织起来",是毛泽东于 1943 年 11 月 29 日在中共中央招待陕甘宁边区劳动英雄大会上的讲话中概括提炼出来的,既是陕甘宁边区动员、组织一切力量投入生产的生动号召,也是对中国共产党群众工作理论的经典概括。将群众组织起来、发展生产的主要方式与手段就是劳动互助组和合作社。

第一,将合作社视为组织群众、服务群众、发展生产的最重要的组织形式。毛泽东指出,"在目前条件下,发展生产的中心关节是组织劳动力。每一根据地,组织几万党政军的劳动力和几十万人民的劳动力(取按家计划、变工队、运输队、互助社、合作社等形式,在自愿和等价的原则下,把劳动力和半劳动力组织起来)以从事生产,即在现时战争情况下,都是可能的和完全必要的。共产党员必须学会组织劳动力的全部方针和方法"①。这样,劳动力的调剂、调度、整合和配置就成为党与基层政府的基本职能,如何通过组织化的手段组织劳动力呢?"目前我们在经济

---

① 《开展根据地的减租、生产和拥政爱民运动》(1943 年 10 月 1 日),《毛泽东选集》(第三卷),人民出版社 1991 年版,第 912 页。

上组织群众的最重要形式，就是合作社。我们部队机关学校的群众生产，虽不要硬安上合作社的名目，但是这种在集中领导下用互相帮助共同劳动的方法来解决各部门各单位各个人物质需要的群众的生产活动，是带有合作社性质的。这是一种合作社"[1]。因此，无论是变工队、扎工队之类的集体劳动组织，还是消费、信用、运输、手工业生产合作社，都是合作社性质的，在西方经典合作主义原则下，合作社是经济弱势群体联合对抗资本主义剥削的经济组织，新民主主义的合作社则着重强调了合作社的组织功能。"不把合作社看作为群众服务的经济团体，而把合作社看作为少数工作人员赚钱牟利，或看作政府公营商店的观点，是错误的"[2]。

第二，规定了合作组织的基本类型，尤其注重农业生产领域的集体互助的劳动合作与生产合作。毛泽东通过陕甘宁边区及各根据地劳动互助合作运动的发展经验，总结了4种类型的合作社，"劳动互助就是农民的农业生产合作社"[3]，"除了这种集体互助的农业生产合作社以外，还有三种形式的合作社，这就是延安南区合作社式的包括生产合作、消费合作、运输合作（运盐）、信用合作的综合性合作社，运输合作社（运盐队）以及手工业合作社"[4]。如果与西方合作运动的发展经验相参照，抗日根据地的劳动互助合作也集中体现了兼营与专营的差别。类似延安南区的合作社兼营生产、运销、消费、信用合作，是典型的兼营性合作社；农业生产、运销、信用、手工业生产合作社等则是专营性合作社，这也符合西方近代以来合作运动发展的基本规律。

不同的是，西方合作运动发展的历程表明，农业生产合作是最难成功的，近代中国合作专家张德粹认为，"耕种合作固然是农业生产上最基本的合作，然而亦是最困难的合作"[5]。20世纪40年代，在国民政府统治

---

① 《组织起来》（1943年11月29日），《毛泽东选集》（第三卷），人民出版社1991年版，第931页。

② 《开展根据地的减租、生产和拥政爱民运动》（1943年10月1日），《毛泽东选集》（第三卷），人民出版社1991年版，第912页。

③ 《边区组织劳动互助的主要经验和今后工作》，甘肃省社会科学院历史研究室编《陕甘宁革命根据地史料选辑》（第二辑），甘肃人民出版社1981年版，第475页。

④ 《组织起来》（1943年11月29日），《毛泽东选集》（第三卷），人民出版社1991年版，第932页。

⑤ 张德粹：《合作农场的原理与实践》，《中农月刊》第3卷第4期，1942年4月30日，第19页。

区，农业生产合作、耕种合作、合作农场经营的探索曾引起合作学界的激烈争鸣，而在抗日根据地，类似的耕种合作、劳动互助合作社在边区得到了大力提倡和推广，成为近代中国农村合作运动中非常值得研究的现象，毛泽东对这类合作社尤为推崇：

> 这又有几种样式。一种是"变工队"、"扎工队"这一类的农业劳动互助组织，从前江西红色区域叫做劳动互助社，又叫耕田队，现在前方有些地方也叫互助社。无论叫什么名称，无论每一单位的人数是几个人的，几十个人的，几百个人的，又无论单是由全劳动力组成的，或有半劳动力参加的，又无论实行互助的是人力、畜力、工具，或者在农忙时竟至集体吃饭住宿，也无论是临时性的，还是永久性的，总之，只要是群众自愿参加（决不能强迫）的集体互助组织，就是好的。……今年边区有许多变工队，实行集体的耕种、锄草、收割，收成比去年多了一倍。群众看见了这样大的实效，明年一定有更多的人实行这个办法。我们现在不希望在明年一年就把全边区的几十万个全劳动力和半劳动力都组织到合作社里去，但是在几年之内是可能达到这个目的的。妇女群众也要全部动员参加一定分量的生产。所有二流子都要受到改造，参加生产，变成好人。在华北华中各抗日根据地内，都应该在群众自愿的基础上，广泛组织这种集体互助的生产合作社。[①]

第三，注重与传统互助资源的衔接和改造利用，也是组织群众的基本策略之一。

实际上，近代中国小农经济的迟缓发展和农业领域初步的社会分工，是传统农业经营中的互助行为的初始背景。在中国农村也长期存在着民间旧有的互助形式。如陕北的"变工""扎工"，晋察冀一带的"拨工""换工"，山东的"搭犋""伙喂牛""以工换工"，关中的"唐将班子""功德主"，东北的"插犋"，皖南的"搭工""贴工"，苏南的"对工""伴工""打混作"，浙江的"伴水""开山班"等旧有的互助组织。[②] 抗日根据地的

---

① 《组织起来》（1943 年 11 月 29 日），《毛泽东选集》（第三卷），人民出版社 1991 年版，第 931—932 页。

② 朱玉湘：《我国民主革命时期的农业互助合作运动》，《文史哲》1957 年第 4 期。

劳动互助就是在此基础上发展起来的，"这种集体互助的办法是群众自己发明出来的。从前我们在江西综合了群众的经验，这次我们在陕北又综合了这样的经验。经过去年高级干部会议的提倡，今年一年的实行，边区的劳动互助就大为条理化和更加发展了"①。劳动互助是群众的创造，但中国共产党赋予了旧有的互助合作组织以新的使命，并重新构筑起新的互助合作模式。如变工队是"原来在农民中就有了的，但在那时，不过是农民救济自己悲惨生活的一种方法。现在中国解放区的变工队，其形式和内容都起了变化；它成了农民群众为着发展自己的生产，争取富裕生活的一种方法"②。

"组织起来"可以说是中共发动、动员、组织与领导群众生产的基本策略，它意味着中国共产党需要通过深入的群众工作，强有力的生产动员，实现领导生产的目标。为此，将农业互助合作运动提升到"第二个革命"的高度，并与第一个革命——土地革命、减租减息相提并论，通过农业互助合作运动达至根据地经济的合作化、集体化，足见发展生产对中国革命与建设是多么重要！凸显出这一运动的革命性。毛泽东在《论合作社》一文中认为，互助合作使人与人之间的生产关系变化了。在毛泽东看来，这是生产制度上的革命，即"第二革命"。

第一，"这是第二个革命"。借助集体劳动的合作互助组织实现生产关系和生产制度的变革，是继土地革命、减租减息之后的"第二个革命"。劳动互助合作是适应根据地特殊经济条件而发展起来的，"认真地精细地而不是粗枝大叶地去组织各根据地上的经济，达到自给自足的目的，是长期支持根据地的基本环节"③。但是，"我们所处的环境是一个建立在个体经济基础上的、被敌人分割的、因而又是游击战争的农村根据地"④，在这样的环境下实现根据地的经济发展，首先要破除阻碍经济发展的旧的生产关系，因此毛泽东指出，"束缚边区生产力使之不能发展的，是边区的封建剥削关系，一半地区经过土地革命，把这种封建束缚打破了，一半地区经

---

① 《组织起来》（1943 年 11 月 29 日），《毛泽东选集》（第三卷），人民出版社 1991 年版，第 931—932 页。

② 《论联合政府》（1945 年 4 月 24 日），《毛泽东选集》（第三卷），人民出版社 1991 年版，第 1078—1079 页。

③ 《论政策》（1940 年 12 月 25 日），《毛泽东选集》（第二卷），人民出版社 1991 年版，第 768 页。

④ 《必须学会做经济工作》（1945 年 1 月 10 日），《毛泽东选集》（第三卷），人民出版社 1991 年版，第 1016 页。

过减租减息之后,封建束缚减弱了,这样合起来,整个边区就破坏了封建剥削关系的一大半,这是第一个革命"①。但是,破坏绝不是革命的唯一目的,破坏后的重建远比破坏本身更为重要和复杂,"如果不从个体劳动转移到集体劳动的生产方式的改革,则生产力还不能获得进一步的发展。因此,建设在以个体经济为基础(不破坏个体的私有财产基础)的劳动互助组织,即农民的生产合作社,就是非常需要了。只有这样,生产力才可以大大提高……这办法,可以行之于各抗日根据地,将来可以行之于全国。这在中国经济史上是要大书特书的。这样的改革,生产工具根本没有变化,生产的成果也不是归公而是归私的。但人与人的生产关系变化了,这就是生产制度上的革命,这是第二个革命"②。通过减租减息与土地革命、劳动互助两个革命,实现生产关系和生产制度的变革,是抗日战争时期生产动员的一个基本理论设想。

第二,"必须学会做经济工作"。劳动互助合作运动的贯彻,离不开党的领导与卓有成效的群众工作,艰巨、复杂的群众生产动员是考验党的执政和领导能力的重要方面,"掌握思想领导是掌握一切领导的第一位"③。"必须学会做经济工作"考验着各级党组织与基层政权,"每一个共产党员,必须学会组织群众的劳动"④。劳动互助合作的有效运行,需要与党的群众路线相辅而行。劳动互助合作运动首先是作为根据地的群众生产运动而展开的,而"开展群众工作,是目前地方工作的中心","充分发动群众是开展一切工作的关键"⑤。但是发动群众不仅需要切实尊重群众利益,而且还要改善群众生活,"地方党部如果不关心群众的生活,不为群众的切身利益而斗争,置群众的痛痒于不顾,而要开展群众运动,要群众热烈起来与党与政府与军队一道艰苦奋斗,这是不可能的事"⑥。

----

① 毛泽东:《论合作社》,吴藻溪编《近代合作思想史》(下册),棠棣出版社1950年版,第931页。

② 同上书,第931—932页。

③ 中央档案馆编:《中共中央文件选集》(第十三册),中共中央党校出版社1991年版,第421页。

④ 《组织起来》(1943年11月29日),《毛泽东选集》(第三卷),人民出版社1991年版,第932页。

⑤ 《开展群众工作是目前地方工作的中心》(1939年11月3日),《陈云文选》(第一卷),人民出版社1995年版,第162页。

⑥ 同上书,第167页。

所以陈云实事求是地指出，"像组织代耕队帮助抗日军人家属，这是关系巩固部队的重要事情，不要看轻了"①。由于劳动互助需要动员和调动乡村的各个社会阶层的生产积极性，因此"基本群众的极广大发动，是我们必须经过的一关"②。尤为重要的是在劳动互助中贯彻党的群众路线和群众观点，"一切为了人民群众的观点，一切向人民群众负责的观点，相信群众自己解放自己的观点，向人民群众学习的观点，这一切，就是我们的群众观点，就是人民群众的先进部队对人民群众的观点"③。刘少奇深刻地指出，"甚至就是如减租减息、变工队、合作社这样有关人民直接利益的事，没有群众的自觉与自动，即使有什么人'恩赐'了减租减息，代替群众把变工队、合作社组织起来，群众还是'明减暗不减'，变工队、合作社也只能是形式的、空洞的东西"④。因此，劳动互助合作运动不能变成广大根据地人民群众自觉、自愿、自主、自为的群众运动，是难以取得预期成效的。

第三，将合作社视为走向集体化、合作化与社会主义的桥梁。合作经济具有社会主义的因素，"在'耕者有其田'的基础上所发展起来的各种合作经济，也具有社会主义的因素"⑤。传统中国的农业经营形态以家庭经营为基础，资本主义农场性质的租佃经营与雇工经营也较为普遍。面对零散、独立的个体经济，"克服这种状况的唯一办法，就是逐渐地集体化；而达到集体化的唯一道路，依据列宁所说，就是经过合作社"⑥。在革命根据地的互助合作运动实践中，中国共产党借助的理论资源主要是列宁《论合作社》、毛泽东的《组织起来》等经典文献。根据地的合作社在"工具论"和"桥梁论"导向下，成为改造个体经济的工具和走向集体经济的桥梁。1923 年 1 月列宁《论合作社》一文，视合作社为农业走向社

①　《陕甘宁边区的群众工作》（1939 年 12 月 10 日），《陈云文选》（第一卷），人民出版社1995 年版，第 172 页。

②　《关于减租减息的群众运动》（1942 年 12 月 9 日），《刘少奇选集》（上卷），人民出版社 1981 年版，第 233—234 页。

③　《论党》（1945 年 5 月 14 日），《刘少奇选集》（上卷），人民出版社 1981 年版，第354 页。

④　同上书，第 351 页。

⑤　《新民主主义论》（1940 年 1 月），《毛泽东选集》（第二卷），人民出版社 1991 年版，第678 页。

⑥　《组织起来》（1943 年 11 月 29 日），《毛泽东选集》（第三卷），人民出版社 1991 年版，第 931 页。

会主义的最佳途径,"这就是以商品经济为纽带、以农民自觉自愿为前提、以合作互助为基础,从建立供销合作社与消费合作社入手,逐步建立起更高形式的生产合作社,即通过合作制,最终把千百万个体小农引上社会主义道路"①。毛泽东的《组织起来》,将合作社视为组织群众的最重要的方式,经过合作社,"我们就可以把群众的力量组织成为一支劳动大军。这是人民群众得到解放的必由之路,由穷苦变富裕的必由之路,也是抗战胜利的必由之路"②。

第四,在劳动互助合作运动的基础上,合作经济成为支撑抗日根据地的经济基础之一。"我们的经济是新民主主义的,我们的合作社目前还是建立在个体经济基础上(私有财产基础上)的集体劳动组织。"③ 在此基础上发展起来的合作经济,与公营经济、私人经济相互补充,构成边区的国民经济体系。"边区的国民经济在私有制基础之上,逐渐由分散的个体经济组织起来,走上合作化的道路,成为一种比较有计划有组织的经济。"④ 区别于私人经济和公营经济,合作经济是在劳动互助运动基础上发展起来的,"去年高干会后,在全边区内发动的劳动互助运动,解决了新民主主义下农村经济如何建设的一个原则问题——合作化的问题"⑤。"在发展生产与把分散的个体经济组织起来走向合作化运动中……边区散漫的个体农民经济,逐渐成为在私有基础上比较有组织的合作经济。"⑥

中国共产党对劳动互助合作运动的理论概括,得益于抗日根据地生产运动与合作经济的实践探索。合作与互助既需要理性的算计,更需要冷静的长期的精神熏陶。实现合作互助首先要使农民认同、接受合作理念,具备合作精神,即农民要实现从传统小农向合作社员的角色变迁。在此方面,中国共产党努力在生产动员中加强思想引导与宣传教育,培植群众互助合作意识,推进农业互助合作运动。以下以沂蒙抗日根据地劳动互助为例,管窥中国共产党在劳动互助中的生产动员及其影响。

---

① 彭大成:《列宁的社会主义观》,湖南师范大学出版社2002年版,第25—26页。
② 《组织起来》(1943年11月29日),《毛泽东选集》(第三卷),人民出版社1991年版,第932页。
③ 同上书,第931页。
④ 《陕甘宁边区财政经济工作的基本方针》(1944年4月),《任弼时选集》,人民出版社1987年版,第311页。
⑤ 同上。
⑥ 同上书,第313页。

第三节　沂蒙抗日根据地的生产动员与劳动互助

以胶东、鲁中南沂蒙山区腹地、鲁西北平原为中心的山东抗日根据地与解放区，地处华北与华中根据地之间，是华北、华中的联系枢纽，战略位置与经济地位均极为重要。抗日战争时期，"山东是华北持久抗战的重要战略基点之一"[①]，尤其是"在我今天'巩固华北、发展华中'总方针下尤为重要……供给之主要来源依靠山东"[②]。山东革命根据地在生产运动、民生建设、群众运动领域均进行了艰难的探索。目前，学界关于中共根据地农业互助合作运动的研究主要是围绕陕甘宁、晋察冀、晋绥、华北、淮北、华中等抗日根据地与解放区进行的，而对山东根据地农业互助合作运动的研究则非常薄弱。相关的成果主要有：薛暮桥对山东抗日根据地与解放区合作事业的历史回顾[③]；刘大可对山东解放区农业互助合作运动的研究从纵的方面叙述了发展历程，而且注意到互助合作与民间传统互助的不同，以及因集体劳动与土地私有的矛盾而出现的问题[④]；周婷婷对20世纪前期山东乡村互助的研究也论及山东抗日根据地的农业互助合作运动[⑤]；申春生的研究强调山东抗日根据地"发展生产的中心环节是组织劳动力，组织劳动力的办法是开展劳动互助"[⑥]；岳海鹰与唐致卿指出，"山东根据地发展农业生产的主要形式是组织劳动互助"[⑦]。农业劳动互助在山东抗日根据地建设中居于举足轻重的地位，农业劳动互助运动是20世纪前期中国革命根据地乡村社会变迁的重要推力之一。但这些研究尚不足以全面反映山东根据地农业互助合作运动的发展演变、运行实态，尤其是对中共的农业互助合作政策在山东的实践、群众对农业互助合作运动的

---

① 《中共北方局对山东工作的意见》（1940年1月20日），《山东革命历史档案资料选编》（第四辑），山东人民出版社1982年版，第213页。

② 《叶剑英同志关于山东基本形势与工作方针的指示》（1941年4月8日），《山东革命历史档案资料选编》（第六辑），山东人民出版社1982年版，第331、332页。

③ 薛暮桥：《抗日战争时期和解放战争时期山东解放区的经济工作》，人民出版社1979年版。

④ 刘大可：《山东解放区的农业互助合作运动》，《东岳论丛》1991年第3期。

⑤ 周婷婷：《20世纪上半期山东乡村互助研究》，山东大学，博士学位论文，2012年。

⑥ 申春生：《山东抗日根据地史》，山东大学出版社1993年版，第312页。

⑦ 岳海鹰、唐致卿：《山东解放区史稿》（抗日战争卷），中国物资出版社1998年版，第266页。

理解与参与、党的革命动员与群众组织化、合作运动中党—群众关系的生成与调适等问题甚少加以研究。

　　革命带来了乡村互助体系和互助模式的根本变化。抗日战争之前,沂蒙地区基于乡邻、宗族、租佃、雇佣关系形成的劳动互助习惯体现为互惠性与不公平性、互助与剥削并存。抗日战争时期,中共领导抗日根据地建立的新的劳动互助模式以"变工为主,互助为次",着力于消除劳动互助中的不公平性和剥削性,通过换工、还工、添工、补工、拨工的形式实现公平变工,均平性和对等性是新的劳动互助模式的基本取向,将租佃制度下的非对称性互助合作转向尽可能有利于农民阶层的劳动互助合作运动。从互助到变工的演变,是通过党的生产动员策略实现的,并形成了通过群众运动来推进生产运动的动员模式。劳动互助运动的有效动员与运行,不仅有赖于"生产必须领导"、新的党群关系的建构与劳动观念的转变,而且需要面对乡村民众因循已久的心理习惯,协调不同阶层民众的利益诉求。本节以地处鲁中、鲁南、鲁东南地区的沂蒙抗日根据地为中心,考察中国共产党介入农业生产领域前后,传统乡村社会的劳动互助习惯发生了怎样的变化,劳动互助是如何形成一场运动的;以及促成这种变化和这场运动的动因——中国共产党动员农民进行劳动互助的基本策略和动员模式。[①]

一　抗日战争前沂蒙地区的劳动互助习惯

　　互助与合作、竞争一样,都是人类最为基本的社会行为。《辞海》将互助释为"互相帮助"[②],在许多国家,"互助"是保险的原始形式。[③] 在近代中国乡村社会,沿袭千年的互助换工、守望相助的日常习惯依然潜存于乡民社会生活中。鲁东南地区乡村社会的劳动互助行为和习惯首先存在于亲族邻里之间。"中贫农分家之后,没有劳力的即将土地找其亲戚和近族代种,如坡里、下峪子两村,在 69 户出租户中,有 13 户是找其亲族代种的,143 户佃地户中,有 34 户给自己的亲族代种地的。"[④] 这种"代

---

　　① 本节曾以《革命与互助:沂蒙抗日根据地的生产动员与劳动互助》为题,发表于《中共党史研究》2013 年第 3 期。

　　② 《辞海》(缩印本),上海辞书出版社 2000 年版,第 42 页。

　　③ 《中国大百科全书》(社会学卷),中国大百科全书出版社 1991 年版,第 92 页。

　　④ 《莒南县壮岗、团林及赣榆县金山三区农村经济调查》(1943 年 10 月),《山东党史资料·抗日战争时期山东滨海区农村经济调查》,1989 年 5 月,第 89 页。

种"发生在亲族或邻里之间，且发生在中农以下阶层之间，因此被理解为"不同于一般的租佃关系"。在牛力使用中，临沭一带的"搭犋伙"也是如此，"是缺乏畜力或劳力的农民，为把庄户干得更好而组织起来的一种互助组织，不过多限于亲族和近邻"①。中农及贫农之间还有一种"拔［拨］工"②的互助形式，"他们中间的拔［拨］工，多是彼此互助，如盖屋工（修房盖屋临帮相助），是农村的老习惯"③。可见，这种基于宗族邻里关系形成的互助习惯，是以互助、互惠为基本特征的。

传统鲁东南乡村社会还广泛存在着不同阶层之间的劳动互助习惯。富农与贫农之间、中农之间由于在劳力、畜力、劳动工具方面的优劣各异，约定俗成的相互调剂非常普遍。"有剩余畜力的富农，为了便于获取贫苦者一部分剩余劳动，弥补自己劳动力的不足，而将一部分畜力'固定化'而长年与几家贫农比较固定地组合着……另外中农多与中农搭犋，只是相当维持了自己的'适时耕作'。"④ 在莒南县官地村，"过去富农喂养耕畜也全靠换穷人牛草。十五六亩地的中农是很少养牲口的，只有少数兼营磨坊的农户养头小驴。往日的互助关系也是建筑在这种客观基础上"⑤。牲畜共养与畜力共用也是贫苦农家解决生产困难的途径之一。"伙养牛原来是农民的旧习惯，用来解决贫苦农民无力独自养牛的困难。"⑥ 滨海区66村的调查显示，"农具及耕畜（牛、驴）多数是二三家伙用、伙养，有的用人拉耕"⑦。

容易为研究者所忽略的是体现于传统租佃和雇佣制度中的劳动互助行为。莒南县筵宾、大店、沟头三区的调查显示，"地主的人工要差三分之

① 史敬棠等编：《中国农业合作化运动史料》（上），生活·读书·新知三联书店1957年版，第51页。

② "拔工"应为"拨工"。档案原文误为"拔"。下同。

③ 山东分局调查研究室：《莒南县三区十一村阶级关系的变化》，1945年8月5日，临沂市档案馆0003－01－0014－002。

④ 《莒南金岭、大山前、虎园互助变工调查》（1944年5月30日），《山东党史资料·抗日战争时期山东滨海区农村经济调查》，1989年5月，第123页。

⑤ 《官地村农业劳动合作调查》（1944年11月），《山东革命历史档案资料选编》（第十三辑），山东人民出版社1983年版，第190页。

⑥ 薛暮桥：《抗日战争时期和解放战争时期山东解放区的经济工作》，人民出版社1979年版，第65页。

⑦ 分局调研室材料股：《关于滨海区六十六个村子的土地人口问题之调查研究》，《山东革命历史档案资料选编》（第九辑），山东人民出版社1983年版，第191页。

二","富农也是人工不够的,约差五分之二","中农以下人工,大多有剩余,这就给了他们以很大的可能来进行其他生产或出雇短工"。[①] 莒南县团林、壮岗和赣榆县金山区的调查也显示,"地主缺乏劳力31%,富农约缺5%,中农略有盈余,贫农余45%"[②]。在没有外力介入乡村社会的劳力调剂之前,劳力的调剂和互补主要是通过租佃与雇佣制度得以实现的。鲁东南地区"拨工""送礼""捎种地"等名目的租佃关系,所体现的就是地主依靠土地的所有权而取得的身份优势和经济优势,佃户以被剥削为代价租得地主土地,同时不得不付出更多的劳力或财力。如"捎种地",佃户给地主无偿代种一部分土地,毫无代价和报酬;"拨工",又叫"拿官工",地主修筑、探亲、砍树、婚丧、上坟添土、打更、运输、扫雪、扫荡逃亡等,都需要佃户拨工,报酬是管饭或一升穄子;"送礼",每逢年节,佃户需要向地主送笤帚、饭帚、盖顶等,以及年节的食品等。[③]

但是,租佃关系不仅是一种剥削与被剥削的关系,它的另一层面是地主与佃户之间的相互依存。因为"贫农的剩余人工超过了他们耕作所需要的人工,他们在剩余人工找不到出路时,那就会陷于饥饿,因为他们耕种的地太少了,没有工资收入或副业收入是不能维持最低限度生活的"[④]。此外,地主与佃农之间也还存在其他形式的粮食与种子出借制度,佃户可以得到地主在牛力、种子、农具等方面的照应,形成了一种事实上的剥削与互惠并存的关系。如"份子粮","每犋牛可向地主借小麦一点五斗(旧历年前、开春种地、开始割麦各半斗),高粱大豆各三斗(时间与小麦同),穄子十二斗(正月开始每月二斗,六月止),有牛一头者折半借,麦收还麦秋收还秋,借一斗从公堆上还四斗";"双除种","种时由地主出种,收后从公堆上除以种子的两倍(双除)或四倍(四除)偿还地主"。[⑤] 这些名称各异的粮食、种子出借制度,长期维系着乡民社会的运行,对贫苦

---

① 《莒南县筵宾、大店、沟头三区农村经济调查》(1943年),《山东党史资料·抗日战争时期山东滨海区农村经济调查》,1989年5月,第22、23页。

② 《莒南县壮岗、团林及赣榆县金山三区农村经济调查》(1943年10月),《山东党史资料·抗日战争时期山东滨海区农村经济调查》,1989年5月,第109页。

③ 《莒南县筵宾、大店、沟头三区农村经济调查》(1943年),《山东党史资料·抗日战争时期山东滨海区农村经济调查》,1989年5月,第47—48页。

④ 同上书,第23页。

⑤ 同上书,第23、48页。

佃户度过春荒饥馑、保证按时耕种颇有作用。

在畜力的使用和调剂上，传统的租佃制度也有约定俗成的基本规则。如"拍牛客""对半分"等名目。"拍牛客"是"干提鞭"① 以后的租佃制度，主要是农本改为由佃户出，但耕牛仍为地主买，并出料交佃户，由佃户喂养。这样越喂越瘦，所以隔几年要换一次，叫作"买牛价账"，产量分配改为除"份子粮"与种子后，倒四六分（地主得六成，佃户得四成），糠、柴、葶等随粮，牛草随牛，其他条件与额外剥削都与"干提鞭"相同。"对半分"较"拍牛客"对佃户更为有利一些，是为解决某些佃户对庄稼不爱护、割苗喂牛、破坏生产而将主佃分成提高为对半分粮。在中小地主与贫苦农民因无劳力而出租土地的租佃行为中，"租佃制度是比较简单的，都是'平分'，种子是对种，粮柴平分，牛草随牛，没有额外剥削"②。可见，经济地位的趋同使租佃中的"互助"显得剥削色彩更少。

抗日战争爆发以后，中国共产党深入沂蒙地区建立抗日根据地，一套全新的革命话语也随之进入相对封闭的乡民社会。在革命话语的解读中，上述互助行为往往与剥削联系在一起。莒南县筵宾、大店、沟头三区，地主"大多数并不是以雇用短工来补其人工之不足，而是凭仗着超经济的剥削，使佃户毫无报偿的给他代耕土地，这就是所谓的'代种地'和'棉花地'"③。莒南县官地村"有三种互助形式最普遍，一种是普通的搭犋，一种是用牛草换牛工，一种是帮工带地。后两种形式对于缺乏畜力的贫苦农民含有相当剥削性质，一个十二亩的农户用人家的牲口耕种地，除支付自己所产全部牛草、帮六个工以外，自己地的耕种还要在牛主之后"④。"贫农与富农直接结合，这种形式在过去相当流行，不过由于封建

---

① "干提鞭"是一种变相的雇佣，清朝即开始流行。这样的佃户都是大佃户，按牛分田，多者一犋牛，耕田 120 亩，少者一头牛，耕田 60 亩，一切农本均由地主出，雇佣工人由地主出工资，收获分粮后，即在场内按市价折粮，归还地主。每家佃户借地主房舍一处，不交租金。计租方法，一般是除去"份子粮"和种子后，按一五或八五分粮，也有按一九分粮的。

② 《莒南县筵宾、大店、沟头三区农村经济调查》（1943 年），《山东党史资料·抗日战争时期山东滨海区农村经济调查》，1989 年 5 月，第 51 页。

③ 同上书，第 22 页。

④ 《官地村农业劳动合作调查》（1944 年 11 月），《山东革命历史档案资料选编》（第十三辑），山东人民出版社 1983 年版，第 190 页。

制度的影响,基本群众耕作困难,多常有严重的剥削性"①。尤其是"拔[拨]工","过去租佃关系中的拔[拨]工,是一种额外剥削"。② 无疑,因社会经济地位的不同,传统租佃和雇佣制度中的互助关系具有很强的不公平性和剥削性。

　　总之,传统的沂蒙乡村农业经营互助,由于各个阶层生产资料占有的差异,地主、富农在土地、农具、耕畜占有上的优势,势必使处于劣势的无地少地农民处于出卖劳力、换取必需的衣食所需以维持生存的悲惨境地。革命之前鲁东南地区基于乡邻、宗族、租佃、雇佣关系形成的劳动互助习惯体现为互惠性与不公平性、互助与剥削并存。因此,此类劳动互助行为在革命话语中被冠以剥削的名义而在革命中遭到前所未有的打击,传统的租佃、雇佣制度被认为是造成地主富农与贫雇农之间阶级对立的主要原因。随后展开的减租、拔地、增资斗争及大生产运动,就试图剔除传统互助习惯中的剥削因素,以变工为中心推进劳动互助的制度化和公平性。

二　沂蒙抗日根据地劳动互助运动的形成

　　中国共产党深入沂蒙地区以后,如何改造、利用传统互助习惯,重构新的劳动互助模式,消除传统互助中的剥削因素,成为动员民众、发展生产所面临的重大问题。随着减租减息运动、大生产运动的陆续推开,在参军、支前需要极大民力的背景下,整合乡村劳力资源显得极为迫切,"组织起来"成为各级党政机构的中心工作之一。特别是抗日战争爆发以后,中农以下阶层的经济状况恶化,"中农、贫农卖出土地特别在1941年之后数目仍很巨大(卖地户占整个卖地户数76.8%),可看出中农、贫农在战争情况下经济动荡,生活困难,由卖地多是为了吃饭穿衣和婚丧疾病等原因中也可说明,改善基本群众的生活,仍是今后的严重问题"③。尤为严重的是,抗战以来"租佃关系发展得更普遍和更复杂,更分散了,同时剥削得也更加苛刻"④。在这样的背景下,党和各级政府的基本诉求是变

---

① 《莒南金岭、大山前、虎园互助变工调查》(1944年5月30日),《山东党史资料·抗日战争时期山东滨海区农村经济调查》,1989年5月,第136页。

② 山东分局调查研究室:《莒南县三区十一村阶级关系的变化》(1945年8月5日),临沂市档案馆0003-01-0014-002。

③ 《莒南县壮岗、团林及赣榆县金山三区农村经济调查》(1943年10月),《山东党史资料·抗日战争时期山东滨海区农村经济调查》,1989年5月,第80页。

④ 同上书,第89页。

革租佃和雇佣制度，实现减租减息增资，这也就意味着要改变蕴含于租佃制度之中的传统互助行为和习惯，消除传统互助中的剥削因素，重构新的互助组织与基本制度。

"沂蒙抗日根据地的创建，是鲁中区也是山东抗日根据地创建之开始。"① 自 1938 年 6 月起，在中共苏鲁豫皖边区省委、山东分局的领导下，以及在八路军 115 师挺进山东后，通过广泛发动群众，开展游击战争，为山东抗日根据地的创立奠定了坚实的基础。整个抗日战争时期，山东的党、政、军、群等首脑机关长期转战沂蒙山区，沂蒙山区成为山东抗日根据地的中心。1940 年 7 月 26 日—8 月 26 日，山东省联合大会在沂南县青驼寺召开，会议选举产生的山东省战时工作推行委员会（以下简称"战工会"）随后正式成立，标志着山东抗日根据地正式形成。在战工会的领导下，山东抗日根据地的政治建设、经济建设与文化建设在沂蒙山区展开。

"减租减息发动群众是开展生产运动的先决条件"②，在沂蒙地区，自 1941 年起，中国共产党及基层政府开始对传统租佃制度进行以"减租减息"为中心的改革运动。1941 年，山东抗日根据地颁布了《劳动互助队组织大纲》。劳动互助队的主要任务是队员的互相帮助，并帮助抗属贫困者进行较大规模的生产事业，如掘井、筑堤、开渠、春耕、秋收等工作③，并以村为单位在农救会的领导下组织成立。此后，山东根据地的劳动互助开始逐渐展开。同年 7 月，山东省战工会关于响应中共山东分局建设山东抗日根据地十项建设运动号召的决定中，提出"政府要有计划的组织互助劳动与低利借贷"④。1942 年，山东省战工会关于春耕的指示中指出，"互助社是有组织的集体生产方式，包括各种生产小组与劳动力、农具、种籽、耕牛等调剂配备"⑤。有计划地调剂劳力、畜力，已经成为摆在中国共产党和民主政府面前的现实问题。

1942 年，山东根据地群众运动与生产运动出现新的转折。4 月，刘少

---

① 《朱瑞笔记》，《山东党史资料》1987 年第 1 期，第 3 页。

② 《山东革命历史档案资料选编》（第十三辑），山东人民出版社 1983 年版，第 374 页。

③ 参见《山东革命历史档案资料选编》（第八辑），山东人民出版社 1983 年版，第 43 页。

④ 山东省财政科学研究所、山东省档案馆合编：《山东革命根据地财政史料选编》（内部资料）第一辑，1985 年版，第 110 页。

⑤ 《山东革命历史档案资料选编》（第八辑），山东人民出版社 1983 年版，第 162 页。

奇到达山东临沭,明确提出了开展减租减息发动群众运动的方针,山东根据地的群众运动开始迅速发展起来,改变了"忽视发动群众……群众消沉,根据地不巩固"① 的局面。1944 年,群众运动与生产运动的结合已经如火如荼,"一九四四年我们才开始开展大生产运动,组织变工,提倡精耕细作,结果变工组织在全省各地是相当普遍的发展起来了"②。据山东省第二次行政会议生产组总结报告的不完全统计,1944 年山东根据地组织劳动互助组 64200 组,383397 人;鲁中、滨海、胶东三区培养模范1012 人,滨海、鲁中改造懒汉 1401 人。③ 仅滨海区莒南县在 1944 年 3 月15 日至 4 月 15 日的 1 个月内,就在 335 个村子里组织了 4960 个变工组,计 28719 人,占全人口的 11.5% (妇女不计在内),占男劳动力的57.4%,村庄占全县村庄的 64.6%。④ 1944 年,滨海区变工组织数量如下(参见表 4—11)。

表 4—11　　　　　　　　1944 年滨海区变工数目统计

类别	变工村数	占全村数百分比	支部领导村数	变工组数	变工人数	占全人口百分比
莒南	335	64.6%		4960	28719	11.5%
莒中	111		62	1034	7541	10% 弱
日照	87		32		2740	
干于	227			2129	13725	
莒临边	52			236	2543	
合计	812		94	8359	55268	

注:档案原文中的"干于",应为"赣榆"。

资料来源:滨海区委组织部《一九四四年生产中的支部工作总结》,1944 年 9 月,临沂市档案馆 0003 - 01 - 0008 - 001。

由此,通过群众运动与生产运动的结合,到抗日战争后期,沂蒙地区

① 《山东革命历史档案资料选编》(第十九辑),山东人民出版社 1985 年版,第 223 页。

② 薛暮桥:《抗日战争时期和解放战争时期山东解放区的经济工作》,人民出版社 1979 年版,第 35—36 页。

③ 参见《山东革命历史档案资料选编》 (第十三辑),山东人民出版社 1983 年版,第372—374 页。

④ 参见史敬棠等编《中国农业合作化运动史料》(上),生活·读书·新知三联书店 1957年版,第 660 页。

的劳动互助运动已然形成。传统的劳动互助习惯逐渐与变工换工、公平交换、记工算账、组织起来等理念结合，构成以变工为核心的劳动互助模式。

变工，顾名思义，是指不同阶层之间劳力、畜力的交换、调剂，主要形式包括换工、还工、补工、找工、拨工等。在农业生产中，"工"是一个体现劳动生产效能的概念，一个成年男子一天的工作量，一般称为一个整工。如果将一个整工视为 10 分的话，那么妇女、儿童等半劳动力一天的工作量，则计量为 8 分、6 分、5 分不等。变工，是以一个成年男子一天劳动量为衡量标准的换算。如前所述，变工一方面存在于不同阶层之间的劳力互换、劳力与畜力交换；另一方面存在于农业生产与副业生产领域之间的劳力交换。变工的主要形式，包括人工变牛工、牛工变人工、人工变人工等，其交换过程一般称为换工。在变工组的运行中，互助就体现为劳动力、畜力之间的平等交换。

基于对乡村民众的阶层区分，贫农、中农、富农、地主之间，以及孤寡、乡村干部、抗属等群体的互助变工是维持根据地生产的必要方式。由于各个阶层与群体的社会经济地位和生产资料占有的差异，抗日战争时期沂蒙老区变工的模式主要包括如下类型。

第一，贫农与贫农变工——主要是合伙互助。用几头驴合犋或组织人力拉犁或借牛还工或集体养牛，一般剩余劳力多，以副业结合，如开荒、运盐、打油、纺织、手工业、做生意等。这样的组一般都结合自然，投脾气，合得来，很团结，除了变工互助外毫无剥削关系的存在，但必须算清账目认真运用剩余劳力，否则也要出问题以至解散。

第二，贫农与中农变工——主要是人力畜力互换互助。容易调剂人力畜力，除贫农有剩余劳动之外，变工后中农同样也有剩余劳动，如不处理剩余劳动，则中农必定向外找工找钱而直接影响其变工情绪，因中农经年自耕自作，一般的在农忙时亦不用添多少短工，农闲时还可作些副业生产。如果只单纯变工，中农必定向外找工；如剩余劳动处理恰当，做活好又可以从副业中分得利钱又没有剥削的存在，在阶层间又自然接近与团结。

第三，中农与中农变工——主要是搭犋互相集体劳动。变工效率提高后，亦有剩余劳动，改变了往年某些中农添短工的现象。但这种剩余劳动不同于以上两种，一般是在农忙时不向外包工。这种变工组的中心问题应放在深耕细作（因其利害一致土地相同）、拾粪造肥、耘园，养猪、羊、牛、驴等和家庭副业如纺织打油，其他以家庭为单位的小生意等，农忙过后也可以做些其他较大的副业生产。

第四，中农与富农的变工——主要节省劳力减少长工或短工。节省劳力亦用在耕深细作增产发展农业，如打井开渠、家庭副业及零活上。但也有些富农自私保守，怕贫农使他的牛力而与富农、中农组织起来。

第五，贫农与富农变工。这是在开始组织时贫农为了解决畜力问题，富农为了用人所组织的，贫农以人工换牛力，富农以钱换人工，一般富农不欠下贫农工钱，富农都乐意；因为他用人又便宜，贫农多不满意。

第六，与地主变工。这是一种特殊情况，但也可以与之变工，要以贫农（中农）集体与之变工，实行按件工资制，即锄一亩地定资多少，增强贫农的组织性与阶级意识，免被地主坐收变工提高生产效率之额外便宜。[①]

变工的主要类型已如上述，那么变工是如何运行的呢？与之相关的概念包括还工、拨工、补工、添工、找工等。还工，顾名思义，是指在接受他人的帮助后要按照对等原则归还对方等量的劳动力。不过，还工未必以劳动力归还，其归还的形式可以是人工、牛工、粮食、牛草等。如在滨海区赣榆县郑楼庄，党支部规定用他人的牛耕地时，还工的方式为：用牛耕一亩还一个工；还一工算五斤粮；给抗属耕不还工；给孤独耕，一工还四斤粮。可见，当时一个成年男子一天的劳动所得约相当于五斤粮的收入，牛耕地一天的收入与此相当。不过，具体的还工远比上述规定复杂得多，郑楼庄随后对这一规定又加以细化：借牛耕一亩还一人工；牛主去人耕还二人工；牛主吃自己饭还三人工；农具谁坏谁赔；等等[②]。因此，还工还涉及自耕与帮耕、管饭与否、草料供给、农具使用等诸多问题，而还工的基本原则是尽量公平。

此外，拨工、补工、添工、找工等，是对不对等换工的补偿机制。拨工自抗日战争之前即已有之，在劳动互助运动中，拨工成为帮助抗属、孤寡和乡村干部生产的一种劳力调配机制，这是一种不以劳力对等交换为目的的互助形式。赣榆县郑楼庄在孤寡向外找工时，对孤寡之工价少于一般

---

① 参见滨海区委组织部《一九四四年生产中的支部工作总结》，1944 年 9 月，临沂市档案馆 0003 - 01 - 0008 - 001。

② 同上。

工价一斤粮（一般一工 5 斤，孤寡一工 4 斤）。村干部在没有时间做活时，变工组为不致使其土地荒芜也给予集体帮工。对抗属的变工，则根据抗属经济条件与拥军优抗动员结合起来。再如找工、补工、添工，是因变工组成员出工多少不一，需要在记工算账的基础上相互找补，如系缺工，即在其他生产环节补工或添工，以求平衡。

可见，新的劳动互助模式着力于消除传统互助习惯中的不公平性和剥削性，通过换工、还工、添工、补工、拨工的形式实现变工，实现各个阶层之间劳力、畜力的余缺调剂。可以说，"变工为主，互助为次"[①]，是沂蒙根据地劳动互助运动的主要特征，均平性和对等性是新的劳动互助模式的基本取向，租佃制度下的非对称性互助合作逐渐走向有利于农民阶层的对称性互助合作。

三　生产动员与沂蒙地区劳动互助的变迁

为了实现建构新的劳动互助制度的目标，中国共产党采取了卓有成效的生产动员策略，着力传播一套以组织起来、变工换工、公平合理、记工算账、自愿结合为特征的劳动互助话语，形成了以群众运动方式来推进生产运动的动员模式。而劳动互助运动的有效动员与运行，则有赖于"生产必须领导"、新的党群关系的建构与劳动观念的转变。

第一，促成传统互助习惯变迁的是抗日战争时期中国共产党卓有成效的生产动员。沂蒙地区党和基层民主政府主要采取了利益型动员、诱致型动员、压力型动员和强制型动员等生产动员策略。

利益型动员。通过普通民众看得见的、实实在在的利益导引他们参加互助变工，是互助动员的基本方式。1946 年 1 月召开的山东全省生产会议指出："根据群众的经济利益及实际需要出发的，这样组织起来的互助组织都是巩固的。"[②] 临沭县金花村支部的农救会长（支委）每次在区接受新的任务回来，即召开支委会讨论，在小组内具体布置工作，每个党员向群众普遍宣传解释，说明互助的好处。当初组织时，以党员为核心团结了群众，成立了 4 个搭犋小组，集体割豆子起地瓜，效率提高了 50%，

---

① 滨海区委组织部：《一九四四年生产中的支部工作总结》，1944 年 9 月，临沂市档案馆 0003 - 01 - 0008 - 001。

② 薛暮桥：《抗日战争时期和解放战争时期山东解放区的经济工作》，人民出版社 1979 年版，第 38 页。

没有参加搭犋的农户见到组织起来的实际利益,便自愿地在支部帮助下结合起 5 个小组。在这种情形下,有牛户怕集体互助自己牲口吃亏与地少劳力多的怕给全庄干活的误会,随之消除了。①

诱致型动员。为有效集约地组织劳力,中国共产党山东地方组织采取了多种途径在乡村贯彻劳动互助理念,诱导农民参加劳动互助。如莒南县金岭、大山前、虎园三村,动员参军中灌输了生产教育,参军工作结束以后,由党内到党外,由村干部到群众又进行了动员,通过冬学讨论了变工的办法,特别根据春天“地干难耕,需要合作”的客观情况进行了启发,号召自由结合,有的在会场上即集合成组,有的会后到办公处登记,一般的从动员到小组普遍成立均用两天时间。② 树立典型、培养积极分子是推动互助运动发展的另一路径。各地相继评选了大量的劳动英雄、劳动模范,“学习吴满有之深耕多锄多上粪,劳动互助,是保证多打粮食的最好办法”③。改造懒汉与二流子,使之成为农业生产的积极分子,也是引导变工互助的重要手段。如大山前村郑某,家有地 7 亩,老婆去世,他参加变工以后说:“我以前真没心干了,熬一天算一天,今年爷们在一块伙干活,真提起我的劲来了!”群众普遍反映:“一个能干带十个懒汉,真不假啊!”④

压力型动员。在莒南县官地村,事实上有不少的群众是在“五家连环保,不参加变工组无人保”,不参加变工组人家喊他“独立营”,开会时参加变工组的在前面,不参加变工组的在后面,不参加变工组的是在给抗属代耕地等影响刺激下参加的。⑤ 临沭县金花村在集体劳动前后召开搭犋组长联席会议,讨论劳动完成时间、劳动竞赛、惩罚措施等。如对完不成任务者大家规定了 3 个办法:一是在民校墙上画一只“大乌龟”,将该

---

① 参见《临沭县西河口、金花村劳动互助调查》(1944 年 5 月 30 日),《山东党史资料·抗日战争时期山东滨海区农村经济调查》,1989 年 5 月,第 146—147 页。

② 《莒南金岭、大山前、虎园互助变工调查》(1944 年 5 月 30 日),《山东党史资料·抗日战争时期山东滨海区农村经济调查》,1989 年 5 月,第 124 页。

③ 《中共中央山东分局关于开展春耕大生产运动的指示》(1944 年 3 月 15 日),《山东革命历史档案资料选编》(第十一辑),山东人民出版社 1983 年版,第 283 页。

④ 《莒南金岭、大山前、虎园互助变工调查》(1944 年 5 月 30 日),《山东党史资料·抗日战争时期山东滨海区农村经济调查》,1989 年 5 月,第 133 页。

⑤ 《官地村农业劳动合作调查》(1944 年 11 月),《山东革命历史档案资料选编》(第十三辑),山东人民出版社 1983 年版,第 193 页。

组写上，叫大家看；二是罚该组开官荒半亩；三是在村民大会上斗争，说明没有完成任务的理由。在与其他搭犋小组的比较中，自我压力因之产生，这对促动民众积极参加互助组织是有心理导向意义的。临沭县河口村张某，父母早逝，不务正业，20 余亩土地卖得只剩 9 亩，曾经一年被抓到区公所 4 次，但教育收效甚微。自开展大生产运动以后，搭犋队竭力推动他也未奏效，最后采取了舆论上的刺激办法，将他的错误编成歌谣，在他面前歌唱在大街上贴壁报，在他门板上写"反对好吃懒做的二流子"等，使他随时随地都受到刺激，这样天长日久，使他感觉到不干活吃不开了，此后他转变成生产战线上的积极分子；临沭县金花村的赵某也是在互助中改造成为积极分子的。①

　　强制型动员。在沂蒙抗日根据地，劳动互助运动中的强迫命令、包办代替是比较普遍的现象，这有违于群众自愿结合、自由组织的原则，"强迫命令是一般现象，这就（是）我们'欲速不达'的工作作风"②。"大部组织是未经过详细的动员、解释，使群众自愿结合，而是由区里的同志填名册，或用强迫命令的方式组织起来"③。1945 年沂南县的大生产运动中，"陈科长座谈组织起来的方式是：1. 第一个晚上开会到七八个人，第二晚上到十九人，第三晚上于是带领民兵强制□□（档案中字迹模糊不清，后同——引者注）六七十个，即划了组指定组长成立了大队中队分队的变工队。2. 村干对群众的宣传是'上级布置的工作，干□得干，不干也很（得？——引者注）干'。3. 锄地谁锄早了也不行，非一天锄不行，集都不让干（赶？——引者注）"④。过度动员、强迫动员在畜力交换、代耕代种中也引起抵触，"用人用牛都毫无报偿，引起了双方的对立和富农不愿多喂牛的情绪……以农救会的名义无报偿的硬借，是不妥当的"⑤。

---

　　①　《临沭西河口、金花村劳动互助调查》（1944 年 5 月 30 日），《山东党史资料·抗日战争时期山东滨海区农村经济调查》，1989 年 5 月，第 143—144、147 页。

　　②　沂南县委：《沂南一九四五年大生产运动的初步指示提纲》，1945 年 3 月 23 日，临沂市档案馆 0001 - 01 - 0009 - 007。

　　③　《山东革命历史档案资料选编》（第十三辑），山东人民出版社 1983 年版，第 382 页。

　　④　沂南县委：《沂南一九四五年大生产运动的初步指示提纲》，1945 年 3 月 23 日，临沂市档案馆 0001 - 01 - 0009 - 007。

　　⑤　《莒南县筵宾、大店、沟头三区农村经济调查》（1943 年），《山东党史资料·抗日战争时期山东滨海区农村经济调查》，1989 年 5 月，第 29—30 页。

　　由此可见,中国共产党的革命动员策略在农业互助领域确实非常多样,如激励、诱导、思想教育、规劝约束、分化鼓动甚至强制等。这个复杂的动员过程,凸显了利益引导与强制动员的巨大差别,体现了中国共产党在沂蒙地区劳动互助动员的复杂性和艰巨性。可以说,利益诱导与强制互助构成了沂蒙地区劳动互助的两个侧面,忽视任何一方面都无法全面认识中国共产党在劳动互助领域的生产动员。

　　第二,从动员互助到互助运动,体现了中国共产党在根据地时期探索形成的以群众运动来推进生产运动的"运动化"思维和动员模式。从革命动员的角度而言,党和政府将互助合作演化为一场席卷根据地乡村的群众运动,从而形成了20世纪前期中国乡村建设中以群众运动的方式发展生产的乡村建设与变革路径。

　　"解决经济财政困难的唯一办法就是开展群众生产运动。"[1] 因此,沂蒙地区党和基层政府生产政策的主要导向是"把根据地的劳动互助造成热火朝天的运动"[2],以"运动化"的方式组织和动员尽可能多的农民参加劳动互助,提升劳力畜力利用效率。"普遍组织劳动互助,是开展农业生产运动之一中心关键"[3],而"组织农业劳动互助主要的是组织换工变工,即建立在个体经济(家庭私有财产制度)基础上的集体劳动"[4]。因此,党和政府对劳动互助的提倡和推动,意味着根据地农民以家庭、亲族、邻里、耕牛为中心的劳动方式,向以互助组织、变工换工为中心的劳动方式的转变。如何实现这一劳动方式的改变,是摆在党和政府面前的首要问题。"农业生产仍是今后经建中心工作。但农业生产完全是分散的,群众性的(不能官办),所以不但要靠政府提倡,尤其要靠群众团体,特别是农救会的深入动员。"[5] "群众运动是坚持抗战、推行民主、建设根据地工作的基础……开展普遍深入的群众运动,应是根据地建设工作的重要内容与基本的工作。"[6] 组织起来、劳动互助成为党和政府着力发展生产

---

① 《山东革命历史档案资料选编》(第十三辑),山东人民出版社1983年版,第375页。
② 同上书,第381页。
③ 中共山东省委党史资料征集研究委员会编:《山东抗日根据地》,中共党史资料出版社1989年版,第176页。
④ 《山东革命历史档案资料选编》(第十六辑),山东人民出版社1984年版,第136页。
⑤ 山东省财政科学研究所、山东省档案馆合编:《山东革命根据地财政史料选编》(内部资料)第一辑,1985年版,第374页。
⑥ 同上书,第114页。

的基本方式与手段，这就将越来越多的乡村民众卷入了一场热火朝天、轰轰烈烈的群众运动式的互助运动。以"运动"的方式领导生产、组织群众、动员群众，是革命之中的劳动互助不同以往的主要特征。

第三，沂蒙根据地劳动互助的生产动员，是以"生产必须领导"、转变劳动观念、建构新的党群关系为基本前提的。

"生产必须领导"意味着劳动生产中党和政府以及群众团体的领导作用的介入。引导农民走出以家庭为中心的生产经营模式，确立生产必须领导的观念是一次巨大的思想革命。抗日战争时期的沂蒙地区乡村干部群众，最普遍的观念是生产无须领导，普遍认为"种地干活谁不会，还用组织"，"生产好作，伙计难割"。① 群众参加变工的动机也千差万别：为了解决畜力耕地问题（特别是贫农以下基本群众）；为了响应党的生产号召（党员与翻身了的群众）；认识到变工干活快，有好处（经过很好的动员教育）。② 1944年，滨海区生产运动的总结报告中，就注意到了党员群众应对变工的几种思想倾向：自私自利、二流子思想、碍情顾面子以及保守宗派不愿与群众变工等。③ 因此，改变这种沿袭已久的思维习惯、引导群众互助变工的动机，是党和政府领导生产所要面对的首要问题。

抗日战争时期，沂蒙地区各级干部的劳动观念仍然是推进生产运动的思想障碍。不少干部"认为劳动是极大耻辱，自己认为命不好生在贫苦家庭里，认为农民是'庄户孙，没出息'，日夜想脱离生产为荣，找另一碗饭吃（想剥削寄生），不吃这碗饭了（想逃避劳动）"；又有些同志想"在家里是庄户孙，脱离生产了还要生产，不如回家"的错误思想。④ "又如许多干部在生产运动中认为劳动不光荣，劳动是耻辱，甚至强调自己工作重要，对生产劳动表示抗拒（个别地区公安干部），或者对生产劳动敷衍了事，认为自己动手单纯为了对外影响，不一定要坚持下去。如有的干部每逢集期在路边开荒，表示风头，沽名钓誉。有的背上粪筐觉得害羞，

---

① 滨海区党委组织部：《怎样在生产运动中进行思想教育》，1943年，临沂市档案馆0003 - 01 - 0003 - 006。

② 参见滨海区委组织部《一九四四年生产中的支部工作总结》，1944年9月，临沂市档案馆0003 - 01 - 0008 - 001。

③ 同上。

④ 沂南县委：《沂南一九四五年大生产运动的初步指示提纲》，1945年3月23日，临沂市档案馆0001 - 01 - 0009 - 007。

到村外拾粪不愿背筐，进村叫通讯员替他取回。"① 因此，转变基层干部的劳动观念，建构以生产为中心的党群、政群关系，是山东党组织面临的重要问题；同时这也是生产运动得以顺利进行的前提和基础。

第四，从乡村民众角度而言，民众不是动员的被动对象，变工互助需要尊重乡村社会的劳动互助习惯，赋予民众参与变工、选择变工的主体性地位，协调不同阶层民众的利益诉求。

抗日战争时期沂蒙地区的劳动互助运动还是对既有劳动互助习惯的移用和改造，与传统乡民社会的劳动互助有着千丝万缕的关系。在 20 世纪40 年代前期的沂蒙地区，传统的劳动互助习惯仍以巨大的惯性左右着普通民众的劳动行为。"山东劳动组织是依照着习惯而改造，应以搭犋队、辫犋队、换工队、包工队（手工队）、运输队、合作社为主要形式。"②1944 年 3 月，莒南县官地村成立 36 个变工组，"全庄的四分之三的户数组织起来了……绝大部分都是近门结合，老法子干活"③。莒南县"大山前的变工组，据调查 70% 是以旧的辫犋为基础即说合着的，虽在成份上有了调剂，而实际保持着旧基础的优势，多为单纯的近邻合伙，畜力合用而不集体耕作"；虎园村则直接是"以旧的租佃关系、雇佣关系为基础而组合的搭犋组"。④ 尊重乡村社会的传统劳动互助习惯，也是变工互助运动顺利开展的前提之一。

尤为重要的是，劳动互助运动更需要赋予民众参与变工、选择变工的主体性地位，协调不同阶层民众的利益诉求。"巩固劳动互助的关键是：自愿结合，公平交换（计工算账）。"⑤ 变工组不能及时算账还工，"这往往直接是不团结与变工组垮台的原因，这也是变工组坚持的一个必需条件"⑥。"知道生产重要而无群众路线，还是办不好的。如组织变工，推动

① 《山东革命历史档案资料选编》（第十三辑），山东人民出版社 1983 年版，第 375 页。

② 《山东革命历史档案资料选编》（第十四辑），山东人民出版社 1984 年版，第 223 页。

③ 《官地村农业劳动合作调查》（1944 年 11 月），《山东革命历史档案资料选编》（第十三辑），山东人民出版社 1983 年版，第 191 页。

④ 《莒南金岭、大山前、虎园互助变工调查》（1944 年 5 月 30 日），《山东党史资料·抗日战争时期山东滨海区农村经济调查》，1989 年 5 月，第 135 页。

⑤ 薛暮桥：《抗日战争时期和解放战争时期山东解放区的经济工作》，人民出版社 1979 年版，第 38 页。

⑥ 于德春：《从大山前变工队中看出的一些问题》，《莒南小报》第 7 期，1944 年 10 月 15日，莒南县档案馆 1 - 1 - 13。

合作社，也与其他群众工作一样，必须是群众自觉自愿，由群众作主，从群众中培养群众的先生（如劳动英雄），才能推动生产，才能发动群众。"① 相反，如不能贯彻上述原则，则会阻碍劳动互助的顺利进行。"也唯有真正在生产中把群众组织起来，群众的组织才能巩固，工作才能经常。"②

总而言之，从抗日战争时期沂蒙地区劳动互助的变迁可以看出，变工互助意味着沂蒙根据地内沿袭千年的劳动方式"从个体经营开始转变到集体的生产方式"③。在革命动员视角下，抗日战争时期的农业劳动互助处于发动群众、发展生产、资源动员的激烈氛围中，其激进化、革命化的趋向也就不可避免，传统乡村社会的劳动习惯、劳动方式在革命时代开始发生历史性的时代变动。不公平性和剥削性的劳动互助走向了公平性和对等性的变工换工。从互助到变工的演变，是通过党的卓有成效的生产动员策略实现的，并形成了通过群众运动来推进生产运动的动员模式。沂蒙地区劳动互助运动的有效运行，不仅有赖于生产必须领导、新的党群关系的建构与劳动观念的转变，而且是党和基层政府积极面对乡村民众因循已久的心理习惯，协调不同阶层民众的利益诉求的结果。

从革命策略角度而言，租佃制度本身的合作互助功能并未得到有效利用，中国共产党比较注重传统互助资源的移用，但存在着三个问题。一是顺应市场化、现代化农业经营方向的租佃制度被视为剥削制度，造成互助合作功能被边缘化，着力凸显剥削、压迫因素，忽视土地、劳力、农具、牲畜等生产资本的配置功能。二是抗战时期的租佃中体现土地、劳力互助关系的伙种、安庄稼、力租、伙喂等有所发展，但资本主义经营受到压制，农场经营规模较战前更为缩小，租佃关系转变为中农、贫农为主的租佃。三是地主——农民间的互助关系转向以中农、贫农间的互助为主。这些与减租减息相伴生的变化，体现出租佃制度及传统互助合作行为的双重变动。抗日战争胜利后，随着中国共产党土地政策的变化，农业互助合作又显示出新的变动趋向。

---

① 《山东革命历史档案资料选编》（第十四辑），山东人民出版社 1984 年版，第 67 页。

② 《莒南县筵宾、大店、沟头三区农村经济调查》（1943 年），《山东党史资料·抗日战争时期山东滨海区农村经济调查》，1989 年 5 月，第 30 页。

③ 史敬棠等编：《中国农业合作化运动史料》（上），生活·读书·新知三联书店 1957 年版，第 661 页。

第五章

土地改革与互助合作重构

土地改革之后，土地租佃几乎不复存在，基于租佃制度的土地、劳力、畜力、农具等生产资本的配置机制趋于消失，劳力剩余抑或短缺也因土地均分而减少。土地制度的变革，意味着需要构建新的互助合作模式。在大规模解放战争接近尾声、解放区民生建设业已展开，以及因革命而造成的解放区社会结构急剧变动的背景下，如何构建新的互助合作模式，成为中国共产党基层政权的新考验。为此，中国共产党从两方面着手，其一，在自耕的基础上继续推动劳动互助与生产合作，以解决人力与畜力短缺问题；其二，随新民主主义革命发展而来的合作运动转型为以供销合作为主的合作制度，以促进城乡交流、农工互惠，提供供销服务。

本章以土地改革后的山东解放区与沂蒙解放区为中心，深入考察在土地改革完成之后乡村农业生产的历史实态、农业互助合作体系的重建以及农业互助合作运动的历史转型。

第一节　从减租减息到土地改革

战争终有结束，但生产永不能停止。中国共产党在从减租减息到土地改革的政策转变中，始终恪守的是对发展农业生产的高度重视，这既是巨大的战争消耗所必需，也是中国共产党解决民生问题、注重民生建设使然。根据战争进程中对粮食、兵员的巨大需求造成的困难而提出发展生产、进行根据地经济建设，既是合理的，也是必需的。然而，无论是土地革命，还是减租减息，抑或是土地改革，作为一种革命策略，虽均涉及土地及财富的分配与流动，但它们本身并不带来生产增益，需要在运动中及运动结束后的生产发展中增加收益。抗日战争结束后，中国共产党从减租减息到土地改革的转向中，"农业仍占生产工作中的最重要的地位"，以往关于二者的研究更多地关注了它们对土地关系、社会结构、社会变迁的影响，而对减租与生产、土改与生产的关注却非常薄弱。本节即突出土地改革后劳动互助与农业生产的关系的探讨。

一　山东解放区的土地改革

抗日战争胜利以后，中国共产党继续遵行减租减息政策作为动员群众和发展生产的基本方针。作为削弱封建经济、打垮封建统治的第一个革命，"减租减息是一切工作的母亲"，"没有减租的地方，应以发动群众为第一，减租后又应以生产为第一。这种工作方向是不会错的"①。减租减轻了佃农来自地主方面的沉重地租负担，生产意愿自会提高。由于"生产是第二个革命"②，因此领导群众变工互助，组织起来生产发家、劳动致富，就成为"第二个革命"的主要诉求。"只要劳动，在根据地没有饥寒之虑，而且可以走向丰衣足食。"③

抗日战争胜利后的山东根据地，中国共产党迅速扩大新解放区，由此面临着动员新解放区群众的艰巨任务，反奸诉苦与减租减息成为新解放区群众运动的中心任务；而在老解放区，发展生产则是群众工作的中心。1945 年 11 月 13 日，山东省政府发布《山东省政府关于减租减息增资的布告》，以期推进新解放区的减租减息运动。1946 年 1 月 10 日，《中共华东中央局关于放手发动新解放区群众的工作指示》指出，目前和平时期开始到来，发动群众是刻不容缓的头等任务，坚决贯彻减租减息及其后的生产运动，仍为充分发动新解放区广大基本群众的基本方针，"为明确树立新解放区工作方针，特具体规定减租减息与减租后的生产运动是全党在今年经常的中心任务"④。1946 年上半年，在短暂的和平民主新阶段中，"政府工作应以放手发动群众，贯彻减租减息，及发展生产、发展教育为

---

① 《论群众路线与山东群众运动——黎玉在一九四五年九月分局群众工作第二次代表会议上的报告》，《山东革命历史档案资料选编》（第十五辑），山东人民出版社 1984 年版，第 402、403 页。

② 同上书，第 414 页。

③ 同上书，第 364 页。

④ 《中共华东中央局关于放手发动新解放区群众的工作指示》（1946 年 1 月 10 日），《山东革命历史档案资料选编》（第十六辑），山东人民出版社 1984 年版，第 96 页。

中心；同时推进其他各方面的工作，分别轻重缓急，互相配合"①。在以乡村为主体的广大新旧解放区，发展生产的中心环节无疑是发展农业。1946 年 1 月 30 日，《山东省政府关于 1946 年生产工作的指示》强调，"农业生产建设的中心环节，在于组织劳动互助和改进生产技术"②，继续将组织起来和农业推广视为发展农业的两个关键要素。1946 年 4 月 8 日，中共华东中央局对山东群众工作做出新的指示，强调"减租减息仍应是新解放区群运的中心任务"，对地主以实行减租减息政策为主要要求；同时，"对根据地的老地区和经过几年减租的地区，应以发展生产运动为主要任务"，克服老地区生产运动中存在的人民不敢积极生产的障碍，大胆提倡吴满有方向，推动富农发展或中农上升，而绝不是使之贫困化；"今后老地区生产运动的发展和农民生活改善程度，应是党判别一切工作进步的尺度"。③ 可见，致力于解决人民群众的土地问题而不忽视后续生产，重视民生建设，是抗日战争胜利后中共发展经济的根本着力所在。

1946 年 5 月 4 日，中共中央发出《关于清算减租及土地问题的指示》（即"五四指示"），依据山西、河北、山东、华中等地群众从反奸、清算、减租、减息斗争中获得土地的经验，对中共土地政策适时做出调整，指出"解决解放区的土地问题是我党目前最基本的历史任务，是目前一切工作的最基本环节。必须以最大的决心和努力，放手发动与领导目前的群众运动来完成这一历史任务"④。"五四指示"虽然没有完全放弃减租政策，但肯定了群众在减租、清算中获得土地的方式和意义，中国共产党在实现"耕者有其田"的道路上又迈出了坚实的一步，推动了各解放区土地改革的进程。

随着大规模国共内战的展开，中国共产党对地主阶级的政策也随之发生变化，在前述清算、减租的基础上，继续采取措施没收、征购地主土

---

①　《山东省政府关于和平时期开始后的政府工作的指示》（1946 年 1 月 27 日），《山东革命历史档案资料选编》（第十六辑），山东人民出版社 1984 年版，第 131 页。

②　《山东省政府关于 1946 年生产工作的指示》（1946 年 1 月 30 日），《山东革命历史档案资料选编》（第十六辑），山东人民出版社 1984 年版，第 135 页。

③　《中共华东中央局关于目前群众工作的指示》（1946 年 4 月 8 日），《山东革命历史档案资料选编》（第十六辑），山东人民出版社 1984 年版，第 309—311 页。

④　晋绥边区财政经济史编写组、山西省档案馆编：《晋绥边区财政经济史资料选编（农业编）》，山西人民出版社 1986 年版，第 321 页。

地，分配给无地少地的农民，土地改革的帷幕就此在各解放区拉开。1946年 9 月 1 日，中共华东中央局发出《关于彻底实行土地改革的指示》（即"九一"指示），提出了耕者有其田的办法与土地分配步骤。同年 10 月 25日，山东省政府公布《山东省土地改革暂行条例》，条例旨在"满足农民'土地回家'的正当要求，达到'耕者有其田'，以发展新民主主义的经济，巩固国家民主化的基础"①。条例详细规定了政府没收土地分配给农民，地主以土地偿还对农民的非法剥削及清偿农民负欠后所余土地为原地主所有，政府征购地主经清偿、献田后所余土地，公田、学田、祭田、荒山等特殊土地处理办法，土地分配办法以及地权确定问题。10 月 29 日，山东省政府又发出《关于实行土地改革的指示》，对在 1946 年底以前全部或大部分解决山东农民土地问题做出新的要求与指示，规定了区别对待不同地主、决不侵犯中农土地、一般富农自耕土地不予清算与征购、发展解放区工商业等基本的策略与政策，提供了山东土地改革的政策规范和法令约束。

土地改革是一场涉及乡村各个阶层的社会经济变革，实施进程自然不会一帆风顺，自 1947 年 2 月起，山东解放区进入土改复查的阶段。2 月21 日，中共华东中央局发布《关于目前贯彻土地改革复查并突击春耕生产的指示》，将贯彻土地改革与土改复查，作为发动全解放区人民积极自觉参加自卫战争与积极主动开展生产运动的中心环节。土地改革、春耕生产、土改复查与紧张的自卫战争相辅而行。4—5 月，华东局又接连发出《关于贯彻土改复查的指示》及《关于贯彻土改复查补充指示》，支前、参军、复查、生产，在酣烈的战事中被不断强调和强化。1947 年 6 月 25日，中共华东中央局扩大会议检讨了过去一年的山东土改工作，邓子恢在会上就土地改革的基本要求、基本政策、实施办法、群众路线问题、土改中党的建设问题作了发言。会议对克服以往山东土改中的"富农路线"提出明确要求，批评了 1946 年华东局"九一"指示"不是首先照顾雇贫农，而是首先照顾地主富农"的路线错误，提出了"中间不动两头平"的分配标准。7 月 7 日，中共华东中央局发出《关于山东土改复查新指示》（即"七七"指示），对土改政策重新做了规定，将土改复查作为一

---

① 《山东省政府关于公布山东省土地改革暂行条例的命令》（1946 年 10 月 25 日），《山东革命历史档案资料选编》（第十七辑），山东人民出版社 1984 年版，第 545 页。

切工作之中心环节。"七七"指示是"左"倾思想指导下的产物，造成了山东解放区土改复查的严重偏向。9月6日，华东局发出《关于贯彻土改复查工作指示》，强调要坚决执行群众路线，克服"左"、右两种错误偏向，团结群众，孤立敌人，使土改彻底完成。12月25日，华东局又发出《关于贯彻土改复查步骤的指示》，就土改复查中出现的群众生活极度困难与负担太重，各地村干压迫控制群众、使群众不敢发动的问题，提出了土改的两个步骤。第一步集中力量减轻人民负担，满足人民迫切要求，整顿区村党的组织，改造区村干部；在此基础上第二步方始进行土改，平分土地，改造或建立党政群众团体的工作。自1948年起，由于严重的自然灾荒和巨大的支前需求，山东解放区的工作重心转向备荒节约、生产救灾与全力支前。

虽然山东各地的土地改革进程不一，但土地改革的成就还是显而易见的。到1949年中华人民共和国成立前夕，山东大部地区的土改已经完成，地权基本确定。例如五莲县，截至1949年2月15日，"五莲共完成划分阶级成份402村，占全县村数百分之九十二点四；共完成调剂土地、确定地权283村，占全县村数百分之六十五"[①]。另据1949年9月19日《大众日报》的报道，"老区半老区占全部村庄的百分之七十四，在这些地区，土地已经平分，土地改革工作已基本完成"[②]。这场自1946年下半年开始启动的土地改革群众运动，在解放战争、革命斗争的氛围中，与支前、生产、救灾、参军、拥军等群众运动相互配合，基本完成了土地分配、确定地权的历史任务。

土地改革是一场涉及土地产权转移、地主—农民关系重新整合、社会阶层结构剧烈变动的群众运动，千百年来无地少地的农民得以在自己所有的土地上耕种劳作，这是中国乡村社会生产关系的历史性巨变。那么，土地改革对农民耕作而言，到底带来了怎样的变化？拥有了自家土地的农民如何解决人力、牛力的短缺问题？农民之间的变工互助对发展生产有何助益？以下即以山东沂蒙解放区为例加以考察。

---

　　① 《中共华东中央局土改工作团关于五莲县结束土改工作的总结》（1949年3月14日），《山东革命历史档案资料选编》（第二十二辑），山东人民出版社1986年版，第240页。

　　② 《中共中央山东分局关于加强农村工作的决定》（1949年9月19日《大众日报》），《山东革命历史档案资料选编》（第二十三辑），山东人民出版社1986年版，第466—467页。

二 土地改革后的生产困局

生产为了战争，战争为了生产！1947 年 2 月 5 日，正值旧历元宵佳节，当天的《大众日报》就刊发了《山东省政府关于春耕工作的指示》（原载 1947 年 2 月 5 日《大众日报》），在土地改革已经结束或行将结束的时候，"发动一个轰轰烈烈的大生产运动"，保证自卫战争物质供给，保证军民生活需要，成为土地改革后发展生产的重中之重。其中，"解决缺乏人力和缺乏牛力这两大问题，是今年完成春耕工作的最重要的保证"。① 实际上，无论是春耕春种、夏收夏种，还是秋收秋种、冬耕水利，人力与畜力短缺自始至终困扰着山东抗日根据地和山东解放区，加之沂蒙地区水灾、旱灾等的连年袭扰以及战争环境造成的生产困局，严重制约了解放区农业的发展。而中国共产党与基层政府破解生产困局的选择，即组织起来、变工互助。

（一）人力短缺

参军、支前对人力资源的巨大需求，造成农业生产中阶段性、临时性的人力短缺。为动员广大青年参军，山东根据地接连发起热烈的参军、拥军运动，"在一九四四年有一万数千人参加了自己的军队，一九四五年就更加普遍广泛了，春节开始时，就有四万多青年涌进了军队"②。到抗日战争结束时，山东抗日根据地的正规部队发展到 27 万人，民兵 50 万人，自卫团 150 多万人。③ 大批脱离生产的参军参战、支援前线的战士、干部、民工家庭的农业生产问题，是基层政府需要统筹协调的难题之一。"目前人民负担最重要的还是出夫"④，从 1946 年 7 月解放战争开始到 1948 年 9 月济南解放为止，在两年 3 个月的时间里，山东共调用民工计

---

① 《山东省政府关于春耕工作的指示》（原载 1947 年 2 月 5 日《大众日报》），《山东革命历史档案资料选编》（第十八辑），山东人民出版社 1985 年版，第 251 页。

② 《论群众路线与山东群众运动——黎玉在一九四五年九月分局群众工作第二次代表会议上的报告》，《山东革命历史档案资料选编》（第十五辑），山东人民出版社 1984 年版，第 364 页。

③ 中共山东省委党史研究室编：《深切怀念高克亭同志》，中共党史出版社 2002 年版，第 496 页。

④ 《山东的财政经济工作——薛暮桥同志在华北财政经济会议上的报告（记录稿）》（1947 年 5 月），《山东革命历史档案资料选编》（第十九辑），山东人民出版社 1985 年版，第 63 页。

580 余万人，合日工 26480 余万。① 鲁中南区二专区（沂蒙专署）仅 1948 年的支前数字就极为庞大，1948 年 1 月至 8 月底（包括兖州战役、昌潍战役等）计：担架 12331 副，52739 人，按服务期折日工 1052120 个；小车 8672 辆，10487 人，按服务期折日工 278120 个；挑夫 6851 人，按服务期折日工 218510 个；修补公路用夫 18356 人（仅 4 个县的），按服务期折日工 34556 个；共计出夫 88433 人，折日工 1583306 个，平均每个男整劳力出夫日工 8 个强。1948 年 9 月 1 日至 1948 年 12 月底（即济南战役、淮海战役）计：共计常备临时民工 366569 人，折日工 4964342 个，出夫人数占总人口的 17%，出夫人数占男整劳力 196%（笔者注：原文的 196% 无误。档案中提到男整劳力共 186234 人，故出夫人数比男整劳力多近一倍）。按总人口每人负担出夫日工 2.3 个，按男整劳力每人负担出夫日工 26.6 个（即 26 天多）。② 如此巨大的民力支出，必然要求后方生产采取更为紧凑、高效的运行模式，改变以往任由农户单独进行的局面。

战争期间的人员伤亡、敌伪"扫荡"、抓夫失踪等现象更加恶化了人力短缺局面，造成人力资源的永久性丧失。据山东省政府的统计，自 1945 年 8 月日本投降到 1945 年 12 月初，山东还乡难民经我政府照料安置者已有约 89 万人③，可见因战争逃亡人口数字极为庞大。8 年抗战期间，冀南行署所辖山东 13 县的人口损失共计 2335926 人，其中被杀 100583 人，受伤 32614 人，被打 896972 人，被征服劳役 720292 人，被奸淫 59218 人，被奸淫得病 17009 人，冻饿死 39363 人，逃亡 390562 人，被抓 79313 人。④ 冀鲁豫区的山东部分共有人口 9442238 人，抗日战争中损失人口高达 1160104 人，占人口总数的 12.3%，其中被敌杀死 127204 人，特务暗害致死 4530 人，敌灾病饿死 802767 人，流亡失踪 48559 人，被抓壮丁 177044 人；此外尚有目前伤残病急待救济人口 970014 人，约占人口

---

① 山东省支援前线委员会：《山东两年多支援前线工作的初步总结》（1948 年 11 月），《山东革命历史档案资料选编》（第二十一辑），山东人民出版社 1986 年版，第 358 页。

② 沂蒙专署：《支前工作民力总结材料》，1949 年 2 月，临沂市档案馆 0002 - 01 - 0005 - 012。

③ 《山东省政府布告——关于妥善安置还乡难民》（1946 年 2 月 28 日），《山东革命历史档案资料选编》（第十六辑），山东人民出版社 1984 年版，第 225 页。

④ 《冀南行署所辖山东各县八年来敌祸损失调查统计表》（1946 年 4 月 5 日），《山东革命历史档案资料选编》（第十六辑），山东人民出版社 1984 年版，第 307—308 页。13 县为：莘县、冠县、武训、清平、卫东、邱县、临清、馆陶、武城、夏津、高唐、恩县、平原。

总数的 10.3%。① 就整个山东解放区而言，据 1946 年 4 月统计，山东解放区总人口为 29591100 人，八年抗战中被害人口 3776597 人，占人口总数的 12%，其中死亡 895714 人，占总人口的 3%，伤残 1610833 人，占总人口的 5%，被抓 1260000 人，占总人口的 4%；另外亟待救济者高达 1110.7 万人，占总人口的 36%，包括还乡难民 245 万人，鳏寡孤独 230 万人，贫民 635.7 万人。② 如此庞大的人力损失与损耗，都需要战后加以弥补和解决，基层政府需要提供的慈善救济与公共服务自不待言。

经营地主、富农是乡村生产的主力军之一，在山东，"地主富农约占户数百分之十左右"③，除了横行乡里、为霸一方、罪大恶极的恶霸豪绅地主，移居城镇的不在乡地主外，中小地主一般都从事农业生产，盘置土地，侍弄庄稼，且山东各地乡村一般以中小地主为多。经过土地改革，富农阶层生产情绪大为低落，生产能力严重不足，甚至沦落到逃荒要饭的地步，经营地主、富农阶层的生产动力丧失，造成乡村农业生产人力资源的阶级性短缺。地主富农的贫困化，也一定程度上制约了人力资源效益的发挥。

租佃制度与雇佣制度的消灭，乡村已经几乎不再存在土地、劳力、资本调配市场和配置机制，由此造成人力资源的结构性短缺。这一配置机制的缺失，在土地改革后改由区村政权填补。根据山东省政府实业厅 1948 年底对 30 个县内 95 村调查资料与书面报告的整理统计，每个整劳力所耕种地亩数，渤海为 24.1 亩，鲁中南为 25.4 亩，胶东为 20.2 亩，三区平均为 23.2 亩。如按每个整劳动力可耕种土地 15—20 亩计算，则整劳动力尚缺 1/3。④ 如能将半劳动力组织起来，参加农业生产，劳动力才仅够解决。

（二）耕畜匮乏

直到 1948 年，山东省的耕畜数量一直没有恢复到 1937 年的水平。根据胶东、渤海、鲁中南三个行政区 48 县 110 村调查，耕畜数量在 1937—1948 年的数量变化可以参见表 5—1。根据 1948 年秋征时的统计，山东全

① 《冀鲁豫区山东部分八年抗战损失统计表》（1946 年 5 月），《山东革命历史档案资料选编》（第十六辑），山东人民出版社 1984 年版，第 532 页。

② 《八年抗战中解放区人民各种损失统计概数》（1946 年 4 月），《山东革命历史档案资料选编》（第十六辑），山东人民出版社 1984 年版，第 394—395 页。

③ 《论群众路线与山东群众运动——黎玉在一九四五年九月分局群众工作第二次代表会议上的报告》，《山东革命历史档案资料选编》（第十五辑），山东人民出版社 1984 年版，第 385 页。

④ 山东省政府实业厅：《山东省农业生产几项主要调查统计表》（1949 年 3 月），《山东革命历史档案资料选编》（第二十二辑），山东人民出版社 1986 年版，第 347 页。

省耕畜大约2303550头，如以大小耕畜平均每头耕地25亩计算，山东全省耕畜尚缺约180万头，占现有耕畜数的78.1%。[①] 其中，鲁中南地区因长期被日寇蒋匪摧残，破坏严重，所缺尤多。虽然1948年山东全省共增添耕畜145628头，然而耕畜不足仍难缓解。

表5—1　　　　　　1937—1948年山东48县110村耕畜数量变化

		1937年	1945年	1948年	备考
渤海	耕畜数（头）	3035	2244	2788	25个县内的50个村调查
	每畜耕地数（亩）	33.97	46.19	37.17	
胶东	耕畜数（头）	3635	2372	1828	12个县内的41个村调查
	每畜耕地数（亩）	20.61	31.62	40.03	
鲁中南	耕畜数（头）	1356	672	767	11个县内的20个村调查
	每畜耕地数（亩）	23.20	47.00	41.00	
合计	耕畜数（头）	9046	5288	5383	共48个县内的110个村调查
	每畜耕地数（亩）	25.93	41.60	39.70	

注：1937年3个行政区的耕畜数之和应为8026头。

资料来源：山东省政府实业厅《山东省农业生产几项主要调查统计表》（1949年3月），《山东革命历史档案资料选编》（第二十二辑），山东人民出版社1986年版，第344页。

连年战争造成的耕畜短缺、因政策原因造成的耕牛变卖与宰杀，无不加剧了本就脆弱的乡村畜力平衡。抗日战争之后农民出卖耕牛的原因，约有下列数点："①土地改革以后，地主富农所有耕牛迅速出卖变钱，以便携带；中农贫农又因土地太少，无力独买一头耕牛。②为着支援前线，耕牛（大车）支差太多，牛主感到负担太重，因而出卖耕牛。③变工互助照顾牛主不够，人力牛力互相交换时候，常使牛主吃亏，因此大家不愿养牛。④冬季牛力无处使用，牛草很贵，因此每年冬季农民为了节省草料亦出卖耕牛。"[②] 强借、白使、乱用、无偿征用耕畜使得农民蓄养耕畜的意愿极低，由此造成出卖、宰杀、盗卖耕牛现象相当严重。耕牛数量与家庭

---

① 山东省政府实业厅：《山东省农业生产几项主要调查统计表》（1949年3月），《山东革命历史档案资料选编》（第二十二辑），山东人民出版社1986年版，第343页。

② 《山东省政府关于保护耕牛的指示》（1946年11月27日），《山东革命历史档案资料选编》（第十八辑），山东人民出版社1985年版，第39页。

农场经营规模也呈正相关的关系。"去年许多地区由于土地改革，地主富农土地减少，纷纷出卖耕牛。贫农雇农虽然获得土地，但仍无力养牛，中农能够养牛的也不多……在土地改革完成后，大多数的农民无力独养一个耕牛，合伙养牛值得我们普遍提倡。"① 可见，土地改革后地主富农因土地减少无须更多耕畜，出卖耕畜自不可免；但是中农以下阶层又无力自养耕畜，形成耕畜盈余—匮乏的怪圈。

（三）战祸灾荒

前述人力与畜力资源的短缺多是由于战祸造成的，而灾荒也是罪魁祸首，"今年（指1945年——引者注）年成，各地都比较丰收"②，但部分地区灾荒仍重，"赵镈、邳县、郯城以去秋（指1945年——引者注）水灾，造成今春的严重春荒，二十万饥民嗷嗷待哺；今夏，平邑、历城、淄川、泰安迭遭雹灾，小麦滴粒未收；胶东沿海各县遭遇飓风，房舍、人畜损失奇重"③。全面内战爆发以后，山东成为国共内战的主战场之一，战火燃遍齐鲁大地，国民党军队的需索与烧杀抢掠，造成农业生态环境的严重恶化。1947年是山东解放区战争最为频繁的一年，加之水涝灾害，导致1947年冬至1948年春的严重灾荒。1947年冬，中共华东中央局就曾提出"不饿死一个人，不荒掉一亩地"的口号，号召集中全力进行生产救灾，生产与救灾也成为贯穿1948年全年的中心工作。1948年1月1日，山东省政府即发出关于生产节约度春荒的十项要求，号召必须在我党政军民全体动员之下，积极进行"生产节约，度过春荒"。1948年3月8日，中共华东中央局发出《中共华东中央局关于春耕生产和救灾工作的指示》，指出了灾荒的严重局面，"到目前为止，全山东已经有二百多万人缺乏粮食，而且离夏收还有三个多月，饥民数目在今后还会继续增加"④，强调生产救灾是目前群众最迫切的要求，号召动员全党力量做好生产救灾工作，并必须把生产救灾变成为一个群众运动。

---

① 《山东省政府关于春耕工作的指示》（原载1947年2月5日《大众日报》），《山东革命历史档案资料选编》（第十八辑），山东人民出版社1985年版，第251页。

② 《山东省政府关于催收一九四四年春耕贷款的训令》（1945年10月2日），《山东革命历史档案资料选编》（第十五辑），山东人民出版社1984年版，第449页。

③ 刘子陵：《山东解放区一年来的救济工作》（1946年7月），《山东革命历史档案资料选编》（第十七辑），山东人民出版社1984年版，第203页。

④ 《中共华东中央局关于春耕生产和救灾工作的指示》（1948年3月8日），《山东革命历史档案资料选编》（第二十辑），山东人民出版社1986年版，第107页。

　　1949 年仍是灾荒连绵不断的一年,该年 2—4 月各地灾情有些上涨,灾民增加。如沂源县大泉区 2 月 25 日要饭的 113 户,到 3 月 20 日则发展到 240 户,增加一倍以上,沂南、蒙山、沂中等县均发生逃荒的现象。① 据鲁中南二地委(即沂蒙地委)的报告,1949 年 5 月统计 1999 个村有灾民(断粮、讨饭、逃荒)70268 户,301267 人,由于麦子收得不好,又有严重的乌麦灾,麦收后不久即闹夏荒,如 7 月了解,只蒙山一县 466 个村即有讨饭户 4743 户、10960 人,断粮者 6970 户、15249 人。12 月底,据 6 个县 47 个区 12180 个村不完全统计,已有要饭户 3315 户、12898 人(缺蒙山数字),断粮 16458 户、66668 人,逃荒户 5652 户、21374 人(缺莒沂),其中以蒙山为最重,只 8 个区统计即已有逃荒户 5443 户、20537 人,断粮 11759 户、47901 人,全区灾民估计已不下 3 万余户、15 万人之数,同时已发生饿死人及卖小孩现象。② 1949 年 9 月 15 日,沂蒙地委统计,"我区今年由于旱、涝、风、雹、病、虫等灾害普遍减收,全区收成平均五成七弱的年景,以沂水县为最好(七成),沂南、沂源、蒙阴次之(六成),最坏者为莒沂(五成)、蒙山(四成)"③。沂蒙专区该年的灾荒程度实为罕见,加之连年战争创伤恢复尚需时日,沂蒙解放区所面临的困难是显而易见的。当然,救灾救济的根本还在于生产自救,立足扩大生产、副业增收、社会互济等渠道增产增收。

　　(四) 群众心态

　　自进入抗日战争以来,山东解放区人民群众原本平静、恬淡的田园乡村生活开始因战争与革命而发生急剧的变化。乡村生活是规律而平静的,四季轮换、不违农时,日出而作、日入而息,辛勤耕作的人民为了温饱、土地、家业而拼搏。在中国共产党介入乡村事务以后,瞬息万变的战争环境,变动不居的政策调整,加之群众在发展生产中的思想顾虑,使得群众心态与革命进程的急速变化时有脱节。如何让群众安心生产,是考验党群关系的一个重要指标。

---

　　① 鲁中南二地委:《二地委春耕工作总结》,1949 年 6 月 2 日,临沂市档案馆 0001－01－0019－013。

　　② 沂蒙地委:《沂蒙地委一九四九年一年来农业生产救灾工作总结》,1950 年 1 月 20 日,临沂市档案馆 0001－01－0019－001。

　　③ 沂蒙地委:《沂蒙区一九四九年秋季收成与灾荒情况》,1949 年 9 月 15 日,临沂市档案馆 0001－01－0019－028。

土地改革后，获得土地的群众本应是喜出望外、安心生产、发家致富、摆脱贫困，但群众顾虑也是有的："由于过去我们的土改中有了许多偏差和坏蛋的造谣破坏，引起了群众对于生产的许多顾虑，误解我们的平分土地是'打乱平分'。农民对于他今天所种的地，明年是否仍归他种，以至今年是否仍归他收割没有把握，因此他不积极去耕地，不积极去上粪。农民的另外一个顾虑是怕说生产发家劳动致富以后挨斗，因此便不肯省吃俭用勤耕苦作。这些顾虑对开展生产运动都是很大的障碍。"①　土地改革前后，群众的思想动态其实是非常复杂的，如怕变天思想、怕富思想、不敢生产、不愿生产、生产顾虑、消极等待思想等，也有短暂和平环境下的幻想和平思想，"要反对借口战争消极怠工、大吃大喝、不作长期打算的行为与思想"②；同时，也延续着山东农民传统的性格特征，"山东的农民因其所受的剥削压榨最深，所以一经发动，最易发生报复行动，不易控制"③。1948 年 7 月 12 日，《中共华东中央局关于执行中央一九四八年土改与整党工作指示的报告》中也指出："群众经过去年（指 1947 年——引者注）战争摧残、支前消耗与严重水灾，特别经过去年战争最紧张时三个月激烈土改'左'的错误影响，目前农民普遍害怕斗争，害怕平分土地（老区与半老区农民土地要求基本满足，亦是原因之一），害怕大支前，而普遍要求稳定社会秩序，要求生产救灾，要求保障人权财权及确定地权。"④　直到 1949 年，"因地权尚未确定，群众仍有顾虑"⑤。因此，发展生产，还要在鼓励农民生产热情、稳定生产情绪上下功夫。

---

①　《中共华东中央局关于春耕生产和救灾工作的指示》（1948 年 3 月 8 日），《山东革命历史档案资料选编》（第二十辑），山东人民出版社 1986 年版，第 107—108 页。

②　《中共华东中央局关于目前贯彻土地改革土地复查并突击春耕生产的指示》（1947 年 2 月 21 日），《山东革命历史档案资料选编》（第十八辑），山东人民出版社 1985 年版，第 285 页。

③　《对于山东今后群众运动的意见——黎玉在华东局群工会议上的报告》（1946 年 8 月 31 日），《山东革命历史档案资料选编》（第十七辑），山东人民出版社 1984 年版，第 229 页。

④　《中共华东中央局关于执行中央一九四八年土改与整党工作指示的报告》（1948 年 7 月 12 日），《山东革命历史档案资料选编》（第二十辑），山东人民出版社 1986 年版，第 299 页。

⑤　《康生向中央五月份的综合报告——关于山东工业与农业生产的几个问题》（1949 年 5 月），《山东革命历史档案资料选编》（第二十二辑），山东人民出版社 1986 年版，第 519 页。

第二节　变工互助:农业互助合作的新体系

　　解放战争时期,发展农业受到来自人力资源短缺、畜力匮乏、战祸灾荒、战争蚕食等的多重制约,既要保障群众生活,又要服务战争,生产为了战争,战争为了生产,发展农业的处境举步维艰! 特别是在极为紧张的战争环境中,不注意生产或不注意参军、支前,都可能导致极为严重的后果。"山东在敌人重点进攻时,仅是未严重注意生产环节,即造成一九四八年春季严重的灾荒(当然敌人摧毁也是灾荒的主要原因之一)",因此"支前与生产,两者是不能偏废和畸轻畸重的"。[①] 为了协调发展生产与调拨人力的两难,变工互助就是较为可行,也是必须实行的革命策略。本节以土地改革后的山东沂蒙解放区为中心,还原土地改革完成之后、革命战争环境下组织起来、变工互助的历史实态。通过对 1946—1949 年革命历史档案的解读,深入考察在土地改革完成之后乡村农业生产的历史实态与劳动互助的重构,从中发现生产动员、劳动互助、合作运动与农业发展、乡村经济的互动关联。

一　沂蒙解放区的劳动互助运动

　　与其他革命根据地相比,山东解放区的生产工作开展要相对晚得多。在 1942 年之前,山东根据地的生产工作做得很少,直到 1944 年才开始大生产运动,组织变工,提倡精耕细作,变工组织在全省各地才普遍发展起来。"但这时真正能起作用的并不多,大多数是只有形式,没有内容,不巩固的。"[②] 1945 年,山东在原有基础上继续开展大生产运动,但在日寇投降后秋季大进军时,各地农业生产工作大都放任自流,陷于停顿状态,且在组织劳动互助中存在严重的强迫命令,采用"大呼隆"的方式组织了 92644 组,1017140 人,"但垮台的占百分之五十以上"。[③] 总体而言,

---

　　① 山东省支援前线委员会:《山东两年多支援前线工作的初步总结》(1948 年 11 月),《山东革命历史档案资料选编》(第二十一辑),山东人民出版社 1986 年版,第 372 页。

　　② 《山东的群众生产工作——薛暮桥同志在华北财政经济会议上的报告(记录稿)》(1947 年 5 月),《山东革命历史档案资料选编》(第十九辑),山东人民出版社 1985 年版,第 64 页。

　　③ 《山东省人民政府实业厅关于山东解放区一九四五年至一九四八年农业生产工作报告》(1949 年 7 月),《山东革命历史档案资料选编》(第二十三辑),山东人民出版社 1986 年版,第 233 页。

抗日战争时期的山东劳动互助合作运动为战后积累了经验，自愿结合、公平合理是最值得借鉴的经验；强迫命令、强制编组则是必须加以戒除的深刻教训。

1946年，山东解放区的生产工作仍贯彻了以农业为主的方针，同时发展乡村副业，将农业生产的中心环节放在组织劳动互助和改进生产技术方面。在组织起来贯彻春耕春种与抢种、生产与支前结合、调剂与保护耕牛方面取得了更多经验。是年，山东全省有200余万人组织起来，占全省人口的7%，比1945年增加了50%（参见表5—2）。

表5—2   1946年山东省变工组统计

项目 地区	渤海	鲁中	滨海	鲁南	胶东	合计
人口	8590778	4556746	3309034	2272488	9484641	28213687
组数	16003	28843	37513	15057	118502	216018
人数	400075	258420	335314	103745	969094	2066648
每组平均人数	25	9	9	6	8	9 强
组织起来占人口 百分比（%）	5 弱	6	10	4	10	7
比1945年增减 百分比（%） 增	38.5	—	45	40	97	50
减	—	21	—	—	—	—

注：①此表"组数"合计数与各分项之和不符（各分项之和应为215918）。②渤海仅24个县的统计，缺11个县的统计；鲁南缺6个县的统计；鲁中缺4个县的统计；共88个县的材料。

资料来源：山东省政府实业厅《山东省一九四六年度生产统计材料》（1946年12月），《山东革命历史档案资料选编》（第十八辑），山东人民出版社1985年版，第131页。

1947年，山东解放区进入内战最为频繁和激烈的一年，劳动互助与农业生产是与土改、战争、支前、土改复查交替进行的。前方打仗支前立功、后方生产立功，生产与支前相互结合，使劳动互助显得尤有必要。通过动员组织所有整、半劳力进行生产以及广泛动员老年、妇女、儿童等半劳动力投入生产，在支前任务空前繁重的背景下，生产与支前结合、组织起来、互助变工、计工算账，劳力短缺局面得以缓解。计工算账的办法，"一般整劳动力生产工每天算十分，半劳动力算五、六分（按劳动效率而定），长（常）备民工完成任务每天算十五分工，短备民工算十分，牲畜、小车、口袋等也算工，支前工顶生产工，按时结算"①。变工，既有支前工与生产工之变，也有男性整劳力工与妇女儿童半劳力工之变，以变工为基础的新的互助体系由此生发出来。

1948 年，山东解放区的农业生产是与救灾结合在一起的。1947 年冬，中共华东中央局在大鲁南召开扩大会议，宣布立即停止土改，全力进行生产救灾，提出"不饿死一个人，不荒掉一亩地"的口号。经过山东党政军民的共同努力，取得了 1948 年生产救灾的胜利，"秋季收成超过了前年（一九四七年）水平，一般地区前年只有五、六成年景，而去秋除部分灾区外，一般均在七成至八成，个别地区达九成年景"②，其中鲁中南约达到六成至七成年景，少数县份达八成，较 1947 年增产二成至三成不等。生产与救灾结合是 1948 年发展农业的两翼，而两翼联动的关键仍在于变工互助。

作为山东解放区中心的沂蒙解放区，地处鲁中南山区腹地，胶济、津浦、陇海铁路之间。与广义的沂蒙区域概念不同，狭义的沂蒙解放区主要是指抗日战争时期的鲁中抗日根据地和解放战争时期的鲁中南第二专署所辖地区。抗日战争时期，广义的沂蒙地区是指山东抗日根据地的鲁中、鲁南、滨海三区，1948 年合并为鲁中南区，其中的鲁中南二地委即沂蒙地委，二专署即沂蒙专署。沂蒙专署曾是山东抗日根据地的核心地带，地处鲁中山区，自然生态相对贫瘠恶劣，加之战争连绵不断，农业生态破坏尤甚，对劳动互助的需求更为迫切。

土地改革后，沂蒙专署的农业劳动互助运动已经基本遍及绝大多数村庄。具体到各县，劳动互助的组织化水平参差不齐，1948 年沂中县的组织状况与进度较有代表性。沂中县共 12 个区 550 村，有变工组织的有 12 个区、519 村、45795 户、217586 人；其中男整劳力 22021 人、半劳力 17654 人，女整劳力 17737 人、半劳力 12587 人（缺两个区）；已经组织的 3637 个变工组，包括 20101 户；已组织起来男整劳力 13724 人，半劳力 10376 人，女整劳力 2615 人，半劳力 1575 人；已组织男劳力占总男劳力的（整、半）60% 强，已组织整劳力（男、女）占总整劳力的 41%

①　《山东省人民政府实业厅关于山东解放区一九四五年至一九四八年农业生产工作报告》(1949 年 7 月)，《山东革命历史档案资料选编》（第二十三辑），山东人民出版社 1986 年版，第 240 页。

②　同上书，第 246 页。

强，已组织半劳力（男、女）占总半劳力的39%强，已组织劳力（男女、整半）占总人口的13%强，已组织整半劳力占总整半劳力的40%强。①从蒙山县来看，在全县组织起来的4220个变工组中，能起互助作用的变工组约占52%，不起作用的约占48%；组织起来的男女整半劳力共计109706人，占全县人口总数的28.3%（参见表5—3）。

表5—3　　　　　　沂蒙专署蒙山县1948年7月变工组织统计

	仲里区	保太区	固城区	卞桥区	上冶区	白埠区	诸满区	汪沟区	合计
村数	75	72	51	62		37	27	49	373
组数	244	881	603	676	564	775	124	353	4220
户数	1920	2310	4780	3604	3229	4169	774	2970	23756
起作用组	50	616	305	166	298	556	73	129	2193
不起作用组	194	265	298	510	266	225	51	224	2033
男整劳力	4229	17237	2520	2342	2094	3152	599	1768	33901
男半劳力	8800	22463	2001	1752	1721	963	427	828	38955
女整劳力	2260	12512	207	1344	449	100	63	28	16963
女半劳力	2460	15532	31	1015	403	168	265	13	19887
党员总数	652	943	518	443	458	239	83	65	3401
党员参加的	420	732	305	199	250	171		45	2122

注：原表中薛庄区无统计，故本表略去。

资料来源：蒙山县委《七月份变工组织处理地权统计表》，1948年7月，临沂市档案馆0001 - 01 - 0042 - 013。

到1949年，沂蒙专区共有6个县3935个村庄，土改彻底的约50个区、1985个村，占总数的约50%；土改不彻底的约20个区、1474个村，占总数的38%；新老区的空白村476村，占12%。② 全区耕地共计3986641.45亩，耕牛53979头，驴骡马45328头（折耕牛22664头）。③

① 二地委：《关于变工组织问题》，1948年6月，临沂市档案馆0001 - 01 - 0020 - 007。
② 沂蒙地委：《地委对执行区党委关于今后（至明年二月）农村工作几个问题意见的方案》，1949年11月26日，临沂市档案馆0001 - 01 - 0019 - 027。
③ 同上。

另有统计全专区有3993个村、2072084人[①],与上述数字大致相同。从中可以看出,沂蒙专区人均耕地面积仅有1.92亩,每头耕牛(含折合)耕作比为52.02亩/牛。到1949年,沂蒙解放区各县变工互助组织已发展到26087组,参加人数319316人,占人口百分比最高的沂东县达到32%,最低的沂中县也达到12.3%(参见表5—4)。

表5—4　　　鲁中南二地委各县变工互助统计(1949年5月31日)

	蒙阴县	蒙山县	沂东县	沂中县	太宁县[①]	新太县[②]	沂源县	沂南县	合计
有几种变工组织	3	3	3	3	3	3	—	3	—
组数	2258	5616	5406	3586	311	1998	2819	4293	26087
参加户数	15771	36066	27917	18991	2853	—	19178	21240	142016
参加人数	23632	70065	71398	32316	19463	—	33539	68903	319316
占人口百分比(%)	14.7	18	32	12.3	—	—	24.2	—	—
参加牲口数	2150	4509	13653	—	—	—	—	6761	27073

资料来源:鲁中南二地委《鲁中南二地委各县春耕生产情况统计表》,1949年6月1日,临沂市档案馆0001-01-0019-009。注①与注②:太宁县与新太县在目前公开出版文献中均作泰宁县、新泰县,为保持与档案原文一致,本书中两县县名均作太宁县、新太县,以下不再就此单独说明。

当然,枯燥的数字统计往往难以反映鲜活的生动的人的历史,组织起来和被组织起来的农民如何适应基于合作互助规则的社会互动和社会角色?变工互助如何在革命动员与群众参与的氛围中运行?以下通过对沂蒙解放区变工互助体系的分析,揭示其具体运行的实态。

二　沂蒙解放区的变工互助体系

土地改革割断了乡村互助合作的某些纽带和制度习惯,为此,政府必须要担负乡村互助合作体系的功能缺失所造成的诸多困境,如劳力调剂、军属烈属代耕代种、拨工、种子与农具借贷、保护耕畜与畜力使用等难题。加之战时支前任务繁重、出夫及民工征调量大且急,农业生产还须与

---

① 沂蒙地委:《沂蒙地委一九四九年一年来农业生产救灾工作总结》,1950年1月20日,临沂市档案馆0001-01-0019-001。

其他工作相配合。这些都考验着基层政府的执行能力和执政水平。1946—1949 年，沂蒙解放区的劳动互助合作，体现出与抗日战争时期不同的模式与特征，面向整个农业生产的劳动互助体现在耕、种、锄、收的各个环节，由乡村多数群体组织起来促成的互助变工与换工，探索形成了生产与支前变工、烈军工属代耕代种、救灾互助等新的机制与模式。总体而言，土地改革后至 1949 年的新的农业劳动互助架构建立在代耕与代种、支前与互助、救灾与互助等的基础上，初步建立起变工、换工的适当机制。当然，这也是特定历史条件下的产物。

（一）生产与支前

解放战争时期，支援前线所造成的农业生产人力资源短缺主要是通过变工互助、组织起来加以解决的。生产工与支前工的变工，是解放战争时期特殊条件下的新互助模式。自全面内战爆发开始，支前与生产就是沂蒙地委和基层政府工作的两翼。前方生产、后方支前，妇女生产、男子支前，在家生产、外出支前，几乎是沂蒙专区绝大多数村庄群众生活与生产的常态。在男性整劳力大批支前、小车等农具大批征调前方的背景下，生产中的互助合作则必不可少。

落实在乡村层级，生产与支前变工互助的基本方式是，通过召开村干会、支部党员大会、自卫团及村里工、青、妇、儿童等各种团体会议，使各种组织团体都行动起来，全民动员，造成生产支前热潮与热火朝天的群众运动。在既有组织基础上使整、半男女劳力都组织起来，登记所有整、半劳力，凡能出夫的男整劳力都安编到组里，在家时生产，支前时支前，有组织有条理的编制妥当，该谁去谁去；半劳力也组织好，都安排到变工、换工、记工算账及实行工票制；妇女儿童组织好进行生产，拥军优抗，磨面压米，驻军地区做到洗衣裳、看护伤员，等等。真正做到男支前、女生产，全面动员起来，行动起来。

生产变工小组也就是支前小组，使得生产与支前紧密结合起来。在1948 年秋收秋种时的支前工作中，蒙山县的部分村庄创造实行了工票制度，实现前后方大变工。民夫按所有的劳力编制好，排好次序只等出夫，有的村帮助军属生产亦算支前工；在上冶、卞桥两区，有的村对村干办公如到区开会耽误长天工夫的也算工；在组织基础差的村子是编好自卫团，按自卫团的班来排列，同时也划到相应互助组，谁出了夫，他的生产即由他所在组负责；出夫者，他的生产由生产组里负责的，他们都很放心，由村干负责的，心里还不踏实；一般村对出夫的生产照顾是好的。① 例如，蒙山县固城区贾庄李焕然组有 3 个整劳力，两个出担架，1 个出小车夫（已走了 1 个），另有 3 个半劳力及妇女负责生产（妇女未参加到组里，而是给谁家干活谁家妇女即帮助干，如锄地瓜、翻地瓜秧等，其他家的妇女就干各人的）；李焕生先去出担架夫，组里就先帮他割完谷子，4 亩地即先给他耕完了，只等种麦子。②

　　1948 年 9 月，沂东县接受了上级党委"突击生产迎接支前"的指示，全县一般村均进行了战勤编制，全县整劳力以担架、小车、民兵、临时民工分组编制，共计 16863 人（不包括已经在此之前出发的 2548 人），随时待命支前（参见表 5—5）。实际上，支前民工最大的后顾之忧就是后方生产。为此，沂东县各区在支前与生产的结合上探索出新的互助思路。第一，根据各变工组的劳力多少，分批编成担架。如英山区大马家庄根据各组的劳力状况，每组均讨论出夫先后，讨论好后村干在编排时掌握；例如，有的组有 3 个劳力即分到 3 批担架去，这样走了一批其余仍能坚持生产，这在变工组较好的村大都如此。第二，互提保证，互相还工。如丰台区石屋官庄在讨论支前者之生产时，主要是以支前工换生产工并互相保证。"在家者保证自己种什么样，即给支前的种什么样，支前的保证完成任务不开小差"，该村袁松烈说："我走了和我在家一样，耕种的和花朵一样"，该村因此生产与支前结合较好，从 1947 年大支前即没人开小差，且到 1948 年依然如此，其主要原因就是支前者的生产已得到适当处理。第三，根据情况及时合并组更有利于生产与支前。如寨西区长岭官庄共10 个变工组，他们已准备好假若劳力去支前，即合并为 3 个组，准备组织半劳力种麦。第四，发挥妇女的作用，这是解决生产与支前矛盾的重要一环。如丰台区沙窝庄变工组提出妇女要参加种麦子，李成希组即有 5 个妇女参加变工组，他们反映"种麦子出夫的走了也能种上"，双泉区的艾家庄妇女准备种麦，如无办法时让老头扶耧子，儿童榜牛，青壮年妇女每个人一个粪堆，耩时到哪个粪堆哪个负责接着扒粪，这样可以解决妇女不

---

　　① 参见蒙山县委《蒙山县生产支前工作报告》，1948 年 9 月 16 日，临沂市档案馆 0001 - 01 - 0057 - 008。

　　② 同上。

能长扒粪的困难，因她轮流着不会很疲劳。[1] 这样，变工组担负了因支前造成的劳力空缺的人力调剂和合理运用，互助功能得以体现出来。

表5—5 　　　　沂蒙专署沂东县各区战勤编制（1948 年 9 月）

区别 \ 数量	担架		小车		民兵人数	临时民工数
	副数	人数	辆数	人数		
英山	100	500	504	1008	197	1114
城子	88	445	250	500	119	1289
寨西	150	750	155	310	200	—
河阳	80	400	250	500	388	701
双泉	64	270	380	760	—	—
永太	86	435	390	78	94	239
葛沟	75	375	449	898	179	388
丰台	82	410	450	900	124	779
良水	62	310	139	278	199	1172
合计	787	3935	2967	5934	1300	5682

资料来源：沂东县委《生产支前工作总结》，1948 年 10 月 5 日，临沂市档案馆 0001 – 01 – 0057 – 010。

支前工和生产工的换算各地不尽相同，但基本遵循公平合理的交换原则，否则变工即无法维持。沂东县一般规定，出发（支前）在 1 个月以内者每天顶 1 个工，超过 1 个月以外者每天顶 1 个半工，英山区大李家马庄、良水区下家小河等村均如此规定；在家者帮助支前者之生产工是按平日劳动能力顶工，按全村整、半劳力去摊支前工，如生产工不够还支前工，根据其生活还工资（粮食）或欠工日后还工；开小差不记工，寨西区河南东疃即如此。[2]

毫无疑问，支前与生产在人力资源的调配上是矛盾的，也引起了群众的诸多不解和误解，尤其是在夏收、三秋农忙时节，支前造成的农业生产劳力短缺尤其严重，沂东县寨西区河南东疃刘纪开说："早支前，晚支前

---

[1] 参见沂东县委《生产支前工作总结》，1948 年 10 月 5 日，临沂市档案馆 001 – 01 – 0057 – 010。

[2] 同上。

都行，但延这个时候支前，等着荒地就是，还生什么产。"① 沂东县在扩大干部会上也同样表现了重支前轻生产（重支前是对的，但不能轻生产）的偏向。但总体而言，支前与生产的并驾齐驱，显示了沂蒙地区党与基层政权艰辛而又富有成效的双重动员。

（二）代耕与代种

烈军工属与乡村鳏寡孤独者群体的生产问题，主要是通过代耕、代种加以解决的。革命时代的代耕与代种最早源于土地革命时期，旨在帮助参军参战、缺少劳力的军属家庭进行生产。代耕代种关系到烈军工属、党与基层政府、人民群众三者之间复杂生产关系的调适与不断修正。代耕代种是一种群众义务，抑或是无偿帮助，还是有偿助耕？无偿助耕无法调动群众意愿，有偿助耕又易偏离优待军属条例，对此问题的认识形成了军属自耕、全村拨工帮耕、固定代耕代种、土地出租、变工组代耕代种等不同实践，也引起烈军工属、人民群众各自不同的反应。

在沂蒙专署各县，由于参军人数众多，烈军工属人口极为庞大。蒙阴一县即有 8636 户军属②，沂源县"烈军工（属）的户数占全县总户数的17%以上，土地数量也很大"。③ 就全区而言，"军属人口占我地区四分之一"④，军属的生活均较一般群众困难，土地耕种也难以与群众同步。据不精确的统计，沂蒙全区烈军工属有 92410 户，369640 人，554460 亩地，需代耕者占 40%强。⑤ 1949 年春耕中，沂源县 7290 户烈军工属，要代耕的 2335 户，其中固定代耕 1789 户，变工组保证的 226 户，仍用拨工办法的 210 户，全村平均负担的 103 户，未得解决的 4 户。⑥ 在代耕办法上，"按劳分派固定代耕者仅占 10%，变工组或代耕组代耕者占 40%（多与

---

① 沂东县委:《生产支前工作总结》，1948 年 10 月 5 日，临沂市档案馆 001 - 01 - 0057 - 010。

② 蒙阴县委:《县委对秋收秋种工作的补充指示》，1948 年 8 月 17 日，临沂市档案馆 0001 - 01 - 0042 - 005。

③ 沂源县委:《沂源县委关于春耕工作总结》，1949 年 5 月 21 日，临沂市档案馆 0001 - 01 - 0065 - 006。

④ 沂蒙地委:《关于冬耕工作给各县委的一封信》，1949 年 11 月 19 日，临沂市档案馆 0001 - 01 - 0019 - 036。

⑤ 沂蒙地委:《地委对执行区党委关于今后（至明年二月）农村工作几个问题意见的方案》，1949 年 11 月 26 日，临沂市档案馆 0001 - 01 - 0019 - 027。

⑥ 鲁中南二地委:《二地委春耕工作总结》，1949 年 6 月 2 日，临沂市档案馆 0001 - 01 - 0019 - 013。

支前相结合，整劳不代耕），大小拨工方式仍占 50%，代耕中军属管饭是普遍现象，实际上已形成为制度。此外代耕的应付现象，致使土地荒芜者亦存在"①。可见，拨工代耕最为普遍，其次为变工组或代耕组代耕，固定代耕最少。不过随着代耕代种机制的优化，拨工趋于减少，代耕制度不断完善。1949 年的沂蒙地委生产救灾工作总结谈道："据现在了解，军属土地共 557170 亩，军属自耕者 324280 亩，包耕的 3569 亩，固定代耕的 118236 亩，变工组代耕的 84013 亩，拨工代耕 23072 亩，共代耕地 50% 弱，军属自耕占 50% 强。以沂水、沂源两县做得较好，如沂水县 12 个区 574 个村 9303 户军属中，固定代耕者 5620 户占 59%，可拨工的 887 户占 9%，大拨工的 57 户占 1%，自耕者 2851 户占 30%，沂源县文坦区秋季检查只一户没种上麦子（因男方提出离婚女方情绪不高而误）"②。就代耕的绩效而言，"军属土地的增产，其固定代耕及有劳力的户，可有保证，而在一般分组代耕的，只能维持一般的水平，而拨工的部份不但不能保证增产，而一般的水平亦不能维持"③。拨工代耕是区村政权无偿调拨劳力帮助烈军工属生产的一种做法，这一做法是最不受群众和烈军工属认同的。

　　1949 年春耕中，沂东县抗属土地的代耕总体来说是比以往任何一年更加重视的，做到了较普遍地分派代耕，对代耕部分基本上有保证，已打破了或正在打破抗属的生产顾虑，并提高了抗属生产积极性。从沂东县代耕代种办法的实施中，可以发现不同办法的优劣所在。第一，分到组里代种。这种办法在部分村实行，是按全村整、半劳力分担（一般的整劳力负担比半劳力多一倍的土地）。此法较拨人帮助要好，如果种坏了，这个组受到大家的监督。但缺点也是有的，一方面，仍有互不负责的偏向，种不好大家互推责任；另一方面，跳组后抗属的地没人管。第二，实行包种，只在个别村部分户执行。主要根据地贫好坏、肥的多寡等，经农会评论，双方同意订出产量。此法不能很快普遍采用的原因主要是教育差，抗属与群众干部均不清楚，互相之间怕吃亏，干部怕麻烦，此法的好处是使

　　① 沂蒙地委：《地委对执行区党委关于今后（至明年二月）农村工作几个问题意见的方案》，1949 年 11 月 26 日，临沂市档案馆 0001 - 01 - 0019 - 027。
　　② 沂蒙地委：《沂蒙地委一九四九年一年来农业生产救灾工作总结》，1950 年 1 月 20 日，临沂市档案馆 0001 - 01 - 0019 - 001。
　　③ 鲁中南二地委：《二地委春耕工作总结》，1949 年 6 月 2 日，临沂市档案馆 0001 - 01 - 0019 - 013。

抗属地固定,生产有保证,抗属生活能逐渐地提高,如寨西区夏坡即实行包种。第三,按劳力具体分到户,与变工组结合,但主要由代地户负责。部分村实行此法,次于包种,比分到组确实好些,这样责任心更强,河阳区赵家庄子就用此法。第四,不分派,由全村拨人帮助代耕。此法虽在很少数村运用,但又次于分到组帮助,多在抗属少的村实行,互不负责,产生应付现象,如英山区平子岭即这样。第五,租种抗属地与抗属分粮,这是最坏的一种,也是个别现象。如英山区刘家官庄刘延石7亩7分地,3口人,叫人租种7亩。①

上述1949年沂东县春耕生产中的代耕模式基本可以代表沂蒙专区的普遍状态,揆诸其他各县助耕模式,固定代耕、包种、以变工组为基础的代耕代种、分组帮助、拨工、租佃等都是土地改革后的主要助耕模式。1949年沂东县春耕生产的五种代耕代种办法中,包种、变工组代耕、分组代耕较为可行,拨人代耕次之,租佃"最坏",显示了土地改革后中国共产党力图建构的劳动互助体系的新特点,即倡导基于劳力充裕农户与军属家庭之间的互助和以变工组为基础的助耕模式,逐渐减少区村无偿调拨人力的拨工方式,反对传统的租佃形式。

固定代耕、分组帮助对解决军属生产问题是较为可行的方式。沂蒙专署1949年的春耕生产中,烈军工属的生产部分以固定代耕实行包种,大部为分组帮助全村负担等方式,均较过去提高一步。例如,新太(泰)县495个村的统计中(该县共762个村),军属有4384户,在460个村中有2454户解决了春耕困难,在242个村中有1400户则为固定代耕;沂源县张庄区1081户军属中,有415户需要帮耕,其中已解决者401户,未解决的还有14户。② 沂源县历山区河北村军属任其楷的母亲说:"今年对待军属变了样,俺儿出去抗战好几年了这是头一年,这个代耕办法才好来,俺的地保证好了,还给俺打水。"老婆河新战士王道坤回来看了看地里的茅草都刨了,地塘都修了,感动得打酒给代耕户喝,回到区队说:"再不好好干真是对不起自己的良心,咱在家的时候也没有种的这样好。"③ 总体而言,

①　参见沂东县委《春耕生产综合报告》,1949年5月23日,临沂市档案馆0001-01-0065-007。
②　鲁中南二地委:《二地委四月份生产救灾工作报告》,1949年4月28日,临沂市档案馆0001-01-0019-007。
③　鲁中南二地委:《二地委春耕工作总结》,1949年6月2日,临沂市档案馆0001-01-0019-013。

在村组织比较好的村，军属的土地在种、收、锄等主要环节上一般均能与群众同样及时，因之军属一般对 1949 年的代耕反映较好。沂水县金泉区□家村军属张得刚说："比俺自己种好得好"，自麦季以来曾写信两次给他的儿子，嘱咐加油干不要挂念家里。[①]

以变工组为基础的代耕代种则是党和基层政府着力倡导的助耕模式。沂蒙专署对烈军工属、鳏寡孤独无劳力者困难问题的解决，主要是吸收到变工组里实行群众性帮助，同时注重提高他们的生产情绪。1948 年沂蒙专署的变工互助运动中，沂南县张庄区共有 719 户军工烈属（柳田乡 18 个村不在内），参加变工者 220 户；鳏寡孤独全区 159 户，参加变工的 19 户；全区懒汉好吃斗争饭者 53 户（缺 11 个村）206 人，生活困难无着者 45 户，也由互助生产中解决了困难；岸堤区已参加变工的军工烈属、鳏寡孤独 165 户，未参加的 432 户；蒙阴县坦埠区 32 村计解决了 400 户，还有 135 户未解决；大古区 22 个村解决军属 169 户，鳏寡孤独 162 户，逃亡户 820 户（15 村统计）。[②] 采取变工组助耕模式，既可保证军属生产稳定，又可免除区村拨工之难，因而得到普遍提倡和推广。为了实现劳力有无、牛力有无者之间的互帮互助，先在党内、群众中进行动员教育，在此基础上以变工组为基础采取变工、代种、分种等多样化的互助形式。第一，采取变工办法，将他们吸收到变工组里，根据双方劳力大小，活碌技能与工作效率，实行大小换工，老壮换工，男女换工，坡里活与家里活（女人干的）换工；第二，代种，由变工组或由群众分担，多系军属，除他本身所能耕种者外，余下的由变工组或群众代种，家庭富裕者管饭；第三，觅雇工，沂南土山区西桃巷两家军属能雇起活者，即由他雇活，此类多系鳏寡孤独；第四，包工办法，沂南唐山子军属娘俩将地包出，公粮田赋不管，净要 1/3 粮食；第五，租种，多系鳏寡孤独；第六，由变工组分种，秋后平分粮食。[③] 上述代耕代种办法中，以变工组为基础者有 3 种，其余的雇工、包工、租种仅属少数，以变工组为基础的代耕代种是主要的和基本的。"军属代种是除军属自己劳力所能种者外，余下的土地散到各变工组带着。如沂南张庄区午沿庄讨论规定，每亩春地全年用 14 个工，

---

① 沂蒙地委：《沂蒙地委一九四九年一年来农业生产救灾工作总结》，1950 年 1 月 20 日，临沂市档案馆 0001 - 01 - 0019 - 001。

② 参见二地委《关于变工组织问题》，1948 年 6 月，临沂市档案馆 0001 - 01 - 0020 - 007。

③ 同上。

麦地每亩用 10 个工（耕种锄收），不管变工组不变工组都可代种，代种的户即按代种亩数所需的工夫减少他的战勤负担。蒙阴井王庄军属 7 户 80 亩地除本户能耕留出外，其余全部给村的劳力代种（整劳力合 8 分，半劳力合 4 分），也有的个别村庄采取拨夫代种的。"①

拨工是一种全村无偿调拨劳力为军工烈属帮耕、帮种的模式，"最差的是大拨工、零拨工的办法，这样还是不少的，解决较好的沂源县还占 9% 弱，在基础较差的地区则更严重"②，拨工是生产效率最低的互助方式，"某些地方大拨工还是代耕的主要方式，再加上军属肥料不足，因之军属的生产一般还不能与群众同样。如蒙阴店子村调查群众每亩平均收 93 斤，军属平均每亩只 70 斤，生活也就比较困难"③。为此，沂蒙地委在 1949 年冬至 1950 年春的农业生产中专门制定了纠正大小拨工的方案：

> 1. 订合同包产量，增产部份按产量比例分粮，以双方有利，并奖励代耕生产的积极性，应是发展的方向。2. 包工制，登记确定代耕亩数，工数，按劳力分配到户，合理负担，包工制的固定代耕办法应大力推广。3. 在军属集中的村可以乡或点为单位进行劳力调剂，有劳力的军属亦可负担一定代耕任务。4. 代耕中耕牛与劳力一同计算负担，但应根据应代耕地及人力畜力适当计算折合合理分配，达到保护耕牛的目的，为避免混乱县委应先作实验取得经验向下布置。5. 在村政领导下成立代耕委员会，经常检查代耕工作（代耕地头插木牌便于检查）解决问题，进行奖励与批评，教育军属积极生产。④

拨工片面强调助他性，但利己性不足，因此最易引起群众抵制。从拨工方式来看，互助是助人与利己的互动行为，单纯强调助人，忽视互助，不利于互助合作的展开。

---

① 二地委生救会：《生产变工及土地悬案的处理问题》，1948 年 5 月 8 日，临沂市档案馆 0001 - 01 - 0020 - 009。

② 鲁中南二地委：《二地委春耕工作总结》，1949 年 6 月 2 日，临沂市档案馆 0001 - 01 - 0019 - 013。

③ 沂蒙地委：《沂蒙地委一九四九年一年来农业生产救灾工作总结》，1950 年 1 月 20 日，临沂市档案馆 0001 - 01 - 0019 - 001。

④ 沂蒙地委：《地委对执行区党委关于今后（至明年二月）农村工作几个问题意见的方案》，1949 年 11 月 26 日，临沂市档案馆 0001 - 01 - 0019 - 027。

被基层政权忽视的极少数的军工烈属的生产，则唯有依靠租佃、卖地、雇工、包工等方式弥补劳力的不足。[①] 沂东县英山区刘家官庄军属刘□石7亩7分地，3口人，租出7亩；沂中县东里区曹宅庄把烈军属11户土地21亩出租，都是由村干党员农会长等租种；坷拉山则有军属的地10亩铲糟；扈山区有10余户军属卖地，此类现象不止此处。[②] 沂中县军属将土地出卖、土地出租（按四、六分）的现象也反映在其他材料中。[③] 这类现象在土改后仍然零星存在，一方面显示了传统互助合作体系的惯性延续；另一方面也是对中国共产党着力构筑的新的农业互助合作体系的补充机制。

代耕代种与优待军属在人力、牛力使用中存在着较难调和的两难困境。但是，解决抗属生产困难是战争年代中国共产党及基层政权必须要面对的生产难题，既是优待军属的应有之义，也是生产互助的基本内容。群众、军属、基层政权之间关系的调适，有赖于生产动员、群众互助意识和军属自助的三方互动。以军属自助为前提，在自耕基础上借助政府与群众的代耕代种，才是军属助耕模式的主要特点和农业生产互助合作的本质所在。

（三）救灾与互助

生产自救是沂蒙解放区克服严重灾荒，实现"不饿死一口人"目标的主要方针。面对灾荒，民众间的互助互济和互利合作也是摆脱饥馑、走出困境的必由之路，单纯依靠政府救济或个体家庭的努力都不足以克服严重灾荒。生产自救与社会互助都离不开互助精神的维系。克服灾荒，首要的是以变工互助为基础的农业生产，这是群众自救的前提，而政府救济、群体互助则是生产自救的必要补充。生产上的变工互助，有助于克服政府救灾中的强迫命令作风与单纯救济意识，也有助于干部群众克服救灾无信心、单纯依赖公家救济的观点。

在生产救灾中，沂蒙专区党与基层政府通过鼓励副业生产、以工代赈、倡导群众互助等各种方式，因地制宜引导群众开展自救，基本克服了1948年的严重灾荒。在鼓励副业生产方面，如通过打金、拾柴、运输、

---

① 二地委：《关于变工组织问题》，1948年6月，临沂市档案馆0001-01-0020-007。

② 鲁中南二地委：《二地委春耕工作总结》，1949年6月2日，临沂市档案馆0001-01-0019-013。

③ 鲁中南二地委：《二地委四月份生产救灾工作报告》，1949年4月28日，临沂市档案馆0001-01-0019-007。

山菜、备菜糠、打油、制粉等的收益换取粮食。9月，沂水、莒沂、沂南等3县打金158两，每两可换2300斤粮，共可换粮363400斤，每人每天1斤粮，可维持12113人1个月的生活；蒙山县固城区共有2254户拾柴维持生活1个月，拾柴478500斤；白埠区之□家□组织24辆小车运梨，16个挑子运盐，1个月时间挣粮4408斤，解决了全庄灾荒，8户不再逃荒；蒙山、沂水、蒙阴3县统计即有油坊598处，粉坊616处。政府亦运用各种力量扶持群众增加收入，沂蒙专区全年共动员4万余辆小车完成了1000余万斤粮食调运任务，赚提成粮2530389斤，挖沟挖河4389道，水利工赈粮111万斤，银行贷款579万斤，作军鞋10万双工资粮384521斤，运道木3万余根，工资粮95万斤，归还预借粮745万斤，救济粮59万斤。①

　　1949年，沂蒙专署遭受更为严重的自然灾害，严重破坏了农业生产环境，群众生活更趋恶化，大大增加了基层政府生产救灾的工作难度。由于旱、涝、风、雹、病、虫等灾害普遍减收，全区收成平均五成七弱的年景，以沂水县为最好（七成），沂南、沂源、蒙阴次之（六成），最坏者为莒沂县（五成）、蒙山（四成）。全区共3423678亩（中中亩）地，平均亩产166斤，共收入458272040斤，每人平均收入223.14斤，若每人每日以吃粮1斤（包括油盐在内）计算，自当年阴历后7月算起至翌年4月底止，每人缺少76.125斤粮食，全区共缺粮149879581.75斤。据1949年8月底沂蒙专署6个县的统计，缺粮户28242户、71855人，要饭者7168户、20358人，逃荒者（仅蒙山沂源）712户、2400人，其中以蒙山为重，逃荒者即有547户、1967人。蒙山保台区灾情最重村大利口庄，全村295户、1260人，1964.2亩中地，平均每人合1.5亩，今年收成高粱谷子共计794.6亩，共收57466斤，每人平均折合仅46斤，每人每天按半斤计只能吃92天，到明年接麦尚差208天口粮。沂水县下位区门庄属收成较好村子，全村297户、1327人，中地1970.2亩，该村口粮吃4个月的5户27人，吃6个月的2户、2人，吃7个月的35户、236人，吃8个月的112户、540人，吃9—10个月的116户、452人。② 由此可

　　① 参见沂蒙地委《沂蒙地委一九四九年一年来农业生产救灾工作总结》，1950年1月20日，临沂市档案馆0001-01-0019-001。

　　② 沂蒙地委:《沂蒙区一九四九年秋季收成与灾荒情况》，1949年9月15日，临沂市档案馆0001-01-0019-028。

见，该年灾荒之严重是历年所仅见的，救灾救荒的压力也是空前的。

通过变工组织，从生产变工中完成生产救荒，是互助精神在生产自救中的落实与体现。下面是1949年5月沂蒙地委生救会提报的从生产变工中完成春耕救荒的两个材料。蒙阴县野店区辛庄公茂俊变工组，共5户，整劳力5个，半劳力两个，4户贫农，1户地主；全组春地96.5亩，麦地1.5亩；牛3条腿，马子1匹；耢犁两把，镢4个；马与4个人组一犋，每天能耕3亩地，再加1耢犁1镢，12号已耕66.5亩，现在估计已耕完；计划耩5天的地，全组便完成春耕春种。全组共种高粱25亩，谷子33亩，地瓜4亩，花生20亩，棉花8.5亩，烟2亩，玉米4亩，公家已贷给该组地瓜种65斤，花生种，铲头4个，镢头两个作一扶助。现有粮324斤，有两户吃1个月的，3户吃50天的，计划抽一个人运盐，公茂玉的女人纺线5斤赚85斤粮，以及种早熟庄稼早熟菜能补救362斤粮，春荒即可渡过。[①]另一材料来自蒙阴县大古区井王庄李加有变工组，原来9人，增加4人，整劳力7个，半劳力5个，女劳力1个，其成分有中农5人，贫农8人，包括13户76口人，两犋牛5把耢犁子，全组自然地450亩，春地430亩，麦地20亩，春地除牛耕外，每把耢犁能刓45亩，并计划给军工烈属代耕两户4.2亩，该组还有4户无劳力的，约占40亩地，亦由全组负责，现在已耕地280亩，占1/2强，耩地200亩，未耕地计划半个月完成任务（12号计划），13户中农已有5户没吃的，全组粮358斤，豆饼4片72斤，每人划4斤粮，到芒种50天每人每日1斤需3000斤粮。现在已种白菜3亩，南瓜1500棵，运豆子一趟赚480斤，纺线4斤赚95.5斤，卖柴1200斤买粮45斤，卖10斤线1斤棉2斤麻买304斤粮，做鞋3双赚粮20斤，计划做10双鞋，又抽1人运粮赚120斤，4人准备运盐一趟能赚96斤粮，有一家一案子能卖20斤粮，有两家14人专靠织布吃饭，每张机到割麦子织50勾子布，能得2471斤粮。这样平均每人35斤粮，加上小白菜，灾荒可以度过，该组是最穷苦的，不变工前"不饿死一个人"很难保证，但变工计划后"不饿死一个人"是有保证的了。[②]从这两个生产救荒个案可以看出，其一，农业生产互助与日常生活

---

① 二地委生救会：《从生产变工中完成春耕救荒的两个材料》，1949年5月1日，临沂市档案馆0001－01－0020－012。

② 同上。

互济是保证"不饿死一个人"的保证,农业与副业生产是自救的基础,更离不开各个阶层的互助合作;其二,劳力的变工组织不只是保证了"不荒一亩地",只有组织起来才能有剩余的劳动力从事副业,度过春荒;这也说明农业为主,结合副业,变工组织才能巩固,这也是变工组织发展的方向。

　　救灾中的动员与教育是党与基层政府的基本职能,进行群众性的社会互助动员有助于解决灾民生产与生活中的困难。"地委始终贯彻并执行了生产自救的方针,克服了和克服着干部中无信心、单纯依赖公家救济的观点,使得作风上深入一步,能以掌握灾情发动组织群众。区党委转发分局关于停止灾民逃荒及重申'不饿死一口人'的按级负责的指示下达后,各县区均专门召开会议进行讨论布置,这对停止逃荒贯彻生产自救是个基本上的纠正,再加公家救济粮及各县节约粮款的维持,发动群众生产自救进行社会互助,纠正孤立的个别的打谱,并强调有组织的集体打谱,是始终贯彻的主要方式。"[①] 如沂源县青龙区集体有组织的打谱后,1600 余户灾民解决了 900 多户;蒙阴县高都区高都村在支部里进行教育后,自动借出 3053 斤粮,解决了 15 户缺粮的群众;城子区郭家村有 22 户无粮户,在支部里进行了社会互助集体打谱的教育后,支书在支部会上自动借出 30 斤粮食,5 个支委也自动借出粮食 164 斤,解决了 22 户的困难。[②] 再如蒙山东部朱蒲汪沟算轻灾区,发起互助捐献干菜万余斤,救济西部灾重区并安插灾民 46 户 175 人。[③] 类似的生活互助与社会互济对生产救灾来说是必不可少的补充。

　　借助群众之间的互助合作,救灾度荒才在政府救济之外建立了变工组织为基础的制度保障。这一救助体系由三方构成,一是政府提供农贷、工赈、农赈等赈济支持,此即所谓"公家救济";二是依托变工互助组织进行农业与副业生产,提升群众自救能力,达到生产自救的目的;三是广泛推广群众之间的社会互助与互济,发扬群众互助精神,提高抗灾能力。

---

　　① 鲁中南二地委:《二地委春耕工作总结》,1949 年 6 月 2 日,临沂市档案馆 0001 - 01 - 0019 - 013。

　　② 同上。

　　③ 沂蒙地委:《沂蒙地委一九四九年一年来农业生产救灾工作总结》,1950 年 1 月 20 日,临沂市档案馆 0001 - 01 - 0019 - 001。

三　土地改革后变工互助的新特点

本书对中共农业互助合作运动的考察截止到 1949 年，与抗日战争之前的劳动互助合作相比，解放战争时期的沂蒙解放区变工互助体系是在土地改革基本完成的背景下构筑起来的，注入了不同于以往的新的特质和元素，与减租减息背景下的劳动互助合作有很大不同。

首先，土地改革后沂蒙解放区的农业互助合作类型更加多元化。沂蒙专署变工互助的形式大致可以归结为以下五种类型。第一，以牛为中心的变工，即伙养牛的组织。如沂南县土山区前交良庄 6 家伙养 1 个的 4 个牛，5 家伙养 1 个的 3 个牛，4 家伙养 1 个的 1 个牛，根据地亩多少伙养，对脾气的牛草牛料不相上下。第二，土地劳力相等的变工。沂南县张庄区有不计工不算账土地劳力相差不多辫伙着做的变工，有兄弟爷们在一块不找工算账，剩余劳力主要用在副业上。如水洪山王×高组 6 户，作小挑买卖者 5 户，过年挣钱 18 万元，轮流外出做小挑买卖，其余耕种。沂南县土山区平家庄有 3 个青年党员组成一组，土地劳力相等，不计工算账，他们认为差一差二不算差。第三，农副业包工制。沂南县铁山区尤家埠子李高奎组 7 户 32 人，男整劳力 7 人，半劳力 1 人，女整劳力 5 人，皆上中农，全组麦田 41 亩，春地 54.7 亩，共有土地 95.7 亩，每人种 13.2 亩，有抗属 2 人，牛 2 头。副业织布机 4 张，有两个专门在外织布，家里两张机，一面种地，另一面代着织。李高臣完全种地，马盛江爷俩不种地光织布，每个布挣 20 斤粮，赚粮就找给李高臣作为种地代价，并借给李高臣 4000 元钱挑盐，解决他的困难。全组没有一个闲人——4 张机织 15 个布挣 15 万元，纺线 5 斤挣 1 万元，挑盐挣 1 万元，解决了 3 家困难。张庄区薛家圈张玉身组 6 户，男整劳力 6 人，半劳力 1 人，女整劳力 5 人，全组春地 30 亩，麦地 24.7 亩，每天按 10 分计算（用牌）互相找工，地主 1 户，机匠 1 户，机匠专织布，地由别人代种，按市价支工资，不作商人的欠工者不支工资，以工换工。第四，农副业结合大变工，也带有包工性质。张庄区王清贵组 8 户，内有地主 1 户，抗属 2 户，上中农 6 户，男整劳力 7 人，半劳力 1 人，女劳力 8 人，共 44 人，麦田 22.6 亩，春地 30 亩，3 年未垮，伙养 1 牛。使场、农具由副业中挣钱买，损坏了由组里负责。全组染坊一股 45 万元，染布请人（被请人作 1 股），染好挣钱多了奖励之，大机 4 张，去年每张机分 40 万元，今年又挣 10 万元。王清贵是木匠,买木做板赚 20 万元,他的地由组里代种,他支工资,买卖子弹赚洋 60 万元,现粮食能接到麦子,并借出 3 升粮食救济穷人。第五,临时性的互助换工。沂东县在突击春耕中组织的搭犋组、辫犋组、豁犁组、一般 3—5 人,有 2 人是临时的,互助性质的。在沂中、蒙阴为解决军工烈属鳏寡孤独生产以零活轻活或做鞋做衣与有劳力者换工,一般也带临时性质。① 无论是经常互助还是临时互助,无论是农业领域抑或是副业生产,互助合作的阶层、范围与内容已经具有广泛的包容性,互助合作既跃出了亲族近邻的圈子,也突破了租佃关系的束缚。

其次,土地改革后沂蒙解放区的劳动互助合作体系更加突出公平性。无论是传统道德伦理还是现代经济伦理,公平合理都是换工与变工的首要原则,沂蒙解放区的变工、换工、还工也基本是依此原则运行。在减租减息状态下,劳动互助合作依然掺杂着经济实力的巨大差异,农民在劳动互助中的话语权极为微弱,并取决于地主、富农对劳力的需求量。经过土地改革,形成了"中农化的阶层结构","土地的零碎化程度达到了前所未有的程度"②,这也同时意味着劳动互助合作的双方基本处于大致对等的经济条件下,对称性合作成为可能。在中国共产党与基层政权对生产的介入与领导中,这一机制尤其强调自愿结合、公平合理、等价交换等基本运行规则,将传统互助合作体系中的换工、帮工、还工、补工、拨工机制,进一步发展为更趋公平、平等的变工互助体系。

最后,土地改革后沂蒙解放区的劳动互助合作体系更加突出普惠性。沂蒙解放区土地改革后的生产、救灾、支前、优属、优军等主要工作,可以说都离不开群众之间的互助与合作,由此形成了农业、副业、支前、救灾、生产中的劳力度量与交换机制。党与基层政府对生产的领导,劳力调剂和资源配置是其主要的内容,在应对军工烈属、乡村鳏寡孤独者、无劳力者以及因土地改革而落魄的地主富农阶层的生产困难方面,变工组发挥了不可替代的重要作用。党与基层政府还加强了对拥军优抗优属的工作力度,努力使军属的生产与群众同步,努力使军属的生活与群众同一。新的变工互助体系中换工的类型更为多样化,男女、整半、老幼劳力都参与到

---

① 参见二地委生救会《生产变工及土地悬案的处理问题》,1948 年 5 月 8 日,临沂市档案馆 0001 - 01 - 0020 - 009。

② 王友明:《解放区土地改革研究:1941—1948——以山东莒南县为个案》,上海社会科学院出版社 2006 年版,第 81、82 页。

变工体系中，变工从农业进一步延伸到副业，剔除了剥削、不公等因素，更加强调互助互济与互惠互利。所有这些，都显示了劳动互助合作力图惠及解放区的所有劳动者和生产者的倾向。

第三节　供销合作：合作运动的转型与定位

新民主主义革命时期的合作社有着一套独特的运行逻辑，具体表现为投机盈利、商人地主富农主导、股金不等、按股分红、社员与群众界限模糊等基本特征。1949 年，山东省莒南县进行了解放区原有合作社的整理与改造试点，将高收低售、取消盈利、平等股金、废除分红、为社员服务等新的合作政策贯彻于基层合作组织。党和政府通过思想动员、利益导引，实现了普通民众对新合作方针的认同，改变了解放区原有合作社的运行逻辑，重构起以供销合作为主的合作组织体系。合作社成为国家调控乡村的有力工具，国家与合作社的关系由此发生了根本变化，乡村社会经济秩序也因此而改变。一个新的社会形态在合作社的重塑中开始孕育。

从新民主主义革命到新民主主义建设的历史性转变，意味着"革命的中国"向"建设的中国"的转折。1949 年前后，承续新民主主义革命时期的历史资源，各解放区的新民主主义建设工作迅即展开，以重构新的社会经济秩序。虽然新民主主义建设在短短的 7 年内即告终结，并为社会主义现代化建设所取代，但中国乡村发生的变化确是翻天覆地的。乡村合作组织的重构意味着乡村社会经济秩序、民众心态、国家—社会关系的深刻变动。本节以 1949 年 4—6 月鲁中南行署滨海专区莒南县路镇区如何整理与改造原有合作社，贯彻推行以高收低售、取消营利、平等股金、废除分红为主要特征的新合作社方针为个案，通过合作社经济发展过程中新旧合作政策的转变，探讨整理改造前后的合作社、基层政权、民众之间的关系变动，考察中国共产党如何重构新的合作组织和社会经济秩序。这同时也可以视为理解新中国成立前后"从新民主主义革命走向新民主主义建设"的中国乡村社会变迁的一个视角。①

---

①　本节曾以《合作组织重构与乡村社会变迁——以一九四九年山东省莒南县合作社的整理改造为中心》为题，刊发于《中共党史研究》2010 年第 5 期。

一　中国共产党合作政策的转变

在新民主主义革命中，经济建设被赋予极其重要的地位，合作社经济是新民主主义经济体系的重要组成部分，这是中国共产党人对合作社经济的共同认识。

国民革命时期，农民合作社组织问题已经得到共产党人的高度重视。中国共产党第一次正式讨论组织合作社的决议与宣言，是 1925 年 5 月广东省农民协会第一次代表大会关于农村合作运动决议案。① 1926 年 12 月，湖南省第一次农民代表大会关于农村合作社问题决议案就信用、贩卖、消费、利用、生产合作社的功能做了说明。合作社与工农运动相互结合是国民革命时期中国共产党合作政策的基本特征。合作社与工会、农会一样，是中国共产党动员、组织工人阶级与农民阶级，进行国民革命的工具性手段。因此，1927 年 3 月，毛泽东在《湖南农民运动考察报告》中指出，"合作社，特别是消费、贩卖、信用三种合作社，确是农民所需要的……假如有适当的指导，合作社运动可以随农会的发展而发展到各地"②。

苏维埃革命时期，合作社在苏区建设中发挥着重要作用，特别是在"红色割据"状态下，利用合作社以增加商品流通、发展苏区贸易是苏维埃革命时期合作政策的基本特点。"实行合作社运动，首先就是贩卖合作社和消费合作社。"③ 1931 年 12 月，中华苏维埃共和国临时中央政府关于合作社暂行组织条例的决议，是中国苏维埃政权建立后以条例形式明订合作组织的目的与运作方式之"母法"。④ 此后直至抗日战争时期，中国共产党合作运动的基本路线大致承袭下来。

抗日战争时期，中国共产党关于合作运动的政策日渐成熟，发展边区（根据地）经济，服务抗日战争，保障军民生活，构成抗日战争时期合作政策的基本方向。1940 年 1 月，毛泽东认为"在'耕者有其田'的基础

---

① 赖建诚：《近代中国的合作经济运动：社会经济史的分析》，（台北）正中书局 1990 年版，第 165 页。

② 《湖南农民运动考察报告》（1927 年 3 月），《毛泽东选集》（第一卷），人民出版社 1991 年版，第 40—41 页。

③ 《中央政治局关于苏维埃区域目前工作计划》（1930 年 6 月），《中国供销合作社史料选编》（第二辑），中国财政经济出版社 1990 年版，第 9 页。

④ 赖建诚：《近代中国的合作经济运动：社会经济史的分析》，（台北）正中书局 1990 年版，第 165 页。

上所发展起来的各种合作经济，也具有社会主义的因素"[①]，与国营经济、资本主义经济、富农经济一起构成革命的中国、抗日的中国的内部经济关系。"我们的经济是新民主主义的，我们的合作社目前还是建立在个体经济基础上（私有财产基础上）的集体劳动组织"[②]，是包含了从变工队、扎工队以至生产合作、消费合作、运输合作、信用合作的综合性合作社。毫无疑问，根据地合作社经济的性质是新民主主义的，构成新民主主义经济体系的重要一翼。

随着解放战争的顺利推进，新民主主义革命的逐步胜利使合作社的发展走向新的历史拐点，"必须立即从事新民主主义的经济建设"的时代主题凸显出来。[③] 自 1948 年下半年开始，中国共产党领导人毛泽东、刘少奇、张闻天等都对新民主主义条件下的合作社做了新的理论思考和制度设计，对合作社的性质、功能与任务进行新的定位与思考，力图在新民主主义经济的框架下，通过合作社实现个体经济向集体经济的转变，从而形成了合作社发展的新的方针政策，以使合作社适应新民主主义建设并走向社会主义的历史趋势。这不仅体现在农业生产合作领域通过农业合作化运动实现农业的集体化，也体现在农村流通领域通过建立供销合作社体系重构乡村商业的制度设计。

1948 年 9 月，刘少奇在《论新民主主义的经济与合作社》中，强调了合作社在新民主主义经济建设中的作用，把合作社的历史任务和历史作用界定为："消灭投机商业，保障新民主主义经济胜利前进的最重要的工具"；新民主主义与旧资本主义"在这种经济上的和平竞争中，合作社也是一个最重要的工具"；此外，合作社还具有组织、提高并最终改造小生产成为大生产的历史任务。总之，"与投机资本斗争，与旧资本主义成分斗争，并组织小生产最后在极广大范围内彻底改造小生产成为大生产，这就是合作社在无产阶级领导的新民主主义国家制度下的客观历史作用与历史任务"。作为走向社会主义的桥梁，合作社扮演着重构新的乡村经济秩

---

①　《新民主主义论》（1940 年 1 月），《毛泽东选集》（第二卷），人民出版社 1991 年版，第 678 页。

②　《组织起来》（1943 年 11 月 29 日），《毛泽东选集》（第三卷），人民出版社 1991 年版，第 931 页。

③　中共中央文献研究室、中华全国供销合作总社：《刘少奇论合作社经济》，中国财政经济出版社 1987 年版，第 1 页。

序的角色。"没有合作社，无产阶级就不能在经济上领导农民，不能实现无产阶级与农民的联合，这在新中国的经济建设中是一个带决定性的问题。"①

　　鉴于合作社在国民经济建设以及从新民主主义向社会主义过渡过程中的地位与作用，刘少奇提出了组织及改造合作社的基本原则，这些基本原则构成 1949 年解放区合作社整理改造的理论基础。第一，改造现有的合作社。应该由上而下然后由下而上地去组织及改造现有的合作社，"过去已经组织的合作社，亦必须依照总社章程改组和改变营业方式，否则，亦不得加入合作社联合社，并须取消合作社这个名称"②，明确提出了对解放区原有合作社进行改造的历史任务。第二，为社员服务。合作社唯一的任务就是在经济上为社员服务，即供给社员生产资料和生活资料。第三，合作社不应以盈利为目的，而以向社员高买贱卖为目的，这就可以而且应该不分红利给社员，入社金额应该不高，而且应该一律。这样在合作社目标与具体制度设计上有别于经典合作原则，将合作社商业与投机商人、普通商人区别开来。第四，合作社对社员必须做到高买贱卖，这是合作社存在并得以发展的基础。这些全新的合作理念与制度设计不仅成为新中国成立之初供销合作事业发展的理论基础，也成为对老解放区原有合作社进行整理改造的基本原则。

　　上述合作原则意味着中国共产党合作政策的重大转变，在随后的中国共产党一系列战略决策中也体现出来。1949 年 3 月，毛泽东在中共七届二中全会上把合作社经济作为领导劳动人民的个体经济逐步地走向集体化，由新民主主义社会发展到将来的社会主义社会的手段加以强调。③1949 年 9 月 29 日，中国人民政治协商会议第一届全体会议通过了《中国人民政治协商会议共同纲领》，对合作社经济的地位、性质做出明确规定："合作社经济为半社会主义性质的经济，为整个人民经济的一个重要组成部分。"至此，从 1948 年 9 月刘少奇提出"合作社的新方针"，到 1949 年 3 月中共七届二中全会，再到 9 月的《共同纲领》，解决了合作社

---

　　① 中共中央文献研究室、中华全国供销合作总社：《刘少奇论合作社经济》，中国财政经济出版社 1987 年版，第 8、21 页。

　　② 同上书，第 13 页。

　　③ 参见《在中国共产党第七届中央委员会第二次全体会议上的报告》（1949 年 3 月 5 日），《毛泽东选集》（第四卷），人民出版社 1991 年版，第 1432 页。

经济从战时状态向适应全国经济建设方向转变的一系列基本问题。[①]

1948 年 9 月刘少奇阐述新民主主义经济与合作社时提出的发展合作社的方针，在 1950 年 6 月中央合作事业管理局为全国合作社工作者代表会议起草的工作报告中，被誉为"合作社的新方针"。"合作社的新方针"以一套全新的合作政策取代解放区原有合作社的运行逻辑，体现为高买贱卖（高收低售）、取消盈利、平等股金、废除分红、为社员服务、以供销取代生产等基本特征。1949 年初起，"合作社的新方针"开始在各解放区得到贯彻与实行，各解放区原有合作社的整理与改造随即拉开帷幕。

二　20 世纪 40 年代鲁中南滨海区合作社的发展及其不足

鲁中南区是山东革命根据地的战略中心，包括鲁中、鲁南、滨海等革命根据地，地处陇海铁路以北、津浦铁路以东、胶济铁路以南的广大地区，战略地位非常重要，是山东抗日战争与解放战争的主要根据地。位于鲁东南地区的滨海抗日根据地和解放区，西界沂河，东滨黄海，南起陇海铁路，北抵胶济铁路，包括竹庭、日照、五莲、莒县、莒南、临沭、郯城、临沂及潍坊的诸城、高密一带，是抗日战争时期山东五大战略区之一，根据地各项建设事业亦走在全省前列。

经过新民主主义革命时期的积累与发展，山东根据地合作社事业获得很大发展。1940 年 8 月 7 日，山东省人民政府前身——山东省战时工作推行委员会将"发展合作事业"列入《山东省战时施政纲领》[②]，合作事业在战争间隙开始成长起来，到 1941 年底，山东抗日根据地合作社已发展到 1439 个。[③] 滨海区合作社事业在 1941 年至 1942 年间开始初步萌芽，莒南、日照、临沭三县发展合作社 66 个，股金 86700 元[④]，社员 1950 人，其中莒南一县即占 3/4。从 1943 年起，滨海区合作事业进入发展时期，1944 年，全区有合作社 377 个，社员 82110 人，股金 541.5 万元，主要散

---

① 李玉敏：《民主革命时期国共两党合作社经济政策比较研究》，东北师范大学，博士学位论文，2007 年，第 77 页。

② 山东省财政科学研究所、山东省档案馆合编：《山东革命根据地财政史料选编》（内部资料）第一辑，1985 年版，第 12 页。

③ 山东省地方史志编辑委员会编：《山东省志·供销合作社志》，山东人民出版社 1995 年版，第 4 页。

④ 此处所引文献中的股金币值与币种，指滨海区当时通行的北海币。1948 年 12 月，北海银行与华北银行、西北农民银行合并组成中国人民银行后，山东解放区的货币遂为人民币取代。

布在莒南、莒县、日照、竹庭、临沭及滨北的少部分地区。1947 年，合作社发展到 1507 个，股金 1208228884 元（莒南、莒县、日照三县），社员增加到 177255 人。到 1948 年底，由于受 1947 年国民党军队重点进攻和 1948 年春荒影响，滨海区合作社数量降至 830 个，但股金增至 2712917500 元。

滨海解放区建立起来的合作社经济，在 1949 年前后全面构建新民主主义经济、从新民主主义走向社会主义的历史条件下，在从"战时的、农村的"历史背景走向"城市领导乡村"的新的历史时期，原有合作社的缺陷与不足使其难以按照既有路径发展下去。

首先，根据地建立起来的合作社经济，必然体现为特定历史条件下的产物，具有强烈的战时特征。"我们今天所处的环境，依然是战时的、农村的"[①]，这就决定了合作社经济只能是服务于革命战争与战时经济建设。抗日战争时期，合作社组织是"抗日根据地的经济堡垒"，"与日寇作经济斗争的武器"，建立合作社是解决军民日常生活用品困难的有效办法。[②]国共内战时期，合作社在解放区依然发挥着保障军民供给、服务战争全局的功能。

其次，在不同的历史时期，合作社的性质、任务与功能各不相同，其中所体现的经济关系也各不一致。在 1941—1942 年的山东根据地，"那时合作社多数是抗协及上层人物组织的，股金是完全摊派的，入股的户数极不普遍，只是地主富农及投机商人，因此是少数把持，或个别干部包办的，在经营业务上不是为群众服务的，而是为政府干部服务的……完全是投机贸易性质，很少做到为劳苦群众生产服务，所以一般群众对合作社毫不关心，不感兴趣，对自己出的股金认为是一种负担，或者说是一种赔钱，因此合作社是没有群众基础的"。少数把持、干部包办、服务上层、股金摊派、缺乏群众基础造成合作社"百分之九十的垮了台"。从 1943 年起，滨海根据地采取"组织一个、巩固一个""培养典型、创造经验"的方法，以扶持群众纺织生产为主的方式推进合作社的发展。"此时合作社的股金名义上是动员自愿，而实际上大部分社有些是摊派方式……有些

---

　　① 薛暮桥:《抗日战争时期和解放战争时期山东解放区的经济工作》，人民出版社 1979 年版，第 24 页。

　　② 山东省地方史志编辑委员会编:《山东省志·供销合作社志》，山东人民出版社 1995 年版，第 4 页。

合作社是群众自己所掌握的，为群众服务的，但不会经营多数是赔本的，而小商人富农所掌握的合作社，大多数专做投机买卖的，单纯为赚钱，脱离群众"①。可见，投机赚钱、摊派股金、纺织生产合作为主构成这一时期的主要特征。"特别是合作社的领导成分，成为当时一个严重问题"；由小地主和小商人组织的合作社，要么"表示自己参加'抗战'，而非真心来为群众服务"，要么"骗取政府贷款，利用合作社的招牌经营投机贸易"②。1945 年后经过减租减息、土地改革运动，滨海解放区合作社大大发展起来，但同样"内中问题很多，仍是不巩固的，特别是以斗争果实成立的合作社群众更不拥护……社干思想非常混乱，群众赊账抽股，结果合作社来了个大垮台"③。可见，1948 年之前，滨海解放区的合作社并没有一以贯之的合作方针，合作社是战争状态下的特殊产物，各个时期所展现出的合作社与民众、政府与合作社的关系也各不相同。

最后，革命战争时期的合作社，有着一套独特的运行逻辑，具体表现为投机、盈利、商人地主富农主导、股金不等、按股分红、群众与社员界限模糊等特征。在业务经营方面，"不是抱着减轻中间剥削的观点，而是营利分红为目的"。合作社质量不高，"有些畸形发展，如二三个商人合伙经营，或一个荣誉军人看着几盒烟、几斤酒，也都叫合作社，另外还有的一个村好几处合作社，互相竞争，闹不团结，业务重复，资金分散，经营无力，人员开支浪费"④。合作社方针不明确，笼统地为群众服务难以界定社员与非社员的区别。被视为国营经济补充的合作社，"自 1946 年至 1948 年合作社与国营经济脱节很严重，对国营经济的领导作用认识不明确，甚至形成对立……合作社走向投机营利转为分红为目的，因此走向各自为政，互相竞争，竞赛分红，甚至违反政府法令也不限制，完全走了旧民主主义的道路"⑤。莒南县路镇区永兴合作社，"在业务经营上，强调营利扎根好在群众中建立信仰，群众也认为多分红，就是合作社，由这两方

① 《鲁中南滨海区合作事业历年来总结》，时间不详，山东省档案馆 G018 - 01 - 13 - 2。
② 薛暮桥：《抗日战争时期和解放战争时期山东解放区的经济工作》，人民出版社 1979 年版，第 71 页。
③ 《鲁中南滨海区合作事业历年来总结》，时间不详，山东省档案馆 G018 - 01 - 13 - 2。
④ 同上。
⑤ 同上。

面促成投机营利的旧资本主义,以营利分红为群众服务的主要标识"①。

显然,滨海解放区在新民主主义革命时期发展起来的以投机盈利、商人地主富农主导、股金不等、分红、群众与社员界限模糊等为基本特征的旧合作社,与1948年下半年提出的"合作社的新方针"大相径庭。在新民主主义革命基本胜利、时代主题从革命转向建设的历史背景下,旧合作社的整理改造已经势在必行。

三　1949年鲁中南滨海区莒南县合作社的整理改造

山东解放区整理改造旧合作社主要集中在1949年上半年。据1949年底的不完整统计,全省5541个农村合作社,其中依新方针改造的合作社1030个,新发展的合作社1696个,共占总数的49%,其余未改造的合作社2815个,占总数的51%（其中有不需要改造的生产社）。② 一年中约有26.8%的旧合作社得到整理改造。1949年3月,鲁中南行署召开合作会议,会议认真学习了刘少奇的《新民主主义经济与合作社》讲话,传达了山东省合作社干部会议精神,提出了整理改造旧社、组织发展新社的目标任务。会后,鲁中南行署抽调各县实业科、合作推进社的合作干部38名,组成合作工作队,选择莒南县路镇区为基点,确定对东南部永兴社、东赤石沟社、北石桥社按照新方针整理改造。自4月起,合作工作队陆续进驻各个基点,展开贯彻新的合作方针、整理改造旧合作社的各项工作。到1949年6月,各个基点的整理改造工作基本结束。整理改造大致经历了思想动员、高收低售、废除分红与平等股金几个阶段。以下将对这一历史进程加以考察,以深入理解国家如何建构新的国家—民众关系,实现经济秩序的重构。

（一）宣传教育:思想动员

旧合作社的整理与改造先从思想动员开始,即灌输新的合作政策,宣传新民主主义经济与合作社的关系,将新的合作理念灌输到村干部、合作社干部与社员中去,消除合作运动发展中的投机、营利、分红思想,明确合作社的性质、目标与任务,重新建构国家与民众的关系,为废除分红、

---

① 《莒南县路镇东南部永兴合作社整理改造过程总结》,1949年8月,临沂市档案馆0004－01－0072－002。

② 山东省人民政府实业厅:《1949年度山东合作社工作报告》,1949年,临沂市档案馆0002－01－0035－001。

平等股金进行宣传教育。思想动员使各个阶层初步认同了新的合作原则，消除了合作社干部、社员执行新方针的顾虑，对合作社的认识有了新的转变。"如东南部村支委会，反复学习新方针便了解合作社是给社会主义打下基础的，目前就要开始建设新民主主义的合作社过渡到社会主义社会，这是我参加党最盼望的一天（孙希安），这次才方知道合作社是推动社会前进的，认识没有合作社，新民主主义不会成功的（小组长），学习后明白新民主主义到社会主义的桥梁就是组织合作社（赵守禄），现在大城市由我们掌握，新社会很快就要成功的（纪桂堂），新方针越快越好（柏林三），抗战八年没看见社会变样，变了样死了也甘心，从今后要变样了（赵守禄）。合作社真正为社员服务，也必须实行高收低售，才能减少中间剥削，社员与非社员要分开去看待，这样才能刺激非社员入股，扩大合作社（王长迎）。"① 在东赤沟村，先是召开了支委与工作团会议，接着"由支委会学习新方针两晚上，新民主主义与合作社文件全搬下去，第一次传达学习的收效，谈一段解释一遍，都感到很好"②。新的合作社整理改造方针逐渐得到基层干部的理解与认可。

经过广泛的思想动员与宣传教育，乡村基层干部、合作社干部与社员对新的合作理念的认识，经历了陌生、怀疑到最终部分认同的心路历程。"经过广泛的宣传动员，一般的社员群众认识了合作社的今后方向及方针的前途，有的村社，除在支部宣传动员外，并在社干中进行了教育，打通思想，转变单纯以营利观点为目的，而要实行以平等股金不分红高收低售彻底为社员服务。"③ 可见，在社员心目中，合作社与新的社会建设是紧密相连的，美好的憧憬可经由合作社而实现。

（二）高收低售：利益导引

思想动员并不能给予社员实际的经济利益，在思想动员的基础上，通过经济利益的导引，进而实现民众对新的合作原则的认同，是整理与改造合作社的中心工作。合作社通过高价收购社员农产品（高收），低价出售

---

① 滨海专署合作工作队：《六地委专署合作工作队初步工作总结》，1949 年 6 月 20 日，临沂市档案馆 0004 - 01 - 0070 - 002。

② 滨海专署合作工作队：《莒南县路镇区东赤石沟合作社贯彻新方针的介绍》，1949 年 7 月，临沂市档案馆 0004 - 01 - 0071 - 002。

③ 《合作新方针政策》，《鲁中南区整理发展合作社初步贯彻新方针典型介绍》，1949 年 7 月 15 日，临沂市档案馆 0002 - 01 - 0034 - 002。

社员需要的生产与生活资料（低售），让社员看到合作社所带来的实实在在的利益，从而使社员在思想观念转变的基础上，产生不要红利、平等股金的现实要求。

在整理改造中，高收低售是进行平股不分红的前提与基础。截至1949年7月，滨海区莒南县的高收低售情况如下：第一，高收数字：东南部永兴社收大麦4斗9升1合，收小麦2石8斗6合，每升高于市价2000元，社员多得钱662200元，东赤石沟社收小麦2石，每升高于市价2000元，收大麦5斗，每升高于市价1500元，社员多得钱475000元。第二，低售数字：东南部永兴社31376150元，东赤石沟社5615500元，西巷子社2100600元。[①]

高收低售让合作社的社员得到了实实在在的、看得见的收益，得到社员的拥护，随之而来的就是社员与股金大有增加。"东南部永兴社低售后增加社员84名，股金125万元，东赤石沟社增加社员8户，石桥子社增加社员51人。"不仅如此，合作社员的心理也随之发生巨变："东南部社、东赤石沟社员反映，合作社若是这样办下去，谁还到集上去买卖呢，过去分红可买不到贱东西（方言，即便宜东西——引者注），不怕另（应为零——引者注）打油，就怕总算账，咱们的合作社是给咱自己办事的，既方便又便宜，不在社的感觉吃亏，又感觉不光荣，所以谁执行新方针，为社员服务，谁就增加了社员与股金，业务也就扩大起来。"[②]又如西巷子有个80岁的老头，自动拿出20万元要把合作社办好，不要分红，东赤石沟董大爷拿出208000元，他说只要合作社为大家办事，方便就行，相反的西南部复祥社每天卖货8万元，不够开支的，社员意见纷纷，说合作社不给办事，永茂社不认真执行高收低售，社员提出很多意见。[③]

高收低售取得了思想动员所不能达到的效果："开始教育时，认为这样是光做亏本买卖，一定要垮台，开支哪里来等等顾虑，更怀疑国家经济是给合作社扶持吗，当执行高收低售后得到社员的拥护，股金社员扩大，业务扩大，由事实来证明这是群众的要求，非但垮台不了，相反的会得到发展，同时个别点的社员体会到股金大小买卖不合理，有平股的要求，认

---

① 滨海专署合作工作队：《六地委专署合作工作队二次工作总结》，1949年7月，临沂市档案馆0004－01－0070－002。

② 同上。

③ 同上。

为低售高收比分红好。"① 这就为平股不分红创造了条件。

（三）实践运作：平股不分红

由于社员股金数量不一，但从合作社的高收低售中获得的收益却是同一的，使得股金多的社员与股金少的社员之间产生股金反差，由此形成平均股金的需要。"高收低售社员认为好，但股多股少感觉不合理，社员要求平股不分红，如东南部永兴社自低售后，社员感觉股多股少合作社经营不好照顾，要使社员不出反映，公平合理，必须平股，如王之泉1万元股金，就省下几万元，张守中6000元股金，买了半斤麻，（合作社）倒贴2000元（配给时半斤麻比市价贱8000元），这样由于股金不等，社员之间互有意见，有了平股的共同要求。"②

在群众因股金不等产生心理落差的情况下，再次进行思想教育显得非常必要。不过，此次思想教育已经不是对合作理念的灌输，而是通过实实在在的实践，通过民众对合作社收益的体验，而进行平等股金和废除分红的教育。"如果停留在高收低售上，由于股金不等，社员不满，大股金抽出，小股金不增，非社员人上一万八千的当个社员好享受优待，这样合作社也不能巩固，业务会缩小，因此须及时转入平股不分红的教育。"③

平股不分红的教育，首先是总结低售成绩，对比新旧合作社，对比市场，进行两条路线的阶级教育，说明新的合作社代替商人活动的具体事实及社员权利义务，平等合理的教育，启发社员增股平股。如东赤石沟朱伸松用5万元股金，买了3样东西，就省下2.8万；东南部永兴社王之泉用1万元股金省下十几万元；东赤石沟社股金在1万元以下的有151人，低售省下的钱，超过其股金1.5万元。大的股金感觉吃亏，少的股金内心受到感动，社员普遍感觉股不平不能解决问题。其次，加强股金小不能办大事、股金多能办大事的教育。如东南部永兴社根据这几个标准确定股额：较大股金全家入股，剩余的存款生息，小股金能做到往上增股；东赤石沟社亦如此，注意说服教育有股就算社员、享受社员待遇的倾向。④

---

① 滨海专署合作工作队：《六地委专署合作工作队初步工作总结》，1949年6月20日，临沂市档案馆0004 - 01 - 0070 - 001。

② 滨海专署合作工作队：《六地委专署合作工作队二次工作总结》，1949年7月，临沂市档案馆0004 - 01 - 0070 - 002。

③ 同上。

④ 同上。

　　平股意味着社员可以平等的享受合作社提供的便易,不再因股金多少产生收益的差异,废除分红也就顺理成章。"社员为什么不要分红呢?分红是在自己本身出的,高贵咱的钱,半年再分给咱,不如买贱东西好。"①可见,废除分红是执行高收低售的必然结果,"高买贱卖,给咱节省下钱,就等于分红了"②。

　　平股不分红使合作社股金增加,业务扩大,社员与社干部情绪提高,社员关心合作社,合作社干部工作积极。如东赤石沟社原有社员210名,平股后增至520名,全村只有4户没入股,1户是二流子,1户是复查户,2户是鳏寡孤独,原股金247.63万元,平股后1217.2万元,并吸收存款1000余万元。东南部永兴社原有社员163名,平股后增至447名,全村只有6户未参加,3户是寡妇,1户是老头,1户是地主,1户是贫困户,原有股金1697.6万元,平股后增至2235万元,并吸收存款1238.6万元,同时在分红期间,东赤石沟社积累公积金从119万元增至823万元,东南部永兴社积累公积金从641万元增至2300万元。③

　　总的来说,滨海区合作社的整理改造取得了显著成绩。到1949年7月合作社整理改造试点结束时,全县共计352个合作社,整理改造67个,新发展合作社33个,初步贯彻新方针的(高收售低为社员服务的)有198个,未进行改造的仅有54处,社员已发展到50595人。④

四　合作组织重构与区域社会变动

　　合作社整理改造的过程,即合作社的新方针在基层逐步贯彻落实,并重构新的合作组织的过程,同时也意味着新的合作社经济运行逻辑的重构。通过1949年前后的新旧合作社性质、任务、功能以及具体运行逻辑的比较,可以看出,新的合作政策的贯彻,带来了合作社质的变化,围绕合作社组织,国家、民众与基层政府建构起新的互动关系,合作社在乡村经济中的地位发生根本变化。解放区旧合作社的整理改造,是在走向社会

---

①　滨海专署合作工作队:《莒南县路镇区东赤石沟合作社贯彻新方针的介绍》,1949年7月,临沂市档案馆0004-01-0071-002。

②　同上。

③　滨海专署合作工作队:《六地委专署合作工作队二次工作总结》,1949年7月,临沂市档案馆0004-01-0070-002。

④　《合作新方针政策》,《鲁中南区整理发展合作社初步贯彻新方针典型介绍》,1949年7月15日,临沂市档案馆0002-01-0034-002。

主义社会的背景与前提下展开的，这正是从新民主主义走向社会主义之际，解放区乡村传统社会崩解与重构的过程，合作社的整理改造带来的是乡村社会结构的深刻变动。

首先，党的合作政策改变了解放区合作社的运行逻辑。1949 年山东省滨海区莒南县旧合作社的整理改造，是新中国成立前夕实践新的合作原则的初步尝试，它没有也不可能在短短几个月内最终实现合作社的彻底整理与改造，重构乡村经济秩序。但在从新民主主义革命走向新民主主义建设之际，这一过程最重要的意义是党和政府将一套新的合作政策推向乡村。具体体现为从营利分红、股金不等、投机、商人地主富农主导，到普遍入社、高收低售、废除分红、平等股金、为社员服务的转变。

其次，乡村合作组织的重构，意味着合作组织与民众之间全新的角色关系。新的合作政策经过各级政府的层层落实动员、思想教育、实际运作，基本达到了设计者的初衷，初步实现了旧合作社整理改造的目的，合作社性质、社员角色都发生了根本变化。合作社成为高收低售、提供社员生产与生活资料、为社员服务的基层组织。"1949 年本省合作社工作在新方针的指导下，由于过去战争时期，合作社以支援战争，组织群众生产，打破敌人经济封锁地方性的自给自足以纺织业务为主的方针，转入目前胜利形势下全国经济统一，为加强城乡物资交流，促进工农业生产的发展以供销业务为主的新方针。"[1] 在国家与地方政府的思想动员与实践动员后，乡村民众基本认同了新的合作政策，实现了自身角色从群众到合作社社员的转变。新合作原则的贯彻，构建起了民众、合作组织和基层政府的新型关系。普通民众在获得合作社提供的服务的同时，认同了新的合作政策，绝大多数成为新合作社社员。

再次，乡村合作组织的重构，构建起乡村社会中新的商业流通网络。在原有合作原则指引下，新民主主义革命时期的合作社的业务和发展方向以生产合作——其中尤以纺织业为主，"现在我们全部合作社中，纺织合作社仍占 60% 以上，除纺织合作以外，即是打油、制粉、木工、铁工合作"[2]。1949 年里，滨海区原有合作社相继走上整理、改造之路，在经过

---

① 山东省人民政府实业厅：《1949 年度山东合作社工作报告》，1949 年，临沂市档案馆 0002 - 01 - 0035 - 001。

② 薛暮桥：《抗日战争时期和解放战争时期山东解放区的经济工作》，人民出版社 1979 年版，第 46 页。

高收低售、平股、废除分红的系列改革后,原有合作社最终走向为新民主主义服务的道路。合作社在乡村中的地位发生根本变化,成为取代投机商业,甚至取消集市的新型商业组织,这是合作社性质、功能的根本变化,使根据地以生产为主的合作社转变为 1949 年后改造个体商业的供销合作社,1949 年后中国供销合作社的基础自此奠立。

最后,乡村合作组织的重构,使合作社成为国家调控乡村的有力工具,国家与合作社的关系发生根本变化。革命战争时期"许多合作社不接受政府的领导,任合作社去投机营利不加限制,缺乏组织的领导力量,这一个新的革命的社会制度失去了政治上经济上的正确领导和实力的支持,使合作社漂浮在私人经济的洪涛中"①。在营利、分红、投机指引下,旧合作社失去了为群众服务、连接国营经济、打击投机商业、规范解放区商业秩序的功能。新的合作政策改变了合作社疏离民众、远离政府、漂浮于私人经济之中的状况,成为国家改造小农经济和小生产者地位、服务国营经济、促进城乡物资交流的有力助手。乡村合作社从自由、散漫状态,转变而为服从国营经济、与国营经济相互配合的改造小生产者的经济组织。

1949 年上半年山东解放区合作社的整理与改造,为我们提供了一个理解和体验历史的新的视角。从中可以解读这一转变过程中国家、地方、合作组织、民众的互动,乡村社会经济逻辑与秩序的转变,乡村民众对合作社认知的心理变迁。这也意味着,一个新的社会形态在合作社的重塑中得以孕育。

---

① 《鲁中南滨海区合作事业历年来总结》,时间不详,山东省档案馆 G018 - 01 - 13 - 2。

第 六 章

革命策略与生产动员:以沂蒙解放区
劳动互助动员为中心

革命年代的生产动员展现了中国共产党日渐成熟的革命策略及其实现能力,这是一个极为复杂的党—群众关系的生成与不断调适的过程,如何将群众发动起来、组织起来、运动起来是这一革命策略的核心所在和主要诉求。适应农业发展的季节性、周期性与规律性,中国共产党将一套思想动员、政治动员、经济动员的策略方法综合交替运用于农业生产的各个环节与领域,形成了革命根据地生产动员的独特机制。群众出于家庭利益与互助合作的收益之间的权衡考量,也采取了积极参与或消极应对互助合作的不同策略。在劳动互助合作运动中,中国共产党不断调整、优化生产动员的机制与模式,最大限度地实现动员组织群众生产,完成革命建国的目标。本章仍以个案研究作为基本研究方法,以山东沂蒙解放区为考察中心,通过对革命历史档案的解读,考察劳动互助合作运动中领导生产、思想动员(也即思想启蒙)、经济动员的基本机制,探讨中国共产党领导农业互助合作运动的具体策略及其运作。

第一节 领导生产的基本策略

在传统时代,历代统治者不乏重农、劝农之举,但依靠强大的基层政权直接介入农业生产,领导耕种锄收,始于中国共产党在革命根据地的局部执政。在农民看来,在自家土地上种什么、怎么种、什么时候种,完全是个体家庭自己的事情,因此生产无须领导、农民都会生产是最普遍的生产观念。尤其是农业是传统产业,依靠沿袭已久的生产习惯、劳动经验一般足以应付生产所需。但是到抗日战争时期及其以后,这种农业生产的耕作模式就开始发生新的变化了，中国共产党在群众生产运动中明确了"生产必须领导"、农村党支部是生产支部、生产是一切农村工作的中心等领导生产的基本理念和策略。

一　"生产必须领导"

从国家—社会关系角度而言，"生产必须领导"是对千百年来政府与农业生产之间关系的重新界定，"生产必须领导"，建构起国家与农民之间不同以往的权力关系。为了实现领导生产的初衷，就需要克服"生产不用领导"的强大思想阻力与思维习惯，打通干部与群众的思想隔阂，确立"生产必须领导"的执政理念。

确立"生产必须领导"的意识是中国共产党进行生产动员的可靠保证，它体现在中国共产党及各级政权在复杂多变的战争环境中，始终将生产置于不可取代的最高位置，在生产与支前、生产与救灾、生产与拥军、生产与参军、生产与整党的关系上，突出生产的极端重要性。在小农经济占据绝对优势的农村根据地，没有农业与农民为依托，取得革命战争的胜利是难以想象的。中共华东中央局、山东分局都对此高度重视。抗日战争刚刚结束，山东分局就号召在冬学运动中对群众进行劳动光荣、劳动才能过好日子的教育，号召群众走"吴满有方向"："在老地区，应着重进行吴满有方向的教育，打破均产思想，总结组织生产和改进生产的经验，为明年大生产运动准备下基础。在新地区，应着重进行劳动最光荣和劳动才能过好日子的教育，以便在减租群众运动之后，迅速走向努力生产的方向。"① 土地改革后，中共华东中央局提出 5 大生产救灾动员口号，要求领导农村工作的党委必须把领导农业生产作为全年的中心任务，将华东地区 5000 多万群众组织起来。"根据中央把解放区农业生产提高一步之总方针"，广大新区及部分老区"必须贯彻'不荒一亩地，不饿死一个人'的口号"，老区半老区为实现 1949 年农业增产，贯彻全年的口号是"每亩多上一车粪，多锄一遍地，多打一成粮"。② "必须认识能否把五千多万农村人民在'不荒一亩地'与'多打一成粮'的口号下行动起来，组织起

---

① 《山东省政府关于今年冬学运动的指示》（1945 年 10 月 2 日），《山东革命历史档案资料选编》（第十五辑），山东人民出版社 1984 年版，第 451 页。

② 《中共中央华东局一九四九年华东农业生产计划》，《山东革命历史档案资料选编》（第二十二辑），山东人民出版社 1986 年版，第 155、157 页。

来，是开展大生产运动最中心问题"；为此，"一切主要领导农村工作的党委，尤其是地委、县委以下的党委，必须把领导农业生产作为全年的中心任务，其他一切工作都要围绕着这个任务来完成"①。

"生产必须领导"要消除干部群众中普遍存在的"生产不用领导"的观念。沂东县在领导生产上就存在着"生产不用领导"的意识，"某些区干对生产仍存在着'是老一套的工作没味''不用领导群众会生产'等自发论，因此对推动开展生产上，某些地方不能迅速贯彻，这是主要原因之一……同时对地富成份一般仇恨不愿管，单纯的狭隘报复思想未被很好的打破，对其生产一般解决差"②。为此，在党内打通支干党员思想，明确生产不用领导的害处，有助于变工组织的恢复整理。胡山区关帝庙村"经教育后，有支书姚成礼说：'俺在今春光说叫领导生产，不用说的群众即厌烦，俺在思想上也不好意思的向群众谈了，感觉没有新的和人家谈！前两天开村民会时，即没有和群众谈，就觉得群众讨厌了，号召不号召的群众也放弃不了，主要俺的思想不通，不明白这样重要。'生产不用领导的思想，□一般性的存在着。这样即接着研究如何把变工组织整理起来"③。"沂中县下位区佛庄点支部联席会议上进行教育后，大部份支干反映这心里可亮膛了，以前心思打没国民党就情着各人过各人的日子，这一说要不领导生产就走旧路，过去打鬼子打国民党就白搭了功夫，生产不领导就不行。"④领导生产是为了整理、发展变工组织，依托变工组织来达到组织调剂劳力、集体劳动、精耕细作、发展副业的多重诉求；而基层干部朴实无华的话语则蕴含着劳动互助合作最终旨在带领群众走与"旧路"不同的社会发展道路，作为一种革命策略，劳动互助的长远诉求端在于此。

"生产必须领导"还需要克服群众生产中的传统习惯和耕种传统。在中耕方面，抗日战争前的沂蒙地区各地都没有锄麦的习惯，因此对"多锄一遍地"的响应很不积极。沂东县对"多锄一遍地"的号召大部分落

---

①　《中共华东局中央关于贯彻一九四九年华东农业生产计划的指示》（1949 年 2 月），《山东革命历史档案资料选编》（第二十二辑），山东人民出版社 1986 年版，第 171、174 页。

②　沂东县委：《春耕生产综合报告》，1949 年 5 月 23 日，临沂市档案馆 0001 - 01 - 0065 - 007。

③　徐健：《关于秋种工作给张周政委的信》，1949 年 8 月 13 日，临沂市档案馆 0001 - 01 - 0097 - 026。

④　沂蒙地委：《沂蒙地委一九四九年一年来农业生产救灾工作总结》，1950 年 1 月 20 日，临沂市档案馆 0001 - 01 - 0019 - 001。

空，原因即在于"沂东干部绝大部份是本县干部，素来没有锄麦习惯，故在推动上是不坚决的"；"对群众宣传教育差，致使群众的某些落后、保守习惯狭隘经验未被消除，直接阻碍锄麦进行，如有的说麦子锄了会死的，锄的麦子不如不锄，等等。并反映岭地锄了不好拔麦，地锄了不好种果子等等"；"过去很少或没有锄麦习惯，如英山区大孙家马庄的群众反映，不锄也是一样打麦"。①中耕技术的推广难度以及"多锄一遍地"的不同结果，显示了"生产必须领导"的重要性，这是改变和提高生产技术所需要的。再如面对旱灾，"群众的等待思想很严重，一般群众说是天意，浇也不答（白搭）"②，这是群众靠天吃饭的思想意识使然。在1949年沂蒙专区的严重旱灾时期，各地发生不少群众祈雨敬天的行为，这是由于"未能掌握广大群众的迫切要求，坚决贯彻上级抗旱指示，领导群众克服旱灾，因而使群众靠天吃饭的思想上升，而发生了敬天祈雨的行动"③。对群众祈雨敬天行为的处理则说明"生产必须领导"是一个复杂的党—群众关系的建构过程，"对于各地普遍发生的群众祈雨行动，与因区干制止时缺乏耐心说服教育，而发生的数处双方争吵，以致殴打区干，并因之发生分区随便捕押人的事情，造成党群对立的严重恶果，各县应引起高度注意"④。在沂源县西台村，群众的耕作方式与"天灾人不能救"的思想均因生产动员而发生了变化："如群众在战前的耕作方法，除少数牛力耕外，大部土地习惯于用挖犁子挖，现在一般改变了过去的耕作方法，除牛力耕外，大都或全部是用镢头刨地，再是多锄，过去麦子只锄一遍，现在最少的锄两遍，一般的锄三遍，个别还有锄四遍的，高粱谷子及其他作物一般的都多锄一遍（收入对比已去表），再是浸种早种及发现灾害及时捕灭，如蚱蟒蚂蚱等虫害，近几年由于经过了加强农业知识的指导，初步打破了群众认为天灾人不能救的迷信思想。"⑤

---

①　沂东县委：《多锄一遍地的进行简报》，1949年5月27日，临沂市档案馆0001 - 01 - 0097 - 022。

②　责任者不详：《夏锄夏种及抗旱贯彻情形》，1949年，临沂市档案馆0001 - 01 - 0045 - 012。档案注明时间是1948年，但时间应为1949年麦收后，因行文中提到传达二中全会决议，故材料反映的应是1949年夏锄夏种抗旱情形，以下引用不再说明。

③　沂蒙地委：《沂蒙二地委关于夏季生产的指示信》，1949年7月15日，临沂市档案馆0001 - 01 - 0019 - 019。

④　同上。

⑤　沂源县委：《西台村农业生产调查》，1949年，临沂市档案馆0001 - 01 - 0065 - 017。

"生产必须领导"需要稳固的党的基层支部，改造并提高党的基层支部的领导能力是"生产必须领导"的组织基础。1949 年，沂蒙专区 2919 个农村党支部，拥有 53514 名党员，仅沂南、莒沂、蒙山、沂源 4 县 43 个区的统计，2065 个支部中即有 841 个支部建立了经常的上课制度，一般的每月上 1 次至 3 次课，只有少数支部每月得不到一次教育；同时通过生救任务改造了部分不能贯彻任务的支部，上述 4 县整理了 464 个支部，因之支部党员在思想组织上均有所提高，积极领导生产。① 1949 年沂蒙专区农业生产救灾工作中，"据沂源县的材料，全县共 328 个支部，生产中表现一等的 90 个，二等的 170 个，三等的 68 个，其中一二等类型发挥了领导堡垒作用，三等类型大部份没有发挥作用，在基础薄弱的地区尚不能达到此数字"②。"整个来讲部分基础较好的支部都认识了生产必须领导，不领导就会走老路的道理。"③ 具体的生产领导与组织，还是要落实到乡村一级的党支部。

"生产必须领导"不仅需要坚强的组织保证，也需要较高素质的基层政权干部队伍。大部分党支部能够发挥领导生产的组织作用，同时党员的模范作用也是领导生产的重要一环。1949 年，蒙山全县参加变工组的 32948 人，即有党员 2439 人，占 7% 强；沂南全县支委 2090 人，参加变工组者 1824 人，占 90%；沂源全县支干参加变工组者 70%。④ 可见，大部分党员都参加了变工组，并在变工组中发挥积极作用。沂源县安平区牛郎官庄中共党员孙振坤、刘福桂都是变工组长，孙振坤明确了生产必须领导、党员要成为变工互助的骨干，因此个人生产与领导生产统一起来了，结果自己生产好，领导变工组生产也好，密切了党群关系。刘福桂存在生产不用领导的思想，个人生产与领导生产没有统一起来，结果自己日子没过好，变工组也没领导好，脱离了群众。孙振坤、刘福桂两个变工组长的对比说明，"那里变工互助搞好了，那里什么工作也好作，那里变工互助

① 沂蒙地委：《沂蒙地委一九四九年一年来农业生产救灾工作总结》，1950 年 1 月 20 日，临沂市档案馆 0001 - 01 - 0019 - 001。

② 鲁中南二地委：《二地委春耕工作总结》，1949 年 6 月 2 日，临沂市档案馆 0001 - 01 - 0019 - 013。

③ 沂蒙地委：《沂蒙地委一九四九年一年来农业生产救灾工作总结》，1950 年 1 月 20 日，临沂市档案馆 0001 - 01 - 0019 - 001。

④ 同上。

搞不好，其他工作也搞不好"①。"在生产方面，凡有支部村庄都有变工组织，绝大部份党员都参加了生产变工组，一般的较适当的作了分工掌握，发挥党员作用。"② 如 1949 年春的锄麦工作中，沂东县葛沟区陈家黄泥埝"候补党员陈家有组首先锄完，并积极宣传锄麦的好处，对该村完成了二分之一以上的锄麦，党员起很大的推动作用"③。莒沂县葛庄区金牛官庄妇女会长王照英过去自己不劳动，群众说她是女二流子，经反复进行了生产必须领导的教育后，她在党内外均作了检讨，除自己除粪 8 车、送粪 13 车、晒干菜 100 斤外，并组织了妇女线工组 26 人，教育 79 个妇女晒干菜 3190 斤备荒，她父亲说她长到廿多岁才干了"人事"，群众说"王照英家换了天下"。④

"生产必须领导"是中国共产党致力于根据地发展生产、改善民生、注重经济建设的内在要求，表明中国共产党积极主动地介入农业生产的各个环节，担负起发动、宣传、教育、动员和组织群众生产的职能。通过党的基层支部与区村基层政权，整合党员、区村干部、生产能手与积极分子的引领带动作用，"生产必须领导"就有了落实和实现的制度保障与人员支撑。同时也意味着，乡村基层政权的领导力、执行力以及基层干部的素质与水平，决定着"生产必须领导"实施的绩效。这一过程当然也充满着曲折与反复、困难与波折。在生产纠偏的努力中，中国共产党努力化解诸多生产中的难题，从而使得"生产必须领导"的机理机制日趋成熟与完善。

二　劳动互助中的偏向与纠偏

在中国共产党的生产动员实践中，过度动员与尊重群众利益之间难免存在偏差，组织起来、变工互助中的强迫命令、强行编组、政府包办与群众自愿结合、公平交换的意愿总是处于非此即彼的状态，"纠偏"也就成为生产动员中必不可少的一环。对上级政策的理解、把握和贯彻执行是考

---

①　国司全、张光彦、刘德秀、杨雷：《两个动员变工组长两种思想两种效果》，1948 年，临沂市档案馆 0001 - 01 - 0042 - 003。

②　沂东县委：《十月份生产工作总结》，1948 年 10 月 29 日，临沂市档案馆 0001 - 01 - 0042 - 023。

③　沂东县委：《多锄一遍地的进行简报》，1949 年 5 月 27 日，临沂市档案馆 0001 - 01 - 0097 - 022。

④　沂蒙地委：《沂蒙地委一九四九年一年来农业生产救灾工作总结》，1950 年 1 月 20 日，临沂市档案馆 0001 - 01 - 0019 - 001。

验干部素质、领导能力和水平的重要因素,政策偏向存在于县区乡村各级干部当中。党与基层政府权力的介入,重塑了乡村生产事务的运行程序,强大的"上级指示"与"上级政策"使村干、区干拿到了施展拳脚的撒手锏,以上级的名义开展运动式治理,但却往往是不折不扣的"违反上级政策"的治理方式,"纠偏"几乎成为贯穿全年的工作内容。"生产不用领导"、过度损害中农利益、一碗粮运动、牛力使用中的强借白使、劳动互助中的强迫命令与自留放任等偏向,普遍存在于沂蒙解放区的农业生产中。本节仅就沂蒙解放区劳动互助中的各种偏向展开分析,还原中国共产党在生产动员中"纠偏"的艰难历程。

(一)劳动互助中的偏向

首先,从群众参与变工互助角度来看,群众对变工互助的意愿选择和认同态度是非常复杂的,组织起来、变工互助运行中的主要偏向表现为群众消极应对上级号召,变工形式化。

> 今年(指 1948 年——引者注)组织变工中的几个特点:(一)原来强迫组织的,群众不可惜的将他解散,重新辩伙,另行组织。(二)变工中都是找对劲的,投脾气的,近邻居的。(三)有牛犋的找有牛犋的,有劳力的找有劳力的,无劳力的军属或鳏寡孤独都抛下了(这种情况以后纠正有改变)。(四)去年组织时区里提出反对兄弟组爷们组,群众今年不赞成说:还是兄弟爷们组好,好干活,干活干得有劲(个别地区)。(五)过去组织起来光开会头疼,耽误工夫,群众说"今年有事还要商量,咱到地头上商量去"。(六)山岭地多的不愿与平原地多的变工,因山岭地使工多还打粮食少,找工不合算。(七)不愿要地主富农,"他不会干活,要他还得咱教他,不是又剥削咱吗?"有的还专要地主富农的,如土山区西南庄范宜贵组即有四户地主二户富农,这主要是干部想找便宜,地主富农光下力不敢找工,有的主张叫他参加进来锻炼的。①

由于土地改革后各个阶层的社会地位变化巨大,对变工互助的诉求也各不一致,"纠偏"即需要理顺各个阶层的生产诉求,实现所有阶层的互

① 二地委:《关于变工组织问题》,1948 年 6 月,临沂市档案馆 0001 - 01 - 0020 - 007。

助收益最大化,这是提高群众互助意愿的前提与保证。

其次,沂蒙解放区的变工互助中妇女生产不受重视,无劳力家庭、地主富农及逃亡户、烈军工属户参加变工难以保证。

1948年,沂东县变工互助中存在的问题即非常之多。第一,变工组形式的多,同时不记工不算账。如良水区曲家庄共17个变工组,只有两个组计工算账;永太区蔡家庄点169个变工组,集体者有61个组,其余多系形式组。第二,较普遍的轻视妇女,不愿组织妇女到变工组去。如丰台区许家湖许世友说:"您还生产个什么,您看您那个脚"(意思是小看人家);英山区41个村中只有6个村的妇女参加变工组;妇女参加变工组不记工,如英山区大李马庄即有这样偏向;又如柳沟程桂香自己参加,但其父阻挡不让她去,参加也不算账、不记工,这直接打击了妇女参加变工的积极性。第三,变工组织不广泛,大部分人口未参加,同时使一些有利于生产建设的劳力丢到外边。如永太区库沟共187户,参加变工组者只有86户,尚未组织到1/2,距全部组织起来相差更远;同时有些区村发生不要伪顽成分或地主富农参加变工组,如庙岭共16个地主富农分子未参加到变工组里去,使他们自己形成了一伙;李家屯有25户未参加变工组,其中23户系地主伪顽分子。第四,有少数村对军工烈属帮助是差的。如葛沟区陈家黄泥埝陈得加家(抗属)今年应种的7亩麦子,现只耕了3亩;西石牛庄有1个抗属(王××),还有5亩未耕起来。①

诸如此类的现象,亦存在于其他各县。由此可以看出,最需要互助和合作的往往是劳力、畜力匮乏的中贫农家庭,战争期间参军参战的军属家庭,因土地改革而财富缩水的地主富农等。"纠偏"即充分释放互助合作的"弱者联合"、助弱扶微的特性,使群众普遍获益。

最后,在变工互助的领导上,强迫命令与放任自流现象同时存在。

村干区干一旦放松对生产的组织动员,就会造成放任自流;而一经加强组织领导,又会造成包办组织与强迫命令,如何有领导、有计划、有组织地进行生产仍然是对中国共产党基层政权的巨大考验。沂蒙专区在组织起来过程中的偏向表现为:其一,有的县在领导上及干部思想上对组织起来认识不足,重视不够。蒙山县在很长时间只是动员宣传,未能很好组织

---

① 参见沂东县委《生产支前工作总结》,1948年10月5日,临沂市档案馆0001-01-0057-010。

群众生产,甚至存在自发论的观点,认为"不组织起来也能不荒一亩地";沂东县劳力组织,互助性质临时性质较多,而真正变工组则很少,有的干部满足于这种互助组织,如合犋组、互助组、搭犋队。其二,在组织中的尾巴主义偏向,有的干部怕包办,不敢大胆领导群众组织起来。例如沂南张庄区强调自愿结合时,形成了不敢动、不问不闻的自流现象;员家庄本来都组织起来了,有的区干回去即说"爱组织就组织,不组织就散",这样又都垮了,连较好的留田庄也都松了一松;岸堤区明看着有劳力与有劳力、有牛力与有牛力组织,而把无劳力者抛开了,对生产有影响,但怕犯包办代替错误,也不敢讲(后来纠正了);又如岸堤区好多庄组织爷们组,岸堤街有两组差不多是二流子,生产不好,群众称是"荡游组";张庄区亲属兄弟组织就有 18 个组,这些组织实际上是自流形式的。①

可见,形式主义、自流放任、强迫命令大编组、为组织而组织的偏向是普遍存在的现象。"新太县共 1798 组,而强迫编组的即有 700 多个。"②蒙山县薛庄区"11 个行政村已有 9 个行政村开始变工组的组织,共组织起 73 组,内较巩固的 40 余组,在薛庄点共组织 20 余组,内有一半还不可能巩固,现正重新进行整理中。因有的组是大呼隆组织起来的,实际亦是存在应付滑头二流子,根本即没有打谱好好生产,一号召却即首先报名组织,今着手对可能起作用的进一步巩固,另部份的调整,对根本不行的即重新组织,采取一个个联系发展的办法,根据自愿与生产的原则去组织,克服形式主义、有名无实的现象。黄泥堰点已组织起 45 组,共 9 个村,其中一部份估计是村干上名册应付公事的组织,还不能认(为)已经组织起来了"③。在沂东县 1949 年春耕生产动员中,组织变工中的自流尾巴与形式主义是组织变工中的主要偏向,具体表现在:没参加组织的多系无劳力与无畜力之生产困难户,这是生产中最无保证的一部分人,反而丢到组外,主要是领导差,甚至不领导,缺乏耐心教育所致。④

---

① 参见二地委《关于变工组织问题》,1948 年 6 月,临沂市档案馆 0001 - 01 - 0020 - 007。

② 鲁中南二地委:《二地委春耕工作总结》,1949 年 6 月 2 日,临沂市档案馆 0001 - 01 - 0019 - 013。

③ 参见蒙山县委《蒙山县委薛庄区生产工作概况》,1949 年,临沂市档案馆 0001 - 01 - 0065 - 016。

④ 沂东县委:《春耕生产综合报告》,1949 年 5 月 23 日,临沂市档案馆 0001 - 01 - 0065 - 007。

（二）劳动互助中的纠偏

生产动员中产生的思想偏向、政策偏向的起因是多方面的，既来自中国共产党领导生产的经验不足，也来自基层政权、农民对中国共产党政策理解的偏移。在急剧变化的时代氛围中，稳定各个社会阶层的生产情绪，使之安心生产，才是中国共产党领导生产、注重思想动员、随时纠正思想偏差和领导偏向的目的所在。纠偏，既显示了中国共产党对领导生产的高度重视，适时对生产政策做出调整，也体现了中国共产党日渐成熟的领导艺术。

放任自流与强迫包办的两种偏向说明，动员群众组织起来变工互助是极为复杂和困难的挑战，在沂蒙专区各地生产动员实践中，各级政权也认识到克服偏向的必要性与具体措施，"批判过去包办组织的错误缺点，根据具体顾虑进行打通说服是组织起来的关键"①。例如，青驼区群众感觉参加变工上了当，朱富胜很耐心地解释指出，不是变工不好，而是过去的强迫命令不好。蒙阴在批判过去研究今后怎么办时，组织变工后对军属土地一般同意代耕，"这是老例子，不耕对不住抗战的"；有的采用典型示范办法，先组织一个组，在大会上介绍经验，开展组织，教育党员村干时八里庙子有两个村干每人组织了 1 个组，13 个党员参加，不参加的只有 3 个党员。②

在组织起来的动员中，尊重群众选择、自觉自愿结合是变工互助能够持续运行的前提，强迫组织、强制互助的偏向有违自愿结合、自由变工的基本原则，纠正强迫命令偏向也是生产动员中纠偏的内容之一。在有些地区，总结以往经验清算账目、计工算账、公平合理、自由结合、自由跳组是变工互助成功的主要经验。沂蒙专区 1949 年的春耕生产中就较好地贯彻了自由结合、等价交换的原则，强迫命令"大呼隆"的作风得以初步纠正。"在过去有基础的地区，多是从整理清算过去的账目，并重新编组、自由跳组后而整理起来的，无基础的地区则有部份的发展，是较粗糙的。今年无论整理或发展均贯彻了自由结合等价交换的原则，强迫命令'大呼隆'的作风在去年生救的基础上已进一步得到纠正。这些变工组织较好的一般占 15% 到 20% 左右，甚至到 30% 以上。蒙山县固城、汪沟二

---

①　二地委：《关于变工组织问题》，1948 年 6 月，临沂市档案馆 0001 - 01 - 0020 - 007。

②　参见二地委《关于变工组织问题》，1948 年 6 月，临沂市档案馆 0001 - 01 - 0020 - 007。

区共 927 个变工组，能计工算账集体与分散干活结合得较好的仅 19 个组；沂东县六个区 2028 个变工组，即有 886 组计工算账的，占 34.2%；新太县共 1789 个变工组织，起作用的 483 组，如鳌山区西南底七个变工组，在锄麦中首先动员起来，起了带头作用，该村四天即锄了头遍，锄二遍的占半数以上。"① 沂蒙地委曾总结了自觉自愿结合对劳动互助的意义：②

　　①这是基本的主要的，否则就是形式主义、包办组织的，会造成群众错觉和减低群众生产力。反映"上级说的不组织不行"，"没组织时种的很好，组织起来荒了地"。②组织人数 5 人至 8 人较适宜，10 人以上就太大。③投皮（脾）气的，劳力土地相差不多的，北楼赵元圣"今年变工亦是投皮（脾）气的，送人情也送到明处（指代耕地），也好算账"。④集体与分散结合，根据本组情况，怎样好怎样办，北楼一组六人（如女二人老头二人青年二人）晴天集体雨天分散，根据活大小天气决定。⑤照顾困难的，互相照顾因此有常年不垮的。如土山区桃花林于布亭组五家肩膀头齐（即土地相等）党员骨干份子多，找工经常并照顾各家副业生产，因此未垮。尹家庄三个党员都是青年一组，土地劳力相等，不计工算账，也□□下来了（偏向后有团结群众）。孙祖区高庄胡永彦组二年没垮台，其原因一是账目清先小人后君子；二是照顾出夫的土地没少打了粮食；三是晴天雨天分工明确，耽误不了事。又如岸堤区李家庄 11 个组常年巩固下来了。

　　1948 年 10 月，沂东县按自由结合原则检查变工组，大部分变工组织达到了自愿结合、自由跳组的要求。如双泉区四十里铺组织 51 个组，均是自愿结合组织的；永太区于林子前 12 个组是干部划的，经教育后在自愿原则下自由跳组，共合为 8 个组，该区大部分如此整理。但缺点的一方面也存在，主要表现在：尾巴主义不领导，如河阳区高家店子由于在组织时缺乏掌握，而致有劳力有畜力者在一起，无劳力者未入组，这种偏向在

<hr />

　　① 鲁中南二地委：《二地委春耕工作总结》，1949 年 6 月 2 日，临沂市档案馆 0001 - 01 - 0019 - 013。

　　② 参见二地委生救会《生产变工及土地悬案的处理问题》，1948 年 5 月 8 日，临沂市档案馆 0001 - 01 - 0020 - 009。

少部分村存在;强迫命令组织起来的变工组占少数,如良水区世合庄在组织变工组时由于过去强调组织,变相强迫,使群众反映"眼都熬瞎了,组织起来吧",没有达到自愿,因此直到现在仍属形式。从以上事实证明,组织变工不能自由结合即不牢固。①

沂源县娄家铺子村在整理变工组织中就着重纠正了不自愿的偏向。该村在 1949 年春节之后就座谈检查变工组织的优缺点,普遍认为要想搞好生产,应先把变工组整理巩固起来,重新整理的原则就是自愿两利。为了真正达到自愿两利,提出自由拆伙、自由跳组,去年的优点继续发扬,缺点必须克服,各闾群众经数日酝酿活动,自找对象,重新结合起来。凹子的 6 个变工组去年按住处结合起来,存在着不自愿的偏向,今春真正做到了自愿结合,群众自动找心投意合的组织起来。如李化伦、娄家荣、李有仁等 5 家自来相交很好,互相商量结成一组,选出李化伦为组长。王夫君、王朋新、娄丙良等 5 家开店合成一组,选王夫君为组长。3 天当中全闾 42 户组成 6 个变工组。在结合中各组主动吸收了无劳力户,做到有无相助。王夫君组结合了两户无劳力的寡妇刘笃苗,3 个小孩,大的才 8 岁,她开店赚粮,组里给她种地,她按工支工资等价交换。17 岁的娄家德 3 口人(他奶奶和他弟弟),他和弟弟参加在组里耕种,组里帮助他干其他活还工。李化伦组保证了两户的军烈属,烈属李化秀娘两个年老有病,有 8.8 亩中地,军属高大珍拉着两个小孩,有 7.8 亩中地,组里帮助她耕种,由村政支给工票。李洪玉组自动地结合了瞎了眼的伊树莲家老婆。相反咸夫冈组因工账没有算,副组长娄成伦去年光赚便宜,锄地时先锄自己的,给自己干活参加组,给别人干就不参加组,欠下工又不找工资,大家很多意见,都不愿在这组,咸夫冈、伊永春跳到杨成功组去。②

劳动互助中的纠偏,一方面是纠领导生产方式之偏,化解领导生产中存在的包办代替、强迫命令与放任自流、不管不问的倾向,还群众以自愿组合、自找对象、自愿互助之权;另一方面是纠劳动互助的不合理不公正之偏,以体现劳动互助的公正公平与互惠两利。也唯有从这两个角度推进

---

① 沂东县委:《十月份生产工作总结》,1948 年 10 月 29 日,临沂市档案馆 0001 - 01 - 0042 - 023。

② 参见《附件之三 娄家铺子是怎样整理的变工组织》,1948 年 5 月 26 日,临沂市档案馆 0001 - 01 - 0045 - 005。

劳动互助,才能真正让劳动互助不会偏离互助道德与合作精神,真正实现农业互助合作运动的价值和功能。

三　支部领导生产的个案考察

党的支部是生产支部、支部领导生产是贯彻"生产必须领导"的组织基础,中国共产党的各项生产政策最终都是通过村党支部、支干村干贯彻到群众中去的。在土地改革后的沂蒙专区,支部领导生产的观念已经深入广大乡村,支部领导能力的强弱、支干的生产能力与素质,都影响甚至决定着组织起来、变工互助的规模与效能。沂南县铁山区前朱阳村党支部在领导1949年的农业生产中,同样也面临着生产上的思想障碍,通过宣传教育、打通思想,妥善解决民工民兵支前中的生产困难、烈军工属代耕代种等生产难题,前朱阳村党支部在领导生产的探索上经历了艰难的转型与定位。本节通过还原沂南县铁山区前朱阳村党支部领导生产的实践,来考察"生产必须领导"面临的政治生态及其在乡村的落实。[①]

表6—1　　　　　　　　沂南县铁山区变工生产调查

全区户数	全区人口	1948年变工数		1949年已组织数		
		组数	户数	组数	户数	人数
4535	18968	491	—	601	3375	14518

资料来源:沂南县铁山区《沂南铁山区前朱阳支部领导生产总结》,1949年,临沂市档案馆0001 - 01 - 0065 - 019。

1948—1949年,沂南县铁山区变工生产的组织化程度已经较高,1949年全区组织变工组601组,参加户数3375户,占全区农户总数的74.4%;参加人数达到14518人,占人口总数的76.5%(参见表6—1)。铁山区前朱阳村位于沂河西岸,是一个有166户632口人的普通村庄。全村男整劳力48个,男半劳力80个,女整劳力80个,女半劳力74个;共有牛21头,驴36头;土地1412.9亩(自然亩),其中春地690.7亩,麦地722.2亩。该村党支部共有支干7人,党员24人。该村党支部面临的

---

① 参见沂南县铁山区《沂南铁山区前朱阳支部领导生产总结》,1949年,临沂市档案馆0001 - 0065 - 019。

思想情况——也是生产的主要障碍——较为棘手。敌占时期的损失、侵犯中农利益、逃亡户无心生产、地权未定影响群众生产等问题大量存在，可以说发展生产面临的动员压力是巨大的，一定程度上也代表沂蒙解放区乡村的普遍状况。第一，由于1948年靠敌人近，变工也没有基础，因此干部党员对生产嫌麻烦无信心。第二，由于1948年时靠敌人一河之隔，敌人经常过河抢掠，打死了好几个人，民兵即被打死两个，粮食被抢去了3万余斤，群众对敌人仇恨心也比较大。第三，过去在土改复查中违反政策，侵犯了中农利益，没收中贫农的土地18户（还乡团逃亡户），该庄因为违反政策共逃亡40户（地主2户，富农4户，中农18户，贫农16户，共逃亡人口154人）。第四，由于形势的发展和争取教育，还乡团从1948年陆续回家，到现在为止除6户18口（据说已死了5口）外，其余全部回家了，他们回家后一方面没地种，另一方面在思想上不安定，怕群众再批斗他，因此也无心生产。第五，该村由于逃亡户很多，撇下了很多土地，当时靠敌人很近无人敢种，提倡为了不荒地的号召，提倡谁种谁收，比较大胆的群众除了应分地外又种了些还乡团的地，1948年逃亡户回来几户，动员拿出一部分地给回来的逃亡户，因此影响了群众的积肥生产，感觉地权还未确定，还不知哪天就抽回去了。

面对如此的生产难题，前朱阳村党支部如何进行教育，打通思想的呢？首先是进行形势教育和阶级教育。特别是总结了1948年敌人对该村的摧残，联系了群众的切身利益，进行了对比教育，地主群众也明确了解了灾难是谁给的（也是该蒋介石是）[1]，今年所以能过安稳日子，是共产党毛主席的领导和解放军在前方整天拼命流血换来的，因而加强了拥军观念和对敌人的仇恨心，提高了他们的阶级觉悟。如该村头年自动的捐出很多东西劳军，这庄民工民兵出发的从来没有开过小差，并且事先准备好，妇女的三批鞋都是提前完成了。其次，在支部内对党员进行了基本教育，说明共产党将来的目的就是共产主义，联系到生产的重要性强调党领导生产的重要，提出一个干部党员的好坏，从领导群众生产好坏来检查，从支干到党员普遍进行反省检查，把过去对生产工作不关心、嫌麻烦思想检讨出来，每个党员提出保证加入变工组领导生产。经这样教育后，全村24个男女党员全部参加了变工组，并有计划地团结了群众，在自愿的原则下

---

[1]　括号内系沂蒙地区方言，意思是由蒋介石造成的。

组织了 26 个组，恢复了 9 个组，新组织的 5 个组，互相调剂的 15 个组，全村除 12 户未入组外，其余全部参加了变工组。最后，进行生产劳动奖励政策和中农政策的教育，处理与解决了土地悬案，确定了地权。在进行了广泛的政策教育后，从党内到党外开了 6 个会，说服动员多地的中贫农，经本人同意自报出 17.4 亩地（内有一部用果实场和宅子换来的），把 15.7 亩分配给无地和少地的中贫农逃亡户（地主在内），其余 17 亩作为代营地留给还未回来的 6 户。在解决过程中一般的中贫农进行了反省检讨，群众也表明了态度，只要今后努力生产服从领导遵守政府法令，我们还是一样。对地主富农也是给他一份地，村政写条给他，同时宣布从此以后再不抽地，个人是个人的了，号召个人安心生产，经过这次解决后，群众稳定了思想，提高了生产热情。①

群众的生产顾虑的消除、生产热情的提高还有待于克服生活、生产中的实际困难。前朱阳村采取了以下措施。第一，对支前民工，通过变工组解决其生产困难。该村民兵民工在支前中从来没开过小差，除了在外没回来的，又准备了一副担架（5 个人），民兵 3 名，他们的地已经分到变工组里去了。第二，对军工烈属则规定了代耕办法。全村共男整劳力 48 个，半劳力 80 个，共折合整劳力 88 个，全村军工烈属 50 户，有劳力不用帮助的 32 户，需帮助一部分人力的 7 户，只帮助牛力的 7 户，根本没牛力须全部帮助的 4 户。须帮助的地 92.2 亩，按季节须用人工 275 个、牛工 107 个。地分三等，定工帮助，一等是庄周围的地，在一里路以内的，规定每亩人工 5 个，牛工 3 个半（收割到场），麦子每亩人工 3 个（耩上豆子）。二等是离村 2 里到 3 里左右的地，每亩规定人工 7 个半，牛工 5 个，麦子每亩人工 5 个（收割到场）。凡全庄应负责耕种地，如代耕不拿牛草，凡个人应负责耕种地每亩拿出 40 斤草给牛户。该村为使抗属多打粮起见自动捐粪 9 车给 4 户军属上地（这表现拥军观念强战争情绪高）。全村仅有 12 户没有整劳力未参加变工组织，因为有些懒人群众不愿要他。第三，在变工组中座谈研究了如何保证多锄一遍地、多上一车粪、多打一成粮。为实现增产任务，全庄扒沟一道，一里半路长，一尺半宽，可整出好地 210 亩（过去不见粒粮的），每亩平均打 80 斤，可打 16800 斤；修路 4 条，7 里长，少

---

① 沂南县铁山区：《沂南铁山区前朱阳支部领导生产总结》，1949 年，临沂市档案馆 0001 - 01 - 0065 - 019。

踏地 3 亩，每亩打 100 斤，共 300 斤；做到必须多锄一遍地（往年锄 3 遍的今年锄 4 遍，往年锄 4 遍的今年锄 5 遍），全村共有地 1412.9 亩，每亩多打粮 5 斤，共多打粮 7064 斤；积肥方面，全村拆破炕 40 盘，每个炕拆 5 车，多出粪 200 车，拆破屋框 10 间，每间出 7 车，共多出粪 70 车，全村买猪 37 头（现已买了 19 头，开始买的 18 头），每头猪一年多积粪 15 车，共计 555 车，以上总共 825 车粪，每车多打 10 斤粮，共计多打 8250 斤；以上总共可多打粮 32414 斤，平均每亩地今年预计增产 22.75 斤粮。

沂南县铁山区前朱阳村党支部对生产的领导并非完美无缺，但能从中管窥支部领导生产的具体运行和基本方面。从中亦可体会农村支部是生产支部、支部领导生产的意义所在。前朱阳村党支部领导生产的个案，从一个侧面揭示了基层政权在从革命到建设中的角色转变与基本职能，再现了乡村政权介入群众生产的历史实态。

第二节　劳动互助中的思想动员

在政治学上，学界较多的运用"政治动员"概念，"这一术语指的是获取资源（在这里是指人的资源）来为政治权威服务的过程"。[①] 学界也较多地关注中国共产党革命的政治动员与农民认同，但对思想动员的关注与研究则相对较少。思想动员既是中国共产党新民主主义意识形态的思想启蒙，也是革命年代广泛的马克思主义普及教育运动。思想动员是中国共产党获得草根式支持的前提与基础，是群众运动从情感认同过渡到集体行动的必要环节，也是"获得群众"的重要策略手段与动员技术。中国共产党高度重视思想动员在发动、教育、组织群众生产中的意义，将消除干群思想顾虑、打通干群思想、强化思想领导与政治领导置于生产动员的首要位置。通过思想动员，"生产必须领导"的执政理念在革命年代即已确立下来，最大限度地实现了群众对发展农业生产的集体认同和行动支持。本节着重考察沂蒙专区农业互助合作运动中中国共产党进行思想动员的必要性、策略技术与动员绩效。从生产动员机制角度来看，劳动互助合作的生产动员依靠各级各类会议，首先进行打通思想的宣传教育，通过党支部

---

① ［美］詹姆斯·R. 汤森、布兰特利·沃马克：《中国政治》，顾速、董方译，江苏人民出版社 1996 年版，第 102 页。

领导生产、生产积极分子影响带动一般群众加入变工互助,尽可能地做到群众自愿;其次通过贯彻记工、计工、算账、还工、找工、补工等手段实现互助的公平合理。

一　变工互助中的群众思想顾虑

在组织起来、变工互助的酝酿、运行中,群众的应对策略与选择意愿需要面对来自中国共产党基层组织的强力动员与因循千载的农事生产习惯两方面的考量,生产动员中的强迫命令、政府包办,抑或尊重群众的自愿选择,直接影响到群众对变工互助的心理抗拒或接受。群众的思想顾虑实际上是对中国共产党生产动员的另类回应。

在 1948 年上半年沂蒙专区变工互助的组织领导中,群众对过去变工组织的认识与态度很具有普遍性:

> ①不相信会组织好,青驼区反映"春组织秋垮台过了年再另来",太宁有群众反映"八路军办事非办成不行,有前劲无后劲"。②听说变工组就头疼,原因(是)群众有很多顾虑:A. 闲(嫌)组大,不方便,有的吃大亏,零碎活耽误了。B. 不公平,支前时帐找不清,不计工算账,不找工。C. 强调集体不自由,闲(嫌)开会多,怕麻烦,有的说"少开会就荒不了地",人多了就你靠我挨,一集合就半天,耽误工夫,作起活来不仔细,反映"组织起来反耽误事","不组织地早就种好了"。D. 村干沾光,地多的沾光,没牛的沾光。E. 基本群众反映,"怕找工资怕管饭,怕受累吃不饱"。①

这一材料提到的三不(不方便、不公平、不自由)、三沾光(村干沾光,地多的沾光,没牛的沾光)、三怕(怕找工资、怕管饭、怕受累)说明,由于将劳动互助简单地等同于集体劳动,依靠强迫命令的方式组织群众,忽视了变工的公平性与等价交换原则,忽视了农业劳动的独立性与零碎化,加之部分村干从中寻租,引起群众反弹与抵制也就难以避免。

1948 年 10 月,蒙山县在生产检查报告中也揭示了组织变工时群众的思想顾虑:"1. 怕组织起变工组给村干军工属帮工干活,对找工或(工)

---

① 二地委:《关于变工组织问题》,1948 年 6 月,临沂市档案馆 0001 – 01 – 0020 – 007。

资无信心。2. 怕组织起来自己的地亩收入人家都知道了,粮食多了要多拿粮。3. 怕参加变工组再不团结干活干的不好,干活的时候你到他不到耽误工夫。4. 雨季锄地时争着锄,先锄的就好,晚锄的就荒了。"[①] 蒙山县薛庄区的组织情况也反映出群众对组织起来的态度。据 1949 年对薛庄区 3 个点 18 个村共 138 个组的统计,"A、石□□(档案原文字迹不清——引者注)薛庄点估计有一半巩固的,黄泥崖可能有部分是村干点名册应付的。B、群众已对组织起来不感兴趣:①大活已大部作完,零碎活不愿集体,②作完活的户不愿再集体起来给别人干,③劳力与有劳力、有牛犋与有牛犋的,而孤独无劳力者被抛下"[②]。不感兴趣,基本上是群众面对劳动互助的基本态度。可见,群众对有偿还是无偿助人、家庭隐私、生产协作非常重视,群众所担心的是对组织起来时集体劳动的担忧。中国农业的基本耕作模式是以个体家庭为主体的,以自耕为基础,传统劳动互助只是一种临时性、应急性补充,在获得别人帮助后要以换工、还工、帮工的形式找工于他人,以维持互助的公平,弥补人情;若仍有剩余劳力,就以扎工、短雇等形式外出赚取工资收入。劳动互助合作运动展开以后,变工互助对传统生产习惯的冲击,使得群众不得不重新考量互助的回馈、可能的收益甚至损失、互助对象的选择等问题。群众对组织起来不感兴趣,说明群众参加变工互助、进行生产合作的意愿是很低的。

1948 年 10 月,沂东县的生产工作总结谈到了群众过去对农业生产的几种主要思想偏向,而主要的思想偏向源于群众怕分地、怕过富的思想顾虑。首先是"怕平分土地和过富挨斗,而不积极生产的思想在大部分群众中存在,特别是中农,更不愿过富,影响生产";其次是"维持现状的临时观点。在群众中特别中农中效(较)普遍的存在着,这与劳动致富生产发家基本上违背"。[③] 之所以出现如此思想顾虑,除了生产政策宣传不深入、不到位之外,过分损害中农利益也是重要原因。这种惧怕心理造成群众得过且过的生活心态,对生产发家、劳动致富敬而远之,唯恐过富

---

　　① 蒙山县委:《蒙山县检查组工作报告》,1948 年 10 月 29 日,临沂市档案馆 0001 - 01 - 0042 - 020。

　　② 蒙山县委:《蒙山县委薛庄区生产工作概况》,1949 年,临沂市档案馆 0001 - 01 - 0065 - 016。

　　③ 沂东县委:《十月份生产工作总结》,1948 年 10 月 29 日,临沂市档案馆 0001 - 01 - 0042 - 023。

而被斗争，这无疑会严重影响群众生产热情，在维护个体家庭利益的基础上做出消极应对、抗拒、排斥甚至反对变工互助的举动。虽然各级政府努力向群众宣传了党的生产政策，以实际行动初步打破了群众的思想顾虑，生产情绪较前有所提高，但"目前，群众的生产情绪表面看来较高涨，但维持现状，不求过富的临时观点的思想本质也必须认清。从此证明，生产情绪形式高，但基本上是平淡"①。裹足不前的生产心态、平淡的生产情绪、急剧的社会变迁对农民阶层思想观念的影响，使得对群众的生产动员遇到极大的思想阻力。总之，"群众还有过富怕斗、穷光荣的思想，不愿说富愿说穷，不愿确定中农，愿当穷农，为一般的现象，这样就阻碍了生产积极性的发挥，表面上来看，群众生产是积极的，但他是建筑在'年吃年穿的日子'，不挨饿受冻的基础上，而不是为了劳动致富生产发家"②。

群众的惧怕心理与思想顾虑，很大程度上来自生产动员中的强制命令以及过度的群众运动，造成群众的心理抵触与消极应对，进而影响互助合作的绩效。强迫命令与包办组织变工最易引起群众反感与反弹，1948 年，蒙山县"在春天的组织变工时，一般的都是强迫命令干部包办的，按排班划分的。如上冶区小仲口按巷划的，村干威胁群众说，谁不参加，支援前线叫谁去，在家帮助军工属，这样硬组织的，没有进（行）变工组的教育，因此组织起来的六个组到了春季后全部垮台，刚组织起时也是形势（式）的，组长去叫组员时，组员问我不去行不行，不行我就去，反映（正）叫俺给谁家捞，俺就干一天吧"③。1948 年的秋耕秋种中，蒙山县还出现了牛主故意拖耕的现象，原因就在于牛主害怕无偿调牛、养牛吃亏。群众的思想状况"一般是晚不了，在山里山根牛多地区更有的群众故意拖耕，怕早耕完了又调牛。其原因，春耕中调牛悬案未很好处理，使牛主吃亏，同时有的春天调牛助耕时，不仅未得到报酬，被帮耕户未表示感谢，在他们感觉未换出一句话来，甚至有的认为区里叫你们来的，是应该的，所以使牛主伤心"④。

---

① 沂东县委：《十月份生产工作总结》，1948 年 10 月 29 日，临沂市档案馆 0001－01－0042－023。

② 同上。

③ 蒙山县委：《蒙山县检查组工作报告》，1948 年 10 月 29 日，临沂市档案馆 0001－01－0042－020。

④ 蒙山县委：《蒙山县九月份生支工作总结报告》，1948 年 10 月 5 日，临沂市档案馆 0001－01－0057－012。

类似的群众思想顾虑在沂蒙专区各县档案材料中均普遍存在，严重制约着劳动互助运动的进一步发展。为此，加强组织起来变工互助的宣传教育，打通群众对变工互助的思想认识，消除思想顾虑与思想分歧，显得极为必要。

二　变工互助中的思想动员

"思想动员着眼于从认识、情感、态度、舆论和意识形态等主观方面影响和动员社会主体，是对人的精神的动员，而人的思想和精神的变化是看不见、摸不着的，因而也是一种'软控制'式的动员。"思想动员是社会动员的核心，必须依托一定的组织动员，通过组织引导，达成思想共识，从而最大限度地调动社会主体的积极性，发动社会主体，推动社会实践。① 没有思想观念上的自觉，就不会有实践行动上的自愿。在革命年代的生产动员中，思想动员的重要性是毋庸置疑的，通过会议座谈、典型示范、舆论宣传等手段，各级政权谋求将互助合作话语植入各个社会阶层，并内化为其自身的思想观念，进而带动变工互助的展开。

（一）思想启蒙与生产动员

应该说，农业生产是群众生存、生活须臾不可离开的基本依托，没有生产即意味着饥馑穷迫，生活无以继续。从沂蒙专区各地来看，群众对作为安身立命根基的生产是重视的。如沂南县土山区"群众对于生产均是积极的，这是因为在敌人退后情绪高涨，再个季节的到来，但是自流的多，组织的少"，"这村的生产情绪都很高，但是自流的多，现已普遍整理变工组织，先集中种上地"。② 群众生产的主要问题在于，对组织起来的兴趣不高，延续着传统的家庭本位的耕作模式。为此，党与基层政权着力从提高群众生产情绪、坚定永远跟着共产党走的信念、明确社会主义的生产方向上进行群众生产的思想启蒙。

在1949年的秋耕秋种中，沂源县进行了生产方向两条路和各种政策的教育，并贯彻实施相应政策，使群众初步明确了生产方向，胜利形势的鼓舞进一步打破了群众生产顾虑，提高了群众生产情绪。如从干部到部分

---

① 甘泉、骆郁廷：《社会动员的本质探析》，《学术探索》2011年第12期。
② 沂蒙二地委：《土山区工作布置及简单情况》，1949年7月，临沂市档案馆0001-01-0019-015。

群众认识到变工组耕牛的使用必须掌握等价交换、互不吃亏的原则，由于对生产方向和政策有了进一步的认识和贯彻，进行了种麦子好处的教育，以典型对此细算，打通了群众思想，群众生产情绪提高了一步。同时政治协商会议的成功，宣告中华人民共和国成立，毛泽东当选中央人民政府主席，普遍召开了代表会议和进行了集市宣传，群众认识到换了天下，毛泽东在北京做了主席，知道江山稳当了，对今秋生产情绪是一个很大鼓舞。[①]

沂源县张庄区娄家铺子村在 1949 年的秋收总结与算账打谱评功选模工作中尤其注重了对依靠党、坚定跟着共产党走的教育。在座谈回忆中，"大家一致说，咱得好好听上级的话，服从领导积极支前，与开展冬季生产和拥军运动，咱永远跟着共产党走到底"；面对灾荒，"想起今年挨的饿，大家一致说，蒋介石给咱造下这样大的罪，若没有共产党的领导，咱不就早饿死了吗，还活到今天了，咱要和共产党一条心，前后方结合起来，前方积极消灭敌人，咱后方积极支援，争取彻底打垮蒋介石咱好永远过安稳日子，一天消灭不了蒋介石咱一天不休"。[②] 通过座谈回忆才能使群众更深地体会到蒋介石给造下的苦，加强其对敌方仇恨心，开导去更进一步地依靠中国共产党与坚定永远跟着共产党走的信念。

农业互助合作运动代表着乡村经济发展的社会主义方向，"生产必须领导"则是中国共产党推行根据地建设一以贯之的策略方针，中国共产党的生产方向教育与坚定跟着共产党走的教育，对推进农业互助合作运动无疑是极为必要的思想启蒙。在新民主主义革命行将胜利、中国革命走向最后胜利的时刻，将党领导生产、群众跟党走的理念灌输到普通大众中，是家庭化生产过渡到集体化生产、从自主单干到互助合作的必要思想启蒙。

（二）打通思想：思想动员机制

思想启蒙旨在灌输新的生产理念，打通群众思想，这是生产动员的根本目的所在，为了打破群众生产上的思想顾虑，沂蒙专署各县都探索出较为可行的思想动员机制。以下以沂东、沂中、沂南、沂源等县农业生产中的思想动员为例，略作考察。

---

①　参见沂源县委《秋收秋种工作总结报告》，1949 年 11 月 2 日，临沂市档案馆 0001 - 01 - 0065 - 003。

②　沂源县委：《张庄区娄家铺子村秋收总结与算账打谱评功选模简要总结》，1949 年 12 月 14 日，临沂市档案馆 0001 - 01 - 065 - 004。

1948 年 10 月,时值秋收秋种最为繁忙紧张的时节,沂蒙专署沂东县的农业生产就先对群众宣传生产政策,以实际行动初步打破了群众的顾虑,生产情绪较前提高。其一,较普遍地宣传了《中国土地法大纲》的主要精神,人人有地种,不是打乱平分,坚决不侵犯中农利益,并宣传劳动致富、生产发家的生产方针,逐步打破怕过富了挨斗、不愿积极思想。其二,对损害的中农利益开始进行赔偿,和宣传教育紧密地结合起来,大部分群众了解了党的生产政策。寨西区几个村的统计,现已纠正改变成分者,寨西 3 户,张家营、前山沟坡每村各 18 户,姜家拐头 8 户;田家营田守身 5 口人,之前有地 2 亩,现又给他 3 亩(被斗的),他说"我真不知政策这样好来"。① 经过宣传教育和补偿被损中农利益的实际行动,群众生产情绪较前提高,不敢种的果实地也都愿种,群众积极生产扩大种麦面积,积极增肥,早上坡晚回家,勤劳耕作,显示出思想动员的绩效是较为明显的。

1948 年 10 月,沂蒙专署沂中县在秋季生产中的思想动员也非常具有典型性和代表性,打通村干思想、支部动员、群众会议教育,构成沂中县思想动员的三个基本环节。②

沂中县生产中的思想动员先从打通村干思想开始,村干是生产的具体领导者,打通村干思想是生产动员的首要一环。打通村干思想是一重要问题,哪里的村干思想通了,作风转变了,哪里就能组织起来;哪里村干思想不通,哪里就得到相反的结果。如户山区对村干进行了时事教育,说明形势发展的迅速,战争规模之大,支前任务的繁重紧迫,再谈到完成生产任务,必须组织起来。一是用算账对比的办法说明组织起来的重要;二是用实际例子说明组织起来村干减少了麻烦(拨人帮助军属烈属工属等),又完成了生产支前任务。如今春天土城庄村干思想不通,说上级多管闲事,谁家不知道生产,结果今春天铲耪了六七十亩地,军烈属要人干活,即拨不上,军烈属不满,负担不公平,群众不满,自己还受了累,因此才认识到不组织不行,以类似例子进行实例教育。

1948 年沂中县秋季生产中思想动员的第二个环节是支部动员、党员

---

① 沂东县委:《十月份生产工作总结》,1948 年 10 月 29 日,临沂市档案馆 0001 - 01 - 0042 - 023。

② 参见沂中县委《十月份生产工作总结》,1948 年 11 月 1 日,临沂市档案馆 0001 - 01 - 0042 - 010。

带头、影响群众。通过支部进行动员，发挥党员作用，使党员认识到生产工作是一切革命工作的终极目的，这是组织群众生产的关键。例如，柴山区在秋耕秋种中共召开4次支书会议进行布置后，普遍召开党员大会，强调党员带头、以身作则、团结群众，先将自己家中的半劳力（妇女儿童）动员起来，影响群众，保证这一任务的完成。

沂中县生产中思想动员的第三个环节是在村干、党支部、党员思想打通之后对群众的思想宣传与教育。通过各种会议对群众进行教育，结合胜利宣传，鼓舞群众生产情绪，再从季节上计算，并从支前任务的繁重来说明生产的紧迫，从具体事实说明组织起来的好处，并进行政策教育，提出劳动发家的光荣口号，打破群众思想顾虑，以达到组织起来，完成生产任务的目的。例如济南解放后，沂中县委即及时提出通过胜利宣传，说明解放济南的伟大意义，并反对"松一口气"的思想，鼓舞群众生产情绪，达到组织群众抢耕抢种的目标。

1948年的劳动互助合作运动中，沂蒙专署沂南县通过标立典范影响带动一般、以实际案例教育或警示群众，亦对打通群众思想颇有助益。沂南县依汶区夏庄村总结推广了刘长恩变工组的经验，该组的特点是：3年未垮台，全组原有32亩地，几年来家家添地，现全组已有49亩；自愿结合。组长刘长恩说："俺组是僧托佛、佛托僧，你沾我的光我也沾你的光，大家都离不开"；与副业结合解决了剩余劳力的出路，全组都会木匠活，闲空时技术好的就带不好的徒弟出外一块干活，赚了钱一样分；账目清白，工顶工，不多找工钱；有制度，经常开会批评检讨，彼此没有意见；和支前任务结合的好，谁支前在外时家里生活耽误了，赚了钱还一样分，故每次支前没一个开小差的。相反，刘乃君的变工组是垮了台的，其原因：一是机械的集体，零活也要集体干，浪费人力大家不满；二是天天开会算账记工，一开会就天不早，大家头疼；三是副业结合的差，剩余劳力得不到解决；四是成立时仅是为了响应上级号召，光是为了起模范作用，不是自愿成立的。①

上述沂东、沂中、沂南三县对群众生产进行思想动员的举措各有特点，沂东县强调从被损中农利益的补偿入手配合进行思想宣传；沂中县形成了村干、党支部、党员、群众多方动员的模式；沂南注重运用典型示

---

① 二地委：《关于变工组织问题》，1948年6月，临沂市档案馆0001-01-0020-007。

范、带动一般的策略。方法虽有不同，而目标一以贯之，因为整理、巩固、发展变工组需要群众、群团、基层干部、党支部与党员、积极分子等多方共同努力，方能实现组织起来、变工互助。1948 年，沂源县整理变工组的经验或能揭示乡村变工互助的合力来源：

一、巩固变工组的第一个问题，首先要解决的是吃饭问题，也是变工组迫切要求解决的问题，更是变工组能否坚持下去的关键。为此，巩固提高变工组，必须首先提出农副业结合。特别在目前即将要锄青苗之际，应省出整劳力作运输，一面生产解决吃饭问题，一面搞春耕。教育群众的口号是："又看现在又看将来"，"没的吃是困难，地种不上将来更困难，更无法解决"，"只有把地种上，才能解决长远的困难"。二、订计划打生产救灾的谱，一家、一组到全村，如瞭军埠高俊奎、宋京友都打生产救灾的谱，到全村变工组订生产计划。如高俊奎家小妮子拾柴剜菜，供家里烧；老婆做鞋（五天一双）纺线，供吃饭；高俊奎参加变工组拾掇地。（计划第一步未完成即要打谱第二步，这样才会提高。）三、记工算账总结变工组的好处，把变工组巩固提高一步。如中营变工组春耕完成后，普遍开会算账找工，并总结变工组的好处。每个组员都感到组织起来才能解决生产救灾的困难，不但要组织起来春耕，将来剜苗子、锄地、夏收都需要把变工组巩固下去。变工组好处，吕成福说："独手人非刨不行，耢地就无办法，耩地更不行。"张立成（懒汉）每年都荒地，今年未有荒地，而且还开荒地。吕成福组七个人都没的吃，可是大家凑点钱卖盐，轮着干，这样没的吃也解决了，地也种上了。（好处很多，并不一定是上面这些好处）。这一问题是巩固变工组的重要环节，否则易垮台，要抓紧这一环节。巩固提高变工组最有效的办法，就是算工账，民主讨论，总结变工组的好处。以群众本身实际体会来教育他自己，是巩固变工组的最好办法。四、树立骨干核心领导，也是巩固变工组的一个很重要的问题。例如青龙区的悦庄、瞭军埠的变工组中有五个组，内有党员八名，并有四名担任组长，这些党员在变工组内起了模范作用，如赵明德爷三都领导参加变工组，任元英、高俊杰经常领导变工组座谈讨论生产，从实际的行动影响群众。另外一个赵清珠组，因组内未有党员，缺乏骨干领导，结果组内不团结打了架，耕地速度也慢，生产情绪也低。五、组织整理变工组时，领导成份（组员成份亦应注意）应注意掌握在勤劳的中贫农手里和自愿结合不应强迫。搞得好能巩固扩大，相反的会垮台。青龙区牛营吕成福是老中农，他不但组织了变工组，而且还能首先说服打通全组的思想，吸收好吃懒做、每年都荒地的张立成参加变工组。张立成今年不但没荒地，而且现在已经刨荒地。但历山区南刘庄崔特来变工组，五户就有四户地主，结果不唯没有扩大，反而垮了台。①

打通群众思想、消除群众思想顾虑，绝非一朝一夕之功，在生产动员中通过持续不断的宣传教育，获得群众的情感认同与思想支持，实现干群思想的改造与提高，方能为领导群众生产、动员群众生产营造稳定的社会氛围。上述各县在打通群众思想上的启蒙与动员，为沂蒙解放区劳动互助合作运动的深入展开奠定了思想基础。在历年的生产动员中，都能发现思想动员之必要与必需。沂蒙地委在1949年的冬耕工作给所属县委发出的指示中，要求"首先继续贯彻教育，打通干部思想，打通党员群众思想，思想问题不解决，一切任务都无法很好贯彻，这是基本问题……冬耕工作却完全不同，群众没有习惯，自发要求很低，若仍以老一套的一般号召的工作办法，是不能完成任务的……对群众应首先在支部党员中打通思想，从总结秋季生产、评比模范、座谈今后干什么活着手，订出冬耕计划，再通过老农座谈会，变工组会，回忆冬耕好处等方式，以实例打通群众思想"②。

思想动员就是将组织起来、变工互助的理念转变为群众自觉自愿行动的过程；思想动员还是澄清干部、群众生产上的认识误区和思想顾虑，摆正生产中心位置、动员全体人员投入生产的过程。这一过程的实现，思想引导与思想领导尤为重要。生产动员不能光靠利益诱导，也不能停留于开会号召、强制命令、代替包办，而是需要艰苦烦琐、细致入微和有针对性的群众思想引导、宣传教育。因此，加强思想领导和提升思想动员的能力，是摆在党与基层政权面前的迫切问题。

---

① 沂源县委：《组织变工与巩固提高变工组中应注意的几个问题》，1948年，临沂市档案馆 0001 - 01 - 0042 - 002。

② 沂蒙地委：《关于冬耕工作给各县委的一封信》，1949年11月19日，临沂市档案馆 0001 - 01 - 0019 - 036。

第三节　劳动互助中的经济动员

无论多么完美的思想动员、政治动员,还必须在群众的个体利益与互助合作的收益之间寻得平衡与支撑,从经济效率、劳动所得的角度使群众获得变工互助实实在在的收益,这是破除群众生产顾虑,提高生产效率,真正体现生产发家、劳动致富的根本之途。在中共劳动互助合作运动中,变工互助本身就意味着以工为计算单位的劳力、畜力的互换互变,以公平合理、自愿互利、提高生产效率为主要诉求,以记工、计工算账、变工换工、还工找工等为互助的必要环节,最终形成相对公平合理、稳定有序的互助合作经济秩序。也就是说,变工互助中潜存着一个经济上的运行逻辑,逾越了这个运行规则,变工互助即失去了自愿自由组合、平等交换、公平合理的保障。

一　计工算账与公平合理

计工算账是体现变工互助公平性的关键。沂蒙专区劳动互助的发展证明,不计工、不算账往往是变工组垮台的主要原因,没有明晰的变工制度,所谓公平合理、自愿互利就是镜花水月,得不到群众的认可与坚持。"这一问题是巩固变工组的重要环节,否则易垮台,要抓紧这一环节。巩固提高变工组最有效的办法就是算工帐,民主讨论,总结变工组的好处。以群众本身实际体会来教育他自己,是巩固变工组的最好办法。"[①]

对于变工组计工算账,干部群众当中也存在着思想分歧。如沂源县"南刘庄支宣说,互助就是互相帮助,还还工吗?"[②]互助并非无代价、无偿地提供义务劳动,而应是本着互利互惠原则的两相情愿的社会合作经济行为。记工—计工—变工(换工)—找工—还工—清工,是劳动互助运行的必要机制,如若不然则影响变工互助的进一步发展。故而,客观公正地记录工数与公平合理地计工算账是非常必要的。记工,是对工数的客观

①　沂源县委:《组织变工与巩固提高变工组中应注意的几个问题》,1948 年,临沂市档案馆 0001 - 01 - 0042 - 002。

②　沂源县委:《冬耕备荒秋征工作总结》,1949 年 12 月 14 日,临沂市档案馆 0001 - 01 - 0065 - 001。

记录；计工，还与劳动效率、劳动强度、劳动能力有关；二者是保持变工互助的制度保障。记工，一般是"每天按十分计工，但减低效率者减份，增加工作效率者添份"①。至于计工，沂南县岸堤区高湖变工组讨论的计工的标准是每天分作 10 分，早饭前 2 分，上午与下午各作 4 分，每分按12 两粮食，每天 7 斤半，因工资高，支粮时可支一部分地瓜干，计工是不按整半劳力算，是按劳动成绩计算，半劳力与整劳力的劳动成绩一样时即一样支工资；人工换牛工的问题，张庄区□沿庄讨论规定两个人工换牛耕 1 亩地。② 从沂蒙解放区各地来看，计工基本是以每日 10 分为标准，不同的是换工或还工的计算标准稍有差异，主要存在于粮食、货币、人工、牛工之间的变换比例各地并不一致。

在沂蒙解放区，真正能够做到全面记工、及时计工算账的变工组为数并不多，直到 1949 年，能够记工算账的变工组仍不超过 1/3。沂南寨西区梁家拐头，"虽三次算账并未找工，这是较普遍的现象，也是不能提高一步的主要原因"③。沂源县胡山区关帝庙村变工组的主要缺点就是"不记工不算账，拥着干，这样不会巩固下去，现确定先从有党员的两个组着手整理，提高吸收经验，再推广全庄"④。类似的不记工、不算账、将就着维持运行的变工组极为普遍。例如娄家铺子村变工组在 1948 年的整理改造中就存在类似偏向，最主要的莫过于记工算账不够及时、未能找工、订分失当等。主要表现在："咸夫冈组的工账到现在没算，副组长娄成伦欠工最多，也不结账找粮。凹子间六个变工组，去年帮无劳力的工帐都没结算，群众反映：'帮助人家干了活连句话也赚不出来。'寡妇左兴桂，去年组里帮助她刨种上麦子，到现在没找工资，大家很不满意"；同时，"订分中还有些不合理处，如给儿童订分订到七分这样有些高。送粪时整劳力一趟挑一担（两筐），两个儿童一趟才抬一筐，订分时整劳力十分，儿童每人七分。锄草时给妇女儿童订分多半从快慢上订，没

① 二地委生救会：《生产变工及土地悬案的处理问题》，1948 年 5 月 8 日，临沂市档案馆 0001 - 01 - 0020 - 009。

② 责任者不详：《沂南生产救灾中具体问题的解决》，1948 年，临沂市档案馆 0001 - 01 - 0046 - 023。

③ 沂蒙地委：《沂蒙地委一九四九年一年来农业生产救灾工作总结》，1950 年 1 月 20 日，临沂市档案馆 0001 - 01 - 0019 - 001。

④ 徐健：《关于秋种工作给张周政委的信》，1949 年 8 月 13 日，临沂市档案馆 0001 - 01 - 0097 - 026。

从干活孬好来评，有些组把分规定成八分"；牛工换人工也没有做到公平合理，"去年虽然讨论了牛工换人工的办法，一犋牛一天顶四个人工，但只有龙窝一个间实行了，其他三个间都是白使牛，牛主桑亢九说：'说是一回事，做是一回事'，铺子间牛主说：'把牛喂的饱饱的，抗着镢给抗属刨地去'，因为人刨了顶工，牛耕了不顶工，冬耕中规定耕一天十斤草，也大部没有找"①。订分、记工、算账、顶工、还工关系到变工组的维系与运行，涉及组员的个体利益与互助收益，土改之后拥有一定规模土地的农民在参加变工互助时，自己的劳动付出与预期的可能收益是正相关的，否则在土地私有、自主经营的耕作模式中，劳动互助即很难展开。

沂东县1948年10月的生产工作总结中也显示不记工算账、妇女记工者为数极少、使牛不记工、工资规定不合理等现象非常之多，其中变工组存在的主要偏差有以下几类。第一，大部分变工组不记工算账，这样基本上不能掌握公平合理，更谈不到巩固。如丰台区只有两个组记工，良水区司马店子22个组只有1组记工。第二，妇女记工者为数极少，不但打击了妇女参加生产的积极性，并且也违反公平合理的原则。如肖家哨有妇女反映，"俺一年累死了，什么也没挣着，可够了"。第三，无代价的乱使牲口，有部分村庄依然存在。如永太区库沟一还乡团之牛乱使不记工；郭家埠庄长乱拨牲口使；无代价地使，如丰台区部分现象。无代价地使牲口，使群众不愿养牲口。要提倡养牛，必须适当订出工资，根据养牛群众反映，最愿意要牛草，不愿意还工，因此牛草缺。第四，工资的规定不按季节，如双泉洪沟用牛每天50斤草，古家官庄妇女一律每天按7分，古家官庄每工7斤粮食，记工不按劳动效率，这也是影响组织变工和生产不积极的偏向，特别注意过高过低工资规定，必须引导群众讨论，按公平合理原则订出，这种偏向在相当数量的变工组中存在。② 由于以上原因，沂东县能做到计工算账的变工组的比例仅占少数，"变工组织集体干活较好的寨西区，能记工算账的仅占1/2。其次双□城□较好，双□22个村记工，10个村全部记，一般变工记工算账的占到变工组数的百分之廿，如

---

① 参见《附件之三 娄家铺子是怎样整理的变工组织》，1948年6月3日，临沂市档案馆0001－01－0045－005。

② 沂东县委：《十月份生产工作总结》，1948年10月29日，临沂市档案馆0001－01－0042－023。

葛沟区 212 个变工组中（四个村）计算的仅 32 组，才占 15%，丰台全区记工算账者只二个组，以此区最差。总起来说，真正计算、掌握公平合理仅占一少部份（平均数）"①。再据 1949 年 4 月的统计，沂东全县共有变工组 5528 组，共有 31481 户参加，占全县 41365 户的 76.1%；全县共有畜力 16399 头（牛驴），已组织者 13868 头（牛驴），占全县的 85.7%；全县 418 个村，有变工组的 396 个村，占全县的 94%，"记工算账方面在逐渐改进着。按 6 个区 2820 个组中来看即有 886 组记工算账，占全数的 33.4%。从以上党内外组织作用来看，春耕生产能获得成绩，组织保证是主要因素"②。从以上统计数字可以看出，沂东县变工组织虽然组织化程度较高，但到 1949 年能记工算账的仅占 1/3。

不仅记工算账的变工组为数较少，甚至部分变工组仍以换工为主，尚未做到计工算账。沂南岸堤区大头庄全庄共计 174 户，毛地 2221 亩，折合中地 1200 亩；人口 714 人，其中男整劳力 40 名，半劳力 69 名；女整劳力 30 名，半劳力 60 名。1949 年，该村组织变工组有 17 组，参加户数 75 户，男整劳力 56 人，半劳力 54 人，共 110 人。"好的组虽算过账，但无里外找工价，其中是换工时管饭三斤粮，不管饭五斤粮。他们有的组定了会议制度，均不能执行。在变工上找工算账是一团活气"③。其中，弋卫顺组共 8 家，全组两惧牛，未参加变工，没有的户是借去用，不支粮草，不换工；在集体劳动时才开会，算一次账，有少 10 斤粮也未找；祖敬传组共开会 4 次，算 1 次账，有少 1 个工的、2 个工的，就是多一个半个的不找算完，也没有什么意见，一团合（和）气。④"总之该庄的变工组是换工的方式，未有计工算账，更谈不到等价交换，同时变工组长不知道组内的地数和种的庄稼数，均不了解。在问他时才现算账，或者大约多少，但他的口头上说的好，具体事不了解，同时全庄的牛力均不参加变工

---

① 沂东县委：《十月份生产工作总结》，1948 年 10 月 29 日，临沂市档案馆 0001 - 01 - 0042 - 023。

② 沂东县委：《春耕生产总合报告》，1949 年 5 月 23 日，临沂市档案馆 0001 - 01 - 0065 - 007。

③ 沂南县委：《沂南岸堤区大头庄检查生产情况》，1949 年 8 月 24 日，临沂市档案馆 0001 - 01 - 0065 - 008。

④ 参见沂南县委《沂南岸堤区大头庄检查生产情况》，1949 年 8 月 24 日，临沂市档案馆 0001 - 01 - 0065 - 008。

耕地。"① 从大头庄变工组实况看，换工还工基本是笔糊涂账，碍于亲情邻里之谊，一星半点儿的工差不找也罢，是群众的普遍心理。

1949 年沂中县的调查显示②，良水区把组织整理变工组当成中心任务之一。该区共有 806 组，其中集体干活的 576 组，并有 184 组实行了记工算账，占变工组总数的 22.8%，其中最好的村有曹家营 25 组、韩家官庄 10 组、大杜家庄 14 组、南良水 15 组，由于村干部的积极领导全部实行记工。丰台区原有变工组 565 组，记工的 187 组，算账的 98 组，形式的 104 组，即记工的占 33.1%，算账的占 17.3%，但因干部忽视整理领导以致大多垮台，现在算账的仅剩 26 组，骤降到 4.6%。英山区因干部重视了变工组，除在各种会上号召教育外，而且有了工作直接通过变工组布置，并强调党员干部要分工领导变工组，经此经常推动领导教育，全区 554 组集体干活者 427 组，计工的 95 组，能记工的占变工组总数的 17.1%。

由此可以看出，超过 2/3 的变工组不能计工算账，表明变工组运行的规范化程度很低，而且不记工、不算账显然无法公平地计工、换工、还工。因此，在党与基层政权整理、恢复变工组的过程中，一再强调清工算账、及时找工还工，力求换工、变工的大致公平。如何整理恢复变工组呢？1948 年沂东县的生产支前工作中，算账教育、清算账目、自愿结合是为群众所喜欢的整理变工的办法。第一，用总结的方式、算账的教育达到组织起来的教育目的，如丰台区石屋官庄、王庄等村，目前虽有变工组，但秋收时垮台，此次整理即总结了过去组织变工组的好处、缺点和垮台原因，用实际例子达到教育目的。又如该区龙家站目前不想组织变工组，认为一年快过完了不用组织了，但把他本村这次出夫数和预计将来能出夫数计算一下［他本村应出 2 副担架（10 人）、12 辆车子（24 人），还有民兵等也要出发］，听后即很快转变了，当夜即组织 9 个变工组，这主要是经过教育后认识到支前的重要性和生产的必需，只有组织才好解决，这种办法在少部分村实行。第二，清算账目、公平合理，在大部分村之较好的变工组内实行着。如英山区大李家马庄之前共 89 组，在秋收时

① 沂南县委：《沂南岸堤区大头庄检查生产情况》，1949 年 8 月 24 日，临沂市档案馆 0001 - 01 - 0065 - 008。

② 参见沂中县委《整理变工组及发展供销社的情形》，1949 年，临沂市档案馆 0001 - 01 - 0065 - 026。

垮台 5 组，经过算账找清后垮台的 5 组又整理起来了。河阳区南左泉前变工组都垮台，现开始算账，已整理起 21 组，有的群众反映组织起来倒怪好，就是"累杀的累，恣杀的恣杀呢（意思是嫌不公道）"。从以上问题看出，群众基本上是愿意组织的，但因怕不合理而不敢组织，因此清算账目、公平合理是群众在组织变工中的基本要求。第三，掌握自愿原则，达到组织整理。如永太区于林子前共 12 组，多形式的、不集体、不算账，主要是在强迫命令的方式下产生的，因此极不牢固。进行了自愿原则的教育后，明白自由跳组、自由结合的原则后共合并 8 组，经这样掌握自愿原则是在全面组织中大部分村所执行的，也同时为群众所欢迎。① 在整理、恢复和提高变工组过程中，沂东县各区基本遵循了总结算账、清算账目、公平合理、自愿组织的原则，从而得到群众普遍认可，垮台的变工组也都恢复巩固下来。

能够记工算账对变工组的生产影响是巨大的。如沂南县铁山区尤家埠子马京祥变工组，该组高粱 35.2 亩，稷子 6.6 亩，谷子 9.5 亩，黍子 2.4 亩，共 53.7 亩，已锄完 4 遍，该组已清算麦收夏锄的账目；全村 17 个变工组在锄，除 3 组不算账外在夏锄时都集体，目前各变工组正在清算账目。② 沂源县西台村共 17 个变工组，分为 3 种类型：即常年记工算账，按政策原则组织起来的有 5 个组，这类变工组巩固的原因，首先是由党员干部参加，在变工组里具体领导掌握，并且按季节进行找工找粮，在劳力上不管年纪大小，按劳动效率，在评定分时还不吃亏，并按季节找粮和清工算账，活多时，有计划地分工，因此这类组较巩固合理；季节性的变工组 8 个，这类组大部是缺乏骨干领导，在劳力上大不论计，不能按时找工找粮，因此不能长期巩固下去，但在农作时即合伙进行生产，农忙过后即分散，但这类组一般也能做到精耕细作多锄增产；自流无领导临时换工的有 5 个组，主要是不记工不算账生产无计划，谁的活多了临时集中起来干 1 天，或者伙着刨伙着生产等。③

可以想见，群众面对组织起来时的劳力、畜力付出，追求付出与回报

---

① 参见沂东县委《生产支前工作总结》，1948 年 10 月 5 日，临沂市档案馆 0001－01－0057－010。

② 责任者不详：《夏锄夏种及抗旱贯彻情形》，1949 年，临沂市档案馆 0001－01－0045－012。

③ 参见沂源县委《西台村农业生产调查》，1949 年，临沂市档案馆 0001－01－0065－017。

间的大致平等是自然而然的心理诉求，公平合理应该是维系变工互助的砝码。为了推进公平合理的变工互助，制定公平的换工还工与合理的工资制度就是非常必要的了。沂蒙专区生产变工所探索出的经验就是："①计工算账的公平合理，其中包括换工与工资问题，工换工是基本的。②计工算账应按件、按时、按劳动效率，三者结合算工，正（整）半劳力不机械按年令（龄）算，按活大小算，如锄麦子正（整）劳力出一趟，半劳力也能锄一趟，种花生正（整）劳力能办，半劳力也同样能办，这样鼓励半劳力，特别鼓励青年好好学农具技术。"① 这就涉及复杂的变工、换工问题了。由于农业生产涉及耕、锄、种、收等诸多环节，参与劳动的劳力劳动能力大小不一，不同农业劳动又强度不一，地块与地块的差异也显而易见，农家所用畜力也同样存在差别，即使同在一个组内，地块的远近、贫瘠、肥瘦都会对劳动效率产生影响，因而记工与计工算账需要与变工、换工结合起来。

二　换工变工与等价交换

所谓换工、变工，即以变工组为单位的人工、畜工等的自由变换与公平交换。工，即"一个劳动力一天的工作量"②，一般以一个男性成年整劳力的一天工作量为一个工，在此基础上按照劳动时间、劳动效率、劳动付出的不同而变换。工的折算采取以工顶工、折为工资、以粮顶工等多种模式，缺工补工、余工找粮（工资）、无粮还工。可以说，"工"是乡村互助合作经济得以运行的关键要素，它使农业、副业、商业相互贯通，使男工与女工、粗工与细工、人工与畜工、整工与零工、整工与半工等之间互换互惠，乡村互助合作体系就是建立在"工"的自由平等交换上的。从土地改革后沂蒙解放区换工、变工的实际来看，有人工换人工、畜工换畜工、人工换畜工等方式；支前工与生产工、人工与畜工、妇女儿童工与男劳力工、生活工与生产工、粗工与细工、农业工与副业工的变换最为普遍。

换工，即工的等价交换；变工，即工的公平互变。变工互助与组织起

---

① 二地委生救会：《生产变工及土地悬案的处理问题》，1948年5月8日，临沂市档案馆0001-01-0020-009。引文中括号内的字是引者对档案别字的替换，特此说明。

② 商务印书馆辞书研究中心修订：《新华词典》，商务印书馆2001年版，第322页。

来的运行，需要平等合理的变换机制，只有确定了换工的标准，人工、畜工才可进行自由互换互变，如牛耕 1 亩地可换两个人工，妇女做鞋 1 双顶两个工等。一般经过群众商量认可的变工、顶工办法，均是可行的，各地虽稍有差别，但差别不大。

人与人换工问题大部分是妇女与男劳力的换工。在沂蒙专署，男女换工一般是家务、零活与农业劳动的换工，例如 "a. 一双鞋——三个工四个工。b. 一褂子——一个工或一个半工。c. 一条裤子——半个工或一个工。d. 四两线——一个工。e. 一斤线——三个工至四个工。例如岸堤公德原与无劳力公大娘商议变工，缝一条裤子一个工，褂子顶两个工，公大娘很同意"①。

以粮顶工或赚取工资，也是变工、换工的重要形式，沂南县岸堤区规定，"农业与副业变工，分春夏秋三季，规定春天每天 5 斤（春荒），夏秋每天 7 斤半，每天 10 分计，每分 10 两。有的光规定春天 7 斤半，夏秋再说；有规定较高，春规定 7 斤，夏秋 10 斤；东平区一般规定每天 7 斤（麦前）每分 12 两；蒙阴一般管饭 3 斤，不管饭 6 斤；沂中一般规定每天 5 斤粮"②。从以上各地规定来看，工资一般以粮折算，每工折粮在 5—10斤，即每个成年男子劳动一天，可以赚取 5—10 斤的高粱。1948 年，沂南县岸堤区的变工组工资规定如下：农业与农业结合者有 3 类——每天 10 分，每分半斤，每天 5 斤，交秋 7 斤半；只规定今春 7 斤半；春季规定 7 斤，麦秋季规定 10 斤的。农业与手工业变工者，一般规定给工匠干活时工资高，工匠给别人干活时工资低，如辛兴一般规定 7 斤，给工匠干活 10—12 斤。男女变工问题，一般规定女方做 1 双鞋底顶 4 个工，纺 4两线顶 1 个工，裤 1 条 1 个工，褂 1 条两个工。大头庄一个寡妇与另一个有劳力无粮吃户两家变工，他给她耕 1 天地，她给他 8 斤粮。支付工资办法一般是还工不还粮，因今年多还不起粮，但无粮者给有粮者干活要按期付粮，以解决无粮户之困难。③

沂蒙解放区各地在人工换牛工的问题上，一般遵循以下原则：

---

①　二地委生救会：《生产变工及土地悬案的处理问题》，1948 年 5 月 8 日，临沂市档案馆 0001 - 01 - 0020 - 009。

②　同上。

③　参见沂蒙地委《岸堤区生救工作的汇报记录》，1948 年，临沂市档案馆 0001 - 01 - 0046 - 015。

"a. 一牛——二人、三人、四人工不等（四个太多）。b. 耕一亩——二个工、三个工。c. 耕一亩或一天——50 斤至 60 斤草，有除管草拿 30 斤草，有秋后支增加一倍，岸堤春付 50 斤秋付 70 斤，有管草顶三个工的。d. 耕一亩——一片豆饼，有的不管草外加半片豆饼。e. 牛带人的——顶四个工至五个工。这是大问题，处理不当影响春牛（耕）影响生产，过去无代价用牛是不对的，大小牛也分开，军工属用别人牛代耕，西朋区研究军属随便拿草不定数，有大包工性质。岸堤东北村田登里七亩地耕春秋二季 800 斤草，有牛户一般的愿要草不愿顶工。沂中有规定用一年牛全部把草给牛主，主要牛吃上草养得好，一般反映'养牛难耕地容易'，牛工换人工不要使牛主吃亏。"① 此为牛工变人工所应遵循的等价交换原则。牛力使用中的强借、无偿使用所引起的激烈反弹，均与用牛有失公允有关。沂东县在能记工算账的变工组中，牛工、人工及工价大致有如下规定：第一，大牛一般能拉动独犁即顶 3 个工，青泉庄等如此；大驴顶 2 个或 1 个半工，最少的顶 1 个工。第二，有的按地亩记工，如张家埠子耕种 1 亩地即为 3 个工，这是一般的价格。第三，工价规定。在秋收中部分的 1 个工资 6 斤粮管饭，不管饭 10 斤，青泉庄即如此规定；永太区庙岭、于家村规定耕种 1 亩的工资为 30 斤草、7 斤粮，由变工组讨论，各村根据各村的情况规定数多不一致，有的过高或过低，但只要经过民主讨论、大家同意，一般订出价是适合群众要求的。② 沂南县岸堤区的变工组牛工换人工规定如下：牛力较多的地方（如南岩楼只 4 户无牛者）工资低，每耕 1 亩地顶 1.5 个工，够 3 个工付牛草 50 斤，到秋天付 70 斤。牛力一般的地区（但也不很少）规定，大包工的办法，东北村田登利 7 亩地与牛主商量 800 斤牛草，到秋天耕完麦地；中高湖规定给贫苦家属耕地春秋两季只付 100 斤牛草；辛兴给中农耕地带人不管饭，每亩 100 斤草、2 斤料。在牛力缺少地区，养牛者的思想是耕完地即想卖牛，故规定每耕 1 亩地 8000 元至 1 万元，如岸堤庄因牛少地多小商人又多，这样提高牛主利润后，群众都说明年可得喂牛了。③

---

① 二地委生救会：《生产变工及土地悬案的处理问题》，1948 年 5 月 8 日，临沂市档案馆 0001 - 01 - 0020 - 009。

② 参见沂东县委《十月份生产工作总结》，1948 年 10 月 29 日，临沂市档案馆 0001 - 01 - 0042 - 023。

③ 参见《岸堤区生救工作的汇报记录》，1948 年，临沂市档案馆 0001 - 01 - 0046 - 015。

变工、换工的形式是极为多样的，劳畜力互换、整半劳力互换、牛草换耕牛（包含等价交换性质）、卖响请响等，均是按照按劳计分、等价交换的原则发展起来的变工互助形式。在人力、畜力的变工中，畜力互助、牛力使用曾经普遍存在强借白使的现象，造成牛主不愿养牛、护牛，甚至卖牛、宰牛，合理规定用牛工资，实行等价交换，遵行护牛政策，生产互助的体制机制方能趋向合理完善。在人工换牛工中，保护耕牛与变工互助之间的平衡是必不可少的，唯有等价交换才能维持互换机制的运行。沂南县岸堤区梁家北村在 1948 年生产救灾中研究讨论如何"不荒一亩地"，大家都说荒不了，谈到无劳力和军属的地时大家都不满地说，去年规定60 斤草 3 斤料，但地白耕了，一点收益也未得，最后有人说不照顾也不对，咱要和军属商议，大家同意这样做。而后又召开了无牛户无劳力户研究，开始都发愁，说耕地无牛也无人，最后说想不荒一亩地只有变工，区干即指出去年牛草牛料皆没付，牛户不乐意与咱变工怎么办呢？当即研究出主动向牛户检讨去年使用的毛病，并保证今年付草付料，这样做后，牛主与无劳力户便融洽地自动变起工来，规定了每亩地牛草 60 斤，如此 5 户无牛户便得到解决。①

1949 年沂蒙专区的农业生产中，尊重牛主权利，有代价地使牛是较前改进了一大步，强借白使已是个别少数现象。沂蒙专署为贯彻保护耕牛政策，曾两次翻印山东省政府关于保护耕牛的条例，各县也都召开牛主会议，检查耕牛政策，规定牛工资为牛草。沂源县曾召开了牛主代表会，专门研究使用与喂养的办法，听取牛主意见，并讲解护牛政策，规定了耕地 1 亩 15 斤粮，拉车 1 天 10 斤粮，耩地 1 亩 1 斤粮，牛主非常满意；安平区北安乐村牛主周□相找回牛工资粮 75 斤，满意地说"这样真公道，把找来的粮食当牛粮，别叫牛瘦了"。蒙山县自纠正了仲里区拨牛帮助无牛区秋耕的现象后，在干部中较以前更明确护牛政策，宣传亦较前普遍，基本上纠正了强借白使。固城区 274 户即归还了牛草 29350 斤，因之牛主都感到有保障，耕牛开始增加。② 这样基本解决了无偿拨牛、强借白使、耕畜减少的现象。美中不足的是上述规定不能完全执行，仍有须改进的问

①　沂蒙地委：《岸堤区生救工作的汇报记录》，1948 年，临沂市档案馆 0001 - 01 - 0046 - 015。

②　沂蒙地委：《沂蒙地委一九四九年一年来农业生产救灾工作总结》，1950 年 1 月 20 日，临沂市档案馆 0001 - 01 - 0019 - 001。

题:"①只规定牛工资,只记工不找工,沂水县曹家宅今春规定了牛草实际上未还。②部份村村干包办规定牛工价,使牛价过低,村干思想上一方面为个人利益,另方面有的也存有片面的照顾无牛户。其次是伙养牛问题,很多地方尚未很好整理,只有人使,没有人好好照料,这是目前存在的主要问题。"①

牛犋的报酬主要是换牛草和换工,但价格不一。蒙山县仲里区在山里调给段庄、陈家岩等村的牛价是管人(跟牛耕地的)吃饭、管牛草每亩地15斤粮食。固城区是在各村生产会、支部、变工组经群众讨论的,主要是换牛草,但数量有差别,一般是牛主跟牛耕地,牛主负责喂牛,每亩地50斤草,也有的40斤草,有的地户负责喂牛,每亩地30斤草,再有的1亩地25斤草;地户喂牛(3个牛75斤,能耕2亩多地),荣安庄则每天喂牛1牛15斤,不喂牛1牛30斤;郑家庄则把今秋的高粱叶全部给牛主(1亩地能出四五十斤,一天耕2亩的,即一天给八九十斤),明春再另摊草。白埠区有三种,顶工、换草、换粮食。顶工的有顶4个或5个的(连人在内),有的是管饭50斤草,张庄是60斤草,还有另外加2斤料的;北曲池每个牛20斤草加2斤料(高粱),高羊庄耕1天30斤高粱。在区里和村里研究比较合适的是,顶工每犋4个工,换草50斤至60斤,主要应以换草和换工为主。②

有劳力与无劳力户的变工换工虽较棘手,但各地也创造出了不少经验。蒙阴县坦埠区北楼村在组织生产中采用的换工办法一度为沂蒙地委所推广:③

坦埠区北楼村采用了自己打谱、大会讨论、互相换工的办法解决了无劳力与半劳力的耕种困难。他们首先召开了全庄无劳力与半劳力的会议,讨论今年怎样生产。开始大家都觉得怪愁人,宋汗一家里(军属)说:"俺五口人七亩地没一个能下力的,俺和宋淑三相换工,

---

① 沂蒙地委:《沂蒙地委一九四九年一年来农业生产救灾工作总结》,1950年1月20日,临沂市档案馆0001-01-0019-001。

② 参见蒙山县委《蒙山县生产支前工作报告》,1948年9月16日,临沂市档案馆0001-01-0057-008。

③ 鲁中南二地委:《推广蒙阴县在组织生产方面点滴经验的通知》,时间不详,临沂市档案馆0001-01-0020-008。

人家嫌不行，不要俺。今年庄里不问就别没法，俺就等着饿死。"的确大家都觉着种地困难，这时朱同志就启发说："咱多商量想些生产的办法。"宋汗法说："咱这伙都是无劳力的，管怎样今年咱得有个谱，咱个人把心里的谱说说吧"。于是大家一户户的说自己打的谱，宋汗法说："我光棍子一条，一二亩地种着怪松涣，我打谱和宋汗一家换工，我帮他种地，他可给我做点衣裳"，宋汗一家里很同意说："你的衣裳我全给你做着，你光给俺做点重活，我还有两个小孩，轻活自己做就行，高粱嘴上一家头年时俺用的他的牛耕的地，今年我再给他做点衣裳，换换工，使使他的牛"。接着七十岁的绝户老妈金氏说："分给我亩半地没法种，我还能纺棉花，我给社里纺线，他给我种上地行吗？"社里很同意，保证给她荒不了地，并提出纺线多了还给她工资。这样大家都感觉很好，二十户没有劳力的都这样个人打谱，大家商量，互相换工的办法解决了生产的困难。其次是大崮崖八亩地，有转移渤海支援回来的村干王乃州八亩地，经群众研究后给他代种，如他四月初以后回来，就按平分的办法分粮（因四月间地就锄过二遍来，能得粮食了），如他三月前回来，就支工支钱。

从一些具体的变工组运行看，比较公平的换工、找工、还工有助于提高群众生产热情。

以沂南县长山区祖玉芹变工组为例，该组按季节算账，春天高粱4斤（管饭），麦季6斤麦子，锄豆子时又按高粱7斤，割豆子、砍高粱按高粱10斤，算账时抗属少2斤。按籤计账，每人10支籤，每日地头清。每日按10分，早晨2分，上午与下午各4分。籤分3种，有10分的，有4分的，有2分的。生产工资每工每天5斤粮，每天一记账，半月一总结，工还不上时到秋春还。男工换女工方面，按4天纺1斤线顶男工两个，8天做1双鞋子顶男工4个，做裤子褂子看时间，有计划的集中分散，今春天就有两个人耕地，五六个人拉耩子，一面耕一面耩，耕完后也耩完了，全组赶集找一人去。找工方面，祖田祥外找粮30斤半（商人），祖玉墩外找17斤（半手工半农），祖□传得工资47斤，祖玉波、祖玉付得别人 21.5 斤。[①] 该县另一个案是祖玉口变工组,共有 9 户,其中整劳力 5 个,半劳力 6 个,牛 4.5 头,耩子两把,犁 1 张,6 户纺线,7 辆车子,全组共有耕地 156 亩,种麦子 50.5 亩,地瓜 15 亩,棉花 17 亩,谷子 40 亩,高粱 33.5 亩,菜园 2.5 亩,用白菜种 10 两,代种在棉花地里。计划 5 天开一次会,开会时就讨论怎样干活及做什么活,活多时就集中,活少就分散。10 天一次算账,地头清,用截记工,也分 10 分、4 分、2 分三种。工资每日 5 斤,有粮就马上拿上,无粮先欠着。[②] 沂南县界湖北村梁凤武变工组的变工制度是:每天每个工顶 10 分,早上 2 分、上午 4 分、下午 4 分,妇女送饭也划 1 分,小子 1 分工。按活与段落算账找工资,今年共算了两次了,锄完头遍地算一次账,割完麦子算一次账。账的算法是把一段用的工合起来,再用地除开,今春因没粮找工,先欠着,打麦后再还。每分工资 13 两,每天 7 斤半(与市价相等)。[③]

蒙山县也有几个变工组的变工、换工很有代表性。蒙山县南张庄变工组 17 个,参加的户数 157 户,人数 145 人,整劳力 81 人,半劳力 64 人,没参加变工组的 19 户(内有 5 户还乡团、5 户鳏寡独、9 户二流子),全村有耕牛 9 头、驴 3 头。其中一组共 9 户,整劳力 6 人,半劳力 3 人,自愿结合组织起来的。记工的办法每天按 10 分计算,每人都有工票(这块地完了即算一下)地头清,干过这茬活再检查工票里找外找,牛工顶人工是 1 个牛工顶 3 个人工,耕 1 亩地拿牛草 60 斤。使用的农具全组修理,每亩地 1 斤粮食凑起来准备修理农具用。对军工烈属鳏寡孤独同样的找工资,管饭的 5 斤,不管饭的 8 斤。在干活时都是先讨论好后再干,有计划地每天晚上开会讨论,3 天向生产委员会汇报一次。[④] 蒙山县东龙岗村找工采用工票制,管饭的按 3 斤,不管饭的 6 斤;对牛草的问题,耕 1 亩半地拿牛草 100 斤;找工是 5 天清算一次找粮食,牛主反映给人家耕了地给草很好,有的喂牛。[⑤] 蒙山县城南头庄找工的办法,整劳力每天 5 斤,半劳力每天 2.5 斤;对支前的民工,在 1 月往外的 1 个工顶家里的 1.5 个,

①　参见《长山区两个变工组概状》,1947 年,临沂市档案馆 0001 - 01 - 0027 - 017。

②　同上。

③　沂南县委:《界湖北村梁凤武变工组的麦收总结》,1948 年 6 月 15 日,临沂市档案馆 0001 - 01 - 0042 - 012。

④　蒙山县委:《蒙山县检查组工作报告》,1948 年 10 月 29 日,临沂市档案馆 0001 - 01 - 0042 - 020。

⑤　同上。

这半个工的粮食出在全村的整劳动力;对军工烈属地按牛平均分配,每牛16.5亩地,人工出在整劳力,牛耕1亩地草60斤,没草的粮食20斤,支前的自告奋勇。①

沂南县张庄区薛家圈薛玉身变工组,每天按10分计算,有10个牌,可互相找,有1户地主,1户机匠,机匠织布,地归别人种,他按市价支工资,不做买卖,欠工者不支工资。该组会议经常研究计划,已耕完大苗地,早耩一茌地,能早熟10天,并研究分期种菜。张庄王清贵变工组3年未垮,伙养1牛,伙使场,农具由全组副业中挣钱买,损害了由组里买,只有锄镰是个人的。全组有染坊1个,股金45万元,染布时请人(该人作为1股),染好挣钱多了奖励他。大机4张,去年每张机分40万元,今年又挣10万元。王清贵是木匠,买树做板赚20万元,他的地由组里代种,他支工资,买卖子弹赚洋60万元,现粮食能接到麦子,并借出3升粮食救济贫民穷人。张庄区还有一种变工组不计工、不算账,土地劳力相差不多,撇伙着做,有兄弟爷们儿在一块不找工也不算账,剩余劳力主要用在副业上,如水洪山王义高组6户,负责小挑者5户,过年挣18万元,轮流挑挑种地。②

以上诸多变工组运行的个案清楚地显示,虽然变工、换工的标准各地存在差异,但得到群众认可与支持的变工组无一不是坚持等价交换和公平换工的,否则即会陷入垮台境地,这在牛力使用中表现得尤为明显。故而,公平合理、等价交换是沂蒙解放区变工互助的底线。唯有如此,群众方能获得变工互助的收益。

三 互助收益与变工绩效

虽然总体上沂蒙解放区的组织化程度并不很高,但具体到一个个的变工组里,尤其是真正做到集体劳动、相互变工、记工算账、及时找工还工的变工组,仍然可以看出变工互助所带来的乡村生产与群众关系的深刻变化。

第一,变工互助是群众生产方式与劳动方式的一次变革,是在土地私

---

① 蒙山县委:《蒙山县检查组工作报告》,1948年10月29日,临沂市档案馆0001-01-0042-020。

② 参见二地委生救会《张庄区三个问题的汇报》,1948年,临沂市档案馆0001-01-0046-017。

有基础上的集体劳动、共同生产。

按集体劳动的程度来说，沂东县的变工组在种麦时间大部分集体，寨西区组织最孬的村秫草官庄10个组全部集体，杨家庄24个变工组、2个搭锄组均集体，可以说绝大部分集体。在砍高粱时全区共701组，集体者475组，不集体者226组，集体劳动方面较前提高。一般区有1/2的集体，如良水区东北点147组，只有21个组不集体。1/3的集体干活者仅3个区，如永太区西南点8个村117组集体者才31组，双泉西南点16个村变搭203组，集体者83组。①

沂南县界湖北村梁凤武变工组在1948年的麦收中，因麦熟不齐，全组收麦前后3天多才割完，实际上每人用工26分（因为有时割半天），参加割麦的男全劳力5个，男半劳力2个，妇女劳力4个，全组收麦共用工17.2个（妇女送饭的也作1分），全组共麦地23亩，平均每个工收麦1.35亩。集体收麦的好处在于：一个人割麦犯愁，顾了坡里顾不了家里，这样解决了困难；麦子割得快，每人每天割1.3亩多，全组没用一个短工，往年梁凤武、刘立祥、刘立纲等都得找短工，共省下10个短工，若是找短工的话，每个短工每天管饭得高粱3斤，合洋2100元，菜钱每人每天少说1000元，工夫钱每人每天2500元，共5600元，10个工即省下5.6万元；咱庄上风俗不好，光膳麦子，割南头就得黑白看着，这样人凑手没膳一点麦子；变起工来解决了车子绳等困难；不怕出夫，临着便走，不用挂家，去年出夫那么多也没碍，现在又准备好了叫刘立祥出发，他的活都交代好了。②

第二，变工互助在一定程度上是有助于提高生产效率的，增加农业生产用工，节余劳力从事副业或商业，增加群众收益。

从部分变工组对劳力的集约使用上可以看出，变工组可以节余劳力从事副业生产、垦荒等其他劳动。1948年春耕中，蒙阴县通过变工组打谱生产使用剩余劳力解决荒地，如坦埠区西彭屋赵之信8个整劳力，除去锄高粱、玉米、棉花地和压地瓜等活用去18天144个工夫外，节余7天56个工夫，因此计划再刨种2亩茅草荒，这庄就这样3组解决

---

① 沂东县委：《十月份生产工作总结》，1948年10月29日，临沂市档案馆0001－01－0042－023。

② 沂南县委：《界湖北村梁凤武变工组的麦收总结》，1948年6月15日，临沂市档案馆0001－01－0042－012。

了4亩茅草荒。① 沂南县郭长圣变工组是岸堤街33个变工组中公认的好组，也是村生救委员会提出表扬的模范组。郭长圣变工组通过计工算账，将变工集体劳动与个体单独劳动加以比较，以说明变工互助的效率与收益：

> 如林佩后大桥东（离村2里多路）1亩地吃了早饭后去了6个人，先耙了两遍，接着耩上了，耩完计算共使了17分工，如果自己做（爷二个）刨和耙得两天（计4个工），耩两个人还不行，得找上两个人，时间得半早晨，每人最低计1分的话，又得4分，这样就得44分，找的两个早晨得管一顿饭，得高粱煎饼2斤，每斤1000元，2块豆腐随时吃不着也得400元，共计2400元，集体干用17分工，自己干用44分，这样27分省钱2400元。郭长礼18车子粪上新桥北推，离庄4里多路，变工组的6个人3把车子1天推完了（内有半劳力），共使58分，找出48分花洋14000元，若不是变工组里推的话，自己找5个人加自己6个，一天到晚得吃3顿饭，高粱煎饼15斤，每斤按1000元，十块豆腐（顶省处每顿3块吃不着）得2000元，割2斤肉又得3200元，装12两酒（旧风俗）得5000元，功夫钱每人2600元（现在这些钱人家不干），5个人得1万元，共合洋33200元，这样算来参加变工组省洋19200元。郭长圣有10车子粪，上北岭推，离庄3里路，变工组4个人，两把车子，吃了早饭推到下午日头西就推完了，共计用25分，用自己去9分，计洋4800元，若要找人得1120元，其中省洋2400元。郭长圣说头几年那一年都得找亲戚耕地，吃饭花费好了觉着不是事，种上地后还得打人情，算起来比找人还费。自从今年参加变工组没用别人做活省下不少的东西。七八天的时间除了变工把自己生活干好了，又混了20分，也是很满意，大家仔细算算账今年变工大家都沾了光？最后大家都说参加变工组有百利无一害，咱们一定坚持常年。②

---

① 沂蒙地委：《关于春耕工作状况》，1948年6月3日，临沂市档案馆0001－01－0045－004。

② 二地委生救会：《郭长圣变工组如何从算账中看到好处的》，1949年5月9日，临沂市档案馆0001－01－0020－010。

　　沂源县鲁村区亓家黄沟村党支部领导全村变工组通过算账教育,消除了犯愁思想。大伙在算细账中证明,只要全村组织起来、男女老少齐动手,不但春耕可以完成,而且还有余数。全村 66 户 265 口人,男整劳力 28 个、半劳力 21 个,妇女整劳力 15 个、半劳力 17 个,男女整劳力共 33 个,现在在外支前的 13 人,还剩 20 个劳动力。全村共有春地 199.4 亩(中亩),6 犋牛,每天每犋牛耕 1.5 亩(红土难耕),15 天耕地 135 亩,剩下 64.4 亩,每天每个劳力刨 3 分需用 214 个工,20 个劳力 15 天有 300 个工,从现在到清明把垒地坝子、送粪、准备犁耙、绳索等活完全做好,在 15 天中完成春耕还可余 86 个工,便可抽出来做副业生产,解决春耕中生活困难。因此打破了认为劳力少了春耕任务不好完成的消极情绪。①

　　沂源县西台村农业生产调查显示,组织起来使农业生产得以增工、加工。沂源县第一区西台庄 144 户 613 口人,土地 1077 亩(中亩),1944 年解放,经过减租、土改复查及各种群众运动,1949 年春彻底结束土改,封建制度已彻底摧垮,群众生产情绪已有提高,党团及各个群众组织一般较好,该村能代表沂源县一般情况。该村抗日战争前各种主要作物的用工,麦子每亩 8 个,高粱 10 个,谷子 10 个,玉米豆子 6 个;土改前(1947 年前)麦子每亩 4 个,高粱 7 个,谷子 8 个,玉米 4 个;1949 年麦子每亩 10 个,高粱 10 个,谷子 12 个,玉米 10 个。土改前处于战争环境,劳力缺乏,因此各种农作物的用工和战前相比,麦子每亩减 4 个工,其他作物也减少。1949 年增加的原因一是群众大部分组织起来,耕作方法一般达到精耕细作,如战前用挖犁子挖地,两人 1 天仅能挖 1 亩(市亩),现一律用镢头刨,1 亩半地一般得用 3—4 个工;二是在锄地方面,过去高粱谷子只锄两遍到三遍,现在高粱谷子大部分锄三遍到四遍,个别的有锄五遍的,这样即增使了工夫。如唐作义是老中农,在前种 3 亩高粱,全年才用 31 个工,现在参加了变工组,还是种 3 亩即使 32 个工。总起来说,土地改革后是比抗日战争前增使了工,但有少数部分群众未组织起来,达不到加工。个别无劳力户和少数商人不能加工生产,如刘淑高系小商人,又未和变工组结合起来,谷子高粱每亩只使 5 个工,这主要是变

---

① 参见《附件之二　亓家黄沟订春耕生产计划整理变工》,1948 年 6 月 3 日,临沂市档案馆 0001 - 01 - 0045 - 005。

工未结合副业商业所致。① 由此可见，农业上的增工、加工与变工互助的发育程度密切相关。

从沂南县依汶区傅旺庄的变工生产中也可以看出，变工互助生产对提高劳动效率、节余劳力从事副业生产是明显的。傅旺庄全村 55 户 308 人，男整劳力 42 人、半劳力 38 人，女整劳力 42 人、半劳力 27 人，已组织起来的 47 户 7 个变工组 273 人中，有男整劳力 38 人、半劳力 33 人，女整劳力 39 人、半劳力 24 人。由于变工生产，全部变工组共节余劳力 98 个。节余的办法："①该变工组全部用人力拉耩子，牛耕地，节余牛工 15 个（每个牛合 3 个人 45 个工）。②挨着耩地能节余，该村是在汶河北岸，河南也有地，如不变工即往返时间全部空费，这样节余了很多往返时间。③勤的带懒的干活，因集体干活抓得紧，早晨起得早。"节余的剩余劳力则从事开荒、副业生产，共计刨荒地 35 亩，开生荒 8 亩，抽出两个组 25 个工夫进行副业生产赚洋 20 万元，往年全村只锄一般麦子，今年全部锄完第一遍。② 傅旺庄的变工给该村农业生产带来了巨大变化：第一，解决了独守人的困难，许相一个整劳力，12 亩地，有 8 亩是在北山里，个人推粪耕耩什么也不行，如不参加变工需要 25 个工才能耕种并锄完麦子，参加了变工组仅向外找 8 个工，节余 19 个工夫。第二，半劳力顶整劳力用，代恒成系身体小而弱的半劳力，他有 9 亩地，不参加变工时他舅每年都来给他干活，他母亲还得跟着下坡，这次参加了变工，没用他舅来助活，还挣工 1 个，并替着他母亲纺了 4 斤线，做了 1 双鞋。第三，男女变工，有无互助。抗属二寡妇两口人没劳力，有地 4 亩，以细工换粗工，傅全海系光棍子没人干针线活，都是她给干，她的地都是他给耕种锄，他的衣服都是她给做的。第四，解决了地主生产难题。地主傅清元 11 亩地，既没农具又没牲畜，自己什么活还不会，他参加了变工解决了牲畜农具的困难，仅向外找 3 个工，计算能结余 9 个工夫。第五，改造了二流子。朱兆进是二流子，有地 8 亩，自己什么也不会做，连耪牛都不会，锄麦子都是倒退着往后拉，其他活即可想而知了，今年参加了变工仅向外找工 1 个，既节余了劳力，并学会了顶半劳力的活。第六，农副业救灾三者结合。全村 7

---

① 沂源县委：《西台村农业生产调查》，1949 年，临沂市档案馆 0001–01–0065–017。

② 李开运：《给董、尚部长并程专员介福同志的一封信》，1948 年 5 月 6 日，临沂市档案馆 0001–01–0020–013，此件是关于依汶区的情况汇报。

户没粮吃,变工组里订出计划来,要求变工组里不要有饿着肚子干活的现象,于是有 3 户在本组里自动借粮给没粮户吃。许山到渤海运柳子(棉花)赚洋 20 万,家中的活由变工组来干,这样解决了他没粮吃的困难,自己的地还种上并锄了麦子。代玉亭、代顺贵也是没粮吃,参加了变工省出劳力到坦埠运以工代赈的粮食,也解决了困难。两个变工组抽出工夫做副业赚洋 45 万,回来全组分,家中的地全组给他们种,这样越干越有劲。[①]

沂南县张庄区剩余劳力用在副业上的收获,也是明显的。张庄区有大机 85 张,赚 500 万元;小机 256 张,赚洋 1051.8 万元;洋(原文如此——引者注)22 个,赚洋 115.8 万元;轧花机 16 个,赚洋 108 万元;油坊 11 座,赚洋 661.5 万元;纺线车 2158 把(1 斤线赚 1000 元左右),赚洋 834.5 万元;挑贩 454 人,赚洋 1619.2 万元;运输 129 人,赚洋 250.7 万元;其中张庄主要靠副业,自过年后即赚了 1000 多万元,有 17 家较困难,因为很能劳动也不挨饿了。[②]

第三,变工互助将变工组塑造成为群众利益共同体,重塑不同阶层间的社会关系。

与其他群团组织不同,变工组是以劳动力为基础组合起来的,成员的勤劳苦干、努力付出与变工组的维系发展息息相关。沂南县长山区两个变工组的变迁就体现出成员与变工组的依存关系。祖玉芹变工组有几个人光想找小便宜,富农祖玉彬以前就很懒,给别人做时他不去,给他做时就跑在头里。祖玉存光做自己的,不管别人,光计划自己的,不管别人的,给别人做时他二人不满意,要先给他二人做完后再给别人做,结果就把祖富传地荒了,这样有几个人就不集体了,光自己干。由于该组组大人多,于是重新选出祖玉芹、祖玉存两个组长,自由跳组、自由组合,最终得到群众的认可。祖玉芹组的运行如同成员祖田祥、祖玉贞所说的那样——按上磨棍就一周,记工算账、互帮互助、找工还工,有始有终,将朴实、辛勤地劳动者团结在了一起。其组织起来的好处就是,"①组织起来在家不在家一样荒不了地。②找工资能解决春荒。③没劳力者也能种上。组织起来

---

① 李开运:《给董、尚部长并程专员介福同志的一封信》,1948 年 5 月 6 日,临沂市档案馆 0001 - 01 - 0020 - 013,此件是关于依汶区的情况汇报。

② 二地委生救会:《张庄区三个问题的汇报》,1948 年,临沂市档案馆 0001 - 01 - 0046 - 017。

干得快，耩地时不用找别人，自己组就解决了"①。再如祖玉□组，该组反映"组织起来方便，在一起干活有尖并（煎饼——引者注）就行，过去找个人还得给吃面吃肉，费事干花钱，还得支工资，还得报人情。这样找工公道，又快又方便，过去找人实在犯愁，组织起来有活就去干，也不犯愁了。今年给抗属代耕五亩地，又去帮助别抗属者二人耕地，现在麦子都锄完了"②。

娄家铺子村变工组从亲身体验中找出变工组的好处，主要有以下几个：一是整半劳力结合省工多干活，如在麦收秋收中男女老少一齐动手，具体分工，妇女儿童收割，男劳力拾掇茬子，边收边耕，一个人干不了的活在组里就干了。二是农副业结合好。比如去年春耕时，娄成棕组的娄成荣、娄盛德断了粮，组里就保证给他种地，抽出他去搞副业赚着吃，解决了他们两户的困难。王胜德组在夏锄中妇女儿童锄地替出整劳力运输，半月赚粮400多斤，解决了全组缺粮困难。三是生产和支前结合好，不论谁出了夫，组里能保证把他的地种好，以工换夫。四是结合了无劳力户，如娄成密家一个寡妇，两个女孩子，去年参加了变工组换工互助，20多亩地都种得很好。除以上好处外，并改造了懒汉二流子，如娄成功、李安民都是些二流子，去年在组里也得到改造。周茂松说："今年的生产可得好上搞，各人有的吃啦，出夫也比较少，以后得治理着过好日子，生产搞好了，什么也有基础了。"王夫君说："蒋介石好比一个疔病一刀剁了去，不留这祸根，要想早天得胜利，全靠前方大胜仗。咱后方就得多打粮食支援军队"③。从中可以看出，变工组成为团结群众生产的共同体，群众之间也形成合作共存、互助互惠的关系。

蒙山县南张庄全村1948年的生产与支前、生产与备荒都通过变工组得以解决。在生产支前的结合上，先经过讨论提出前方保证完成任务、后方保证生产，自动报名，出夫的有优先权（先给出夫的干活），支前的工资每天3斤粮食，这个粮食出在全庄的整劳动力里而不是一个组里，找村干调着出夫，也是和民工同样的找工资，村干开会也顶工（按分计算）。在备荒问题上，张美的变工组家家都有计划，全年的收

① 《长山区两个变工组概状》，1947年，临沂市档案馆0001-01-0027-017。
② 同上。
③ 《附件之三　娄家铺子是怎样整理的变工组织》，1948年6月3日，临沂市档案馆0001-01-0045-005。

人都算好。全组共 41 人、地 42.7 亩，全组共收入粮食 7170 斤，到接麦应吃粮 9840 斤，相差 2670 斤，解决短粮的办法，全组打油，抽出人来推盐，家里变工，赚的钱是全组的。① 依靠变工组的力量解决缺粮问题，共度灾荒。

第四，变工互助可以改变基层政府强行拨工的弊端，有助于缓和党—群众关系的紧张，构建良好的党—群众互动关系。

在对烈军工属、民工民夫家属、鳏寡孤独者生产问题的扶助上，无偿式的拨工帮助往往引起群众不满，无偿调拨牛力、劳力并不可行。1948年，沂东县对抗属、夫属生产的解决办法中，拨人帮助是最不受欢迎的。第一种是按劳力分配土地，由各户具体负责，这种办法一方面对抗属生产照顾好，有保证，另一方面也减少村干拨人等各种麻烦，抗属也一般愿意如此，城□、河□、寨□（笔者注：原文用简称，此处"□"为引者所加）等区多如此。第二种是在变工组或自卫团中由本组相互帮助，这个办法次于各组具体负责的办法，有的先自后抗，依赖互推责任关心差。第三种是拨人帮助，这是最次的一种办法，不但互不负责，同时应付公事，帮助上草草了事，对抗属生产无保证。② 沂中县在"无生产组织的庄或生产不起作用的庄，即拨人帮助，几时军工烈属用人时，即告诉村干拨人，有的按自卫团的排班及分队，将军工烈属划分到各排班或分队及小队，还是拨人帮助，不过由小队及分队具体负责，军烈属用人时，去找班长及队长拨人，这个办法是不好的，帮助军烈属者应付公事，不好上干活，应付一天即顶村里一个工，这样村干麻烦，生产帮助不好，负担不公平，群众不满"③。沂中县对民工民兵家庭生产的解决一般是三种方式，一是由变工组里帮助，前后方换工；二是前后方不互换，前方顶长工，后方帮助生产顶短工；三是拨工帮助，与军烈属同样看待。其中拨工帮助办法为最不好，特别有的村将民工民兵家庭与军烈属同样对待，并帮助得比军烈属还好，惹得军烈属不满意，如荆山区有的村军属反映"俺儿出去七八年，

---

① 蒙山县委:《蒙山县检查组工作报告》，1948 年 10 月 29 日，临沂市档案馆 0001 - 01 - 0042 - 020。

② 沂东县委:《十月份生产工作总结》，1948 年 10 月 29 日，临沂市档案馆 0001 - 01 - 0042 - 023。

③ 沂中县委:《十月份生产工作总结》，1948 年 11 月 1 日，临沂市档案馆 0001 - 01 - 0042 - 010。

还不如三个月的民夫",总之拨人帮助的办法不好,生产帮助不好,人力负担不公平。① 变工组则提供了群众自愿互助的平台,这对减少基层政权拨工助耕是有替代意义的。

综上所述,将生产动员的考察视角转向某一革命区域,则可更为清晰直观地透视区域内耕种锄收、春播夏长、秋初冬藏的四季轮回。沂蒙解放区充分运用了思想教育、会议动员、时事宣传、标立典型推动一般、打谱算账教育等各种动员方式,消除群众生产顾虑,提振群众生产意愿;打通干群思想,树立生产必须领导与组织起来的动员理念。较好地实现了中共华东中央局、鲁中南区及沂蒙地委提出的各项生产号召与口号,使不荒一亩地、不饿死一口人、多上一车粪、多锄一遍地、多打一成粮的号召实实在在地融入沂蒙解放区群众生产实践。沂蒙解放区劳动互助动员的个案考察表明,"生产必须领导"是中国共产党在根据地劳动互助合作运动中秉持的基本革命策略,依靠深入细致的思想动员、政治动员,通过消除群众生产顾虑、变工互助收益的诱导、纠正领导生产中的偏向等复合手段,逐步将尽可能多的群众引向公平变工、等价换工、互惠两利的劳动互助合作体系中。

---

① 沂中县委:《十月份生产工作总结》,1948 年 11 月 1 日,临沂市档案馆 0001 - 01 - 0042 - 010。

第七章

农业互助合作运动与乡村社会变迁

　　互助合作运动对新的互助理念和合作伦理的倡导、合作运动与合作经济的非资本主义前途，都暗含着中国共产党对新的社会制度、社会秩序与社会建设的追求和探索。"组织起来"是中国共产党革命动员的基本策略之一，以群众运动的方式造成乡村经济革命的高潮，既是中国共产党组织、动员、运动群众的基本革命策略，也是革命动员主导下的社会经济变迁的独特模式。在革命动员背景下，中国共产党有效地改造并创新了传统乡土社会的组织资源，实现了革命动员与乡村社会改造的双重目标，促进了革命区域乡村社会的深刻变动。"从土地改革到发展劳动互助组织两次变化，这是生产制度上的革命"①，生产制度的革命不仅改变着革命区域的小农与小农经济，也建构着新的农业生态与新民主主义的乡村社会。传统小农在合作互助理念影响下逐步从个体、封闭、独立的生产生活，走向革命状态下的集体主义和合作主义，经历着深刻的社会角色变迁；变工组与合作社成为乡村社会互助合作体系的中心，乡村互助体系的重构渗入国家的影响和政党的执政理念，小农经济发展的"合作化模式"渐具雏形，以发展平民经济相标榜的合作运动在革命根据地发展为名副其实的群众经济。本章从劳动互助与乡村社会、合作运动与乡村经济角度，探讨农业互助合作运动对乡村社会变迁的意义，中国共产党群众动员的方式、渠道、策略对乡村社会的影响。

---

　　① 《切实执行十大政策》（1943 年 10 月 14 日），《毛泽东文集》（第三卷），人民出版社 1996 年版，第 71 页。

第一节　合作运动与乡村经济

在中国共产党领导下的大生产运动中，劳动互助和合作运动是动员与组织群众生产、将生产运动发展成为群众运动的主要举措。互助合作运动不仅改变了一个个的个体农民，也以运动化的方式席卷了广大乡村，颠覆着旧有的互助合作习惯，重构新的互助合作模式，合作经济的属性使之具有群众经济的特征，并带来乡村经济的巨大变革。本节从两个角度考察劳动互助合作运动对乡村经济的影响，一是劳动互助与乡村社会的历史变迁，二是合作运动与乡村经济的关联。

一　互助合作运动与群众运动

早在苏区建设中，合作运动就以群众运动为发展方向。"把合作社运动变成广大的群众运动"[1]，"合作社运动是有力的群众运动"[2]，既与合作运动扶助弱者、反抗剥削的初衷相吻合，也契合苏区民生建设争取雇贫农的诉求。合作社的平民性、底层性、服务性使得合作社很容易获得贫雇农的认可，深入底层工农民众中间，"首先使合作社成为群众组织，成为使党的经济财政政策执行到群众中去的主要桥梁"。[3] 消费、信用、生产等合作社关涉群众日常生活、乡村借贷、苏区农业与手工业等各个领域，苏维埃经济建设的政策通过合作社与群众联系起来，贯彻到群众中去。因此"合作社是苏维埃经济建设上最主要的群众经济组织，是最基本的改善群众生活的组织，并且是吸收广大群众参加经济建设的最适宜的组织，现在群众最迫切需要的合作社有以下几种。（一）粮食合作社；（二）消费合作社；（三）生产合作社；（四）信用合作社；（五）利用合作社（主要的是农具、犁牛生

---

[1] 《中共闽粤赣党在经济战线上的任务》（1933 年 6 月 12 日），《中国供销合作社史料选编》（第二辑），中国财政经济出版社 1990 年版，第 30 页。

[2] 《目前消费合作社的中心任务》（1933 年 12 月 17 日），《中国供销合作社史料选编》（第二辑），中国财政经济出版社 1990 年版，第 52 页。

[3] 《中共湘鄂西第四次代表大会关于发展合作社的决议》（1932 年 1 月 26 日），《中国供销合作社史料选编》（第二辑），中国财政经济出版社 1990 年版，第 19 页。

产工具等的利用）"①。面向群众需要的合作组织的普及、发展与壮大，形成以合作社为组织架构的合作经济和以雇农、贫农、中农为主体的合作运动。

大生产运动是对抗日根据地经济建设的指称，是在革命战争、群众生活、民生建设的背景下展开的发展生产、保障供给、自力更生、丰衣足食的群众性经济运动，旨在实现"发展生产、保障供给"的财政经济总方针，保证战争供给、改善群众生活，为争取革命胜利奠定物质和经济基础。而"生产运动开展的基本关键，主要依靠组织起来"②。也就是说，劳动互助与合作运动提供了大生产运动的组织基础和实现机制，通过合作社和变工组等互助合作组织，建立起广大群众和生产运动之间的联系管道，大生产运动才得以逐步展开。

发动群众，需要改善群众生活，顾及群众利益，这符合劳动互助与合作运动的基本性质。"改善群众生活才能发动群众"③，合作社收益无疑是有利于改善群众生活的，合作社举办的合作购买、运销、信贷等为社员服务的业务，是增加群众收益的主要途径。"我们要注意群众的切身问题，帮助他们解决困难，这是发动群众的关键……比如，现在边区商业资本的剥削很厉害，要想办法使群众不受这种剥削，就要着手办合作社……像组织代耕队帮助抗日军人家属，这是关系巩固部队的重要事情，不要看轻了。"④ 因此合作运动是实现群众路线、开展群众工作并赢得群众的一个很好的切入点。

将合作运动发展为群众认可、支持和全面参与的群众运动，无疑离不开群众路线的贯彻。"合作社等也是党联系群众的桥梁"⑤，"合作社是从

---

① 《中央国民经济人民委员部关于〈目前革命战争环境中的经济建设任务〉》（节录）（1933 年 8 月 16 日），《中国供销合作社史料选编》（第二辑），中国财政经济出版社 1990 年版，第 41 页。

② 耿光波：《山东省农林合作会议总结》（1946 年 1 月），《山东革命历史档案资料选编》（第十六辑），山东人民出版社 1984 年版，第 150 页。

③ 陈云：《开展群众工作是目前地方工作的中心》（1939 年 11 月 3 日），《陈云文选》（第一卷），人民出版社 1995 年版，第 166 页。

④ 陈云：《陕甘宁边区的群众工作》（1939 年 12 月 10 日），《陈云文选》（第一卷），人民出版社 1995 年版，第 172 页。

⑤ 《对华北记者团的谈话》（1948 年 10 月 2 日），《刘少奇选集》（上卷），人民出版社 1981 年版，第 398 页。

经济上组织群众的最好方式"①，因此合作运动也是党—群众关系建构的中介。以山东抗日根据地为例，1942 年下半年至 1944 年山东根据地"群众还没有真正地运动起来"，甚至形成了 1943 年群众运动停滞现象。"群众大多数没有真正组织起来，群众在思想上怕抽地怕变天"②。"因此就不是群众自己组织起来，而是干部运动群众"③。"过去山东各地长期采取大生产大呼隆的错误领导，不顾群众利益与违背群众自愿原则，强迫命令群众按照干部主观错误办法，进行扯伙互助及其他生产互助组织，造成群众严重损失与大大妨碍生产，使党严重脱离群众，引起多方群众对我党与干部严重不满，此点必须深深引以为戒"④。发展生产互助组织，必须遵照群众意愿，按照群众要求自由组合、自由收组、自由解散，只有这样"才能把生产互助组织真正变成群众运动，并逐渐发展巩固起来"⑤。

　　这就可以理解中国共产党农业互助合作运动中之所以出现变工互助、组织起来的不同结果，从中国共产党群众路线角度分析在于群众运动中的两条不同路线。"一条是恩赐路线，包办代替、强迫命令、脱离群众的路线，总括一句，即是命令主义，是非马列主义、非毛泽东思想的，实质上是小资产阶级革命家的路线"；"另一条是运动中真正生长出来更具体化的群众路线与作风。这种路线是经过耐心说服，启发群众觉悟，到自觉自愿程度，从群众自愿与需要出发，通过群众积极分子，组织群众力量，为群众自己解放自己而斗争的路线"⑥。前者是漠视群众、强制群众的表现，后者则是帮助群众、提高群众的路线。中共农业互助合作发展的历程也表明，强迫互助完全违背党的政策和合作主义精神；领导生产的真谛在于引导群众、服务群众生产，引导群众主动合作、自愿互助，以变工组、合作

---

　　①　张明远：《冀东区 1947 年大生产运动的具体计划》（1946 年 12 月 26 日），《华北解放区财政经济史料选编》（第一辑），中国财政经济出版社 1996 年版，第 786 页。

　　②　《论群众路线与山东群众运动——黎玉在一九四五年九月分局群众工作第二次代表会议上的报告》，《山东革命历史档案资料选编》（第十五辑），山东人民出版社 1984 年版，第 357 页。

　　③　同上书，第 357—358 页。

　　④　《中共华东中央局关于生产互助问题给西海地委的指示》（1948 年），《山东革命历史档案资料选编》（第二十辑），山东人民出版社 1986 年版，第 173 页。

　　⑤　同上书，第 174 页。

　　⑥　《论群众路线与山东群众运动——黎玉在一九四五年九月分局群众工作第二次代表会议上的报告》，《山东革命历史档案资料选编》（第十五辑），山东人民出版社 1984 年版，第 369—370 页。

社服务群众，最终赢得群众，为革命提供强大的草根式支持与动力。

二　合作经济与乡村经济

合作运动是劳动互助的继续和提高，作为农业生产合作的一种模式，劳动互助毕竟还是比较初级的合作，合作运动则旨在发展合作经济、服务人民群众、构建面向农业、副业、商业、金融的全方位的合作经济体系。在中国合作运动演变的脉络中，中国共产党合作运动的探索独树一帜，既与西方合作主义有异，也与国民政府合作运动有别。其与乡村经济变迁的关联体现为两个明显的特征，其一，合作运动从消费合作发起，推重生产合作，继则转向供销合作为主，信用合作不占突出地位；其二，中国共产党借助强大的群众动员能力，将合作经济发展为名副其实的群众（平民）经济。合作社是中国共产党动员组织群众、改善民生的组织载体，合作社的运行遵循着自身的特定逻辑，是中国共产党、基层政权、农民群众多方博弈的结果，在服务战争、解决民生、维护群众利益的博弈中建构自身的运行机理与机制；合作社是在特定时空背景下运行的，革命区域的党和政府、个体小农，围绕互助与合作问题，形成了特定的权力关系，党与政府和个体小农均在其中思考、界定自身的利益所在和行动策略，并非支配与被支配的被动关系，新的社会行动和意义在此过程中被再生产出来。

首先，从中国共产党革命根据地合作运动的发展来看，合作运动经历了消费合作—生产合作—供销合作的转变。

合作经济的实践在苏区建设中已初显头角，已如前述。1937 年 3 月 23 日，国民经济部发布《国民经济部扩大合作社营业的决定》，提出为了增加出口贸易、扩大合作社营业、改善社员生活、调剂机关人员给养，要求合作社进行收买绒毛药材、收买给养方面的必需品和大量发动群众驮盐。[1] 可见，中国共产党此时对合作社的定位仍为消费合作性质。抗战初期前往延安的楚云就注意到，"边区合作社因为经济太落后，在这种环境下建立起来的合作社，绝大多数是消费合作社"，"生产合作社少"。[2] 1939 年 10 月 31 日，陕甘宁边区合作社第一次代表大会通过了发展生产

---

① 《国民经济部扩大合作社营业的决定》（1937 年 3 月 23 日），甘肃省社会科学院历史研究室编《陕甘宁革命根据地史料选辑》（第二辑），甘肃人民出版社 1983 年版，第 22—23 页。

② 楚云：《陕北纪实》，汉口读书生活出版社 1938 年版，第 138、139 页。

合作社、整理与扩大消费合作社、建立信用与运输合作社的边区合作运动发展的基本方针。1941年，陕甘宁边区的合作社仍以消费合作社为最多，有121个，分布于7县，合作社资金1277627元，营利2231642元，经手货物8000242元；生产合作社有所发展，在15县发展22个，资金545752元，学徒532人，营利323190元。[1] 1943年11月26日，高岗在陕甘宁边区劳动英雄代表大会与生产展览会开幕典礼上说："（今年）我们把消费合作社变成供给合作社，又由供给合作社变成了生产合作社，又把消费、供给、生产三者统一起来了。"[2] 延安南区综合性合作社即三者统一的典范，南区合作社的方向推动了陕甘宁边区合作运动的发展，到1943年，陕甘宁边区已有合作社260社，其中运输合作社占60%，生产消费合作社占40%。[3] 到1944年，"现在的合作社差不多有半数都闹生产，不像从前单搞消费了"[4]。1944年7月9日，西北局发出《西北局关于贯彻合作社联席会决议的决定》，规定组织群众生产和贯彻公办民助方针为今后合作社的基本方向，合作社是在私有财产基础上，各阶层人民大众联合经营的经济的文化的卫生的社会公益事业的组织，是目前我们组织人民生产，实现耕三余一、全面自给、丰衣足食的基本形式，是全面的经济文化建设的杠杆。这次会议将合作社视为为群众服务的组织，回归合作社的本质属性，对中共合作运动发展来说影响深远。

抗战爆发后，华北抗日根据地的合作事业也迅疾展开，晋察冀边区也将合作事业作为发展农村经济、改善民众生活的良好门径。1939年5月27日，晋察冀边区行政委员会就发出关于普遍推广合作事业的通知，认为合作事业亟应普遍推广建立，以为经济建设的基础。同年7月，晋察冀边区行政委员会发布《关于发展边区合作事业的指示》，将合作事业作为组织民众、促进民主政治、防止汉奸活动的手段，通过合作事业发展生

---

① 朱凤熙：《1941年陕甘宁边区的经济建设概况》，《陕甘宁革命根据地史料选辑》（第二辑），甘肃人民出版社1983年版，第366页。

② 《高岗在陕甘宁边区劳动英雄代表大会与生产展览会开幕典礼上的讲话》（1943年11月26日），陕西省档案馆、陕西省社会科学院合编《陕甘宁边区政府文件选编》（第七辑），档案出版社1988年版，第390页。

③ 《一九四三年边区合作社工作总结》，《陕甘宁边区政府文件选编》（第七辑），档案出版社1988年版，第519页。

④ 《陕甘宁边区合作社联席会决议》（1944年7月7日），《陕甘宁边区政府文件选编》（第八辑），档案出版社1988年版，第278页。

产、组织商业、巩固金融,以避免中间剥削、肃清高利贷、积极改善民生。同年 9 月 27 日,《新华日报》华北版发表《论合作社》社论,认为合作社是将抗日根据地经济组织起来的"最好的组织形式和组织方式之一",扩大合作社运动,是抗日根据地当前一个最迫切的战斗任务。在上述合作政策指引下,晋察冀边区的合作事业获得巨大发展,到 1940 年 7 月,晋察冀边区合作社发展到 3352 个(参见表 7—1)。1941 年晋察冀边区合作社的建立更加普遍起来,纺纱、织布、纺毛、熬盐、榨油、造纸、制革等事业日渐发达,冀中年织土布 900 万余匹,硝盐出产 1000 万斤,油每月出产 10 余万斤。1942 年,政府更扩大对合作社贷款,单是冀西就给予合作社贷款 4200 万元,更进一步利用合作社组织群众手工业与副业生产。1944 年,随着大生产运动的展开,合作社业务也从供给、运输转向生产,于是纺织、榨油、烧酒、漏粉、磨面、熬盐、造纸、制药、做鞋、做衣服、铁匠、木匠、挖煤等不下 20 余种之多。折合农家副业的收入,一般相当农业收入的 1/3 至 1/2。① 1945 年,晋冀区有村合作社 3487 个,1946 年增加到 4089 个,社员由 60 余万人发展到 75 万人,合作社股金共计 8 亿余元,联村社发展到 80 余个,合作社共建立大小作坊 2171 个。②

表 7—1　　　　　晋察冀边区合作社分类统计 (1940 年 7 月 18 日)

类型	生产	运销	消费	信用	兼营	合计
数量	1111	586	962	32	844	3352
百分比（%）	31	17	27	1	24	100

资料来源:晋察冀边区财政经济史编写组等编《抗日战争时期晋察冀边区财政经济史资料选编·总论》,南开大学出版社 1984 年版,第 350 页。

1946 年以后,在从革命到建设、从乡村到城市的转变过程中,合作经济在新民主主义国民经济体系中的地位也被重新加以界定。1948 年 9 月,刘少奇在《论新民主主义的经济与合作社》一文中,强调了合作社

① 晋察冀边区财政经济史编写组等编:《抗日战争时期晋察冀边区财政经济史资料选编(农业编)》,南开大学出版社 1984 年版,第 369 页。

② 杨耕田:《晋冀区 1946 年大生产运动简要总结》(1946 年 12 月 31 日),《华北解放区财政经济史料选编》(第一辑),中国财政经济出版社 1996 年版,第 789 页。

在无产阶级领导的新民主主义国家制度下的历史作用和历史任务，就是与投机资本斗争，与旧资本主义成分斗争，并组织小生产最后在极广大范围内彻底改造为大生产。张闻天也认为，"合作社的历史任务，是在经济上巩固工农的联盟，使农民在无产阶级及其政党的领导下，经过新民主主义的道路，走上社会主义"①。通过合作社建立起国营经济与小农经济之间的联系，并以之改造小农经济，是合作社在新的历史条件下的使命。为了改造小农经济，通过合作社提供生产和运销服务，以提供农业生产资料供应和运销农产品为主要业务的供销合作社成为沟通农业与工业、城市与乡村的主要合作组织类型。1949 年以后，各解放区相继经历了原有合作社的整理改造，建构起供销合作社的组织体系。

其次，从合作运动与群众关系来看，根据地的合作社是群众自愿联合的经济组织，是组织群众的最好方式之一。

为群众谋利益，为群众服务，是合作社的基本方向。合作运动兴起之初就是以弱者的自助互助为基本特征的。在苏区，合作社以反抗富农、奸商的投机剥削，以反抗钱米借贷的重利剥削为主要目的，是以中农、贫农、雇农为主体结合而成的群众经济组织。1933 年 5 月 27 日，中央国民经济人民委员部《关于倡办粮食合作社的训令》就指出，"粮食合作社是集合雇农、贫农、中农以及其他农村中的劳动群众的股份而成立的"②，改善劳苦工农的日常生活、调剂苏区粮食，是倡办粮食合作社的目的所在。消费合作社以面向苏区军民日常生活为主，洪湖苏区就规定，消费合作社"社员条件必须是贫农和中农，不准地主、富农入社"③。总之，苏区合作社的发展"应该成为更尖锐的反对投机商人与富农的阶级斗争的工具"④。面向劳苦大众、服务苏区经济建设的定位，使合作社成为弱者联合、反抗剥削的经济组织。

抗日战争与解放战争时期，"区村的经济活动，一切通过合作社，这

---

① 张闻天：《关于发展农村供销合作社问题》（1948 年 12 月 22 日），《中国供销合作社史料选编》（第二辑），中国财政经济出版社 1990 年版，第 717 页。

② 《中央国民经济人民委员部〈关于倡办粮食合作社的训令〉》（1933 年 5 月 27 日），《中国供销合作社史料选编》（第二辑），中国财政经济出版社 1990 年版，第 29 页。

③ 《洪湖苏区消费合作社概况》（1930—1932 年），《中国供销合作社史料选编》（第二辑），中国财政经济出版社 1990 年版，第 176 页。

④ 吴亮平：《目前苏维埃合作运动状况和我们的任务》（1934 年 4 月 21 日），《中国供销合作社史料选编》（第二辑），中国财政经济出版社 1990 年版，第 195 页。

是我们合作运动的最高目标"①。随着对合作经济认识的逐步深入,合作社的定位也逐步明确,即合作社是群众的经济组织,是为加入合作社的群众(社员)服务的组织,"合作社是推动农业、进行副业、手工业生产,组织群众生活,活跃农村经济的最好形式"②。与乡村经济相关的一切事务,合作社都是较好的组织基础。加之合作社的定位自始至终以面向人民大众为中心,"合作社是人民大众的,同时也是各阶层的"③,"合作社的性质,是群众自由自愿联合的经济组织"④,贯彻这一理念,无疑是调适党—群众关系、获得群众的重要法宝。

以晋冀鲁豫解放区为例,晋冀鲁豫解放区的合作运动始于1938—1939年,最初采用自上而下的行政命令集资开办合作社,主要是在城市集镇雇人开设的杂货铺或小型工厂,民资官办,"和群众没有什么联系"⑤,所以慢慢为一部分干部和雇用的商人营私舞弊,得利肥己,以致"合作社"逐渐垮台。1940年,没有垮台的合作社为贸易局所接收并改为公营商店。1942—1943年连续灾荒,灾区比较普遍的组织纺织小组与运输小组,这种生产自救合作社对度荒的作用很大,但灾荒一过大部分都垮了台。1945年以后,在群众翻身运动和大生产运动的基础上,合作运动才比较普遍地开展起来。经验证明,有了群众翻身运动和大生产运动,才能建立真正群众性的合作社。"农业生产运动,没有开展起来,组织合作社,很容易从事于消费性的商业经营,走向投机的道路,而凡是单纯经营商业,只从本身赚钱着想,不为群众打算的合作社,几乎没有不垮台的。"⑥

其他根据地的合作社发展历程也同样表明,单纯追求盈利分红是背离合作主旨的,也得不到群众的认可与认同,偏离了合作社是自愿、平等联

---

① 晋察冀边区财政经济史编写组等编:《抗日战争时期晋察冀边区财政经济史资料选编》,南开大学出版社1984年版,第252页。

② 戎伍胜:《在边府第二次委员会上关于开展生产运动诸问题讨论的结论》(1946年3月),《华北解放区财政经济史料选编》(第一辑),中国财政经济出版社1996年版,第151页。

③ 《西北局关于贯彻合作社联席会决议的决定》(1944年7月9日),《陕甘宁革命根据地史料选辑》(第二辑),甘肃人民出版社1983年版,第507页。

④ 《中共晋察冀中央局关于开展1946年大生产运动的指示》(1946年1月24日),《华北解放区财政经济史料选编》(第一辑),中国财政经济出版社1996年版,第8页。

⑤ 《晋冀鲁豫的财政经济工作》(1947年5月),《华北解放区财政经济史料选编》(第一辑),中国财政经济出版社1996年版,第242页。

⑥ 同上书,第243页。

合的经济组织的本质。在晋冀豫区"合作社在晋冀豫区早就开始做了，但是一般的都是消费合作社，并且大部分被一般绅商所把持，只顾个人生财，不顾调剂市场及人民所需，而抬高物价贩卖敌货。到九月以后，经我党提出消费合作社是消极的，应该积极的开办生产合作社……目前晋东南大部分县都有了生产合作社"①。陕甘宁边区合作运动初期，"公营气大，民营气小，人是委来的，钱是摊派的，偏重消费，不重生产，脱离群众，群众把合作社看成公家商店，合作社长期不能发展"②。凡此种种各根据地合作运动发展的曲折均说明，合作运动如若不能为群众服务，便很难得到群众的呼应和响应，合作运动的功能便无以发挥。

最后，在中共农业互助合作运动中，劳动互助与合作运动关联甚少，这是非常值得注意的现象。农业生产领域的劳动互助、乡村商贸领域的合作运动是独立并行发展的，直到1949年合作社的整理改造、向供销合作转型开始，合作运动服务农业的趋向才逐渐显现出来。初期的劳动互助与合作社联系极少，"去年（指1943年——引者注）边区的合作社，只有延安县南区合作社曾以十四万元无利贷给了十一个变工队、札工队，其它合作社再没有对劳动互助的直接联系"③。以变工、扎工、换工等为特征的劳动互助是典型的农业合作，但与合作运动的脱节非常明显。到1946年9月，陕甘宁边区合作社共计307社，社员154324人，合计有532项业务（某些合作社有兼营业务），其中有消费业务176个，生产业务128个，医药业务71个，信用业务47个，运输业务23个，其他业务83个，④这些业务类型与农业合作所需的耕畜调剂、人力调剂、种子借贷、肥料供给相去甚远，所能提供的农业生产服务甚少。农业互助合作不仅在于生产资本的调剂配置，还需要建构农业生产的现代化服务体系，这些也都是中华人民共和国成立以后需要着力探索和努力的方向。

---

① 《晋冀豫区委群众工作总结报告》（1939年3月16日），太行革命根据地史总编委会编《太行革命根据地史料丛书之七——群众运动》，山西人民出版社1989年版，第122页。

② 《陕甘宁边区合作社联席会决议》（1944年7月7日），《陕甘宁边区政府文件选编》（第八辑），档案出版社1988年版，第278页。

③ 《边区组织劳动互助的主要经验和今后工作》，甘肃省社会科学院历史研究室编《陕甘宁革命根据地史料选辑》（第二辑），甘肃人民出版社1983年版，第475页。

④ 《陕甘宁边区各业统计》（1946年10月），《陕甘宁边区政府文件选编》（第十一辑），档案出版社1991年版，第291页。

第二节　劳动互助与乡村社会

农业生产领域的劳动互助自发生之初就在改变着乡村社会的不同社会阶层，劳动互助运动中涌现出的积极分子、变工组长、生产模范和合作英雄，也是新的乡村权威阶层；组织起来和运动起来的群众，也经历了剧烈的思想观念与行为模式变迁，以互助合作、集体主义的理念为参照，重新塑造着自己的社会角色，改变着革命乡村的社会心理。

一　阶级结构的变动

劳动互助合作运动重新塑造了根据地的农业生产格局，也带来了乡村阶级结构的深刻变动。以中农、贫农、雇农为主体的农民阶层是劳动互助合作运动的最大受益者；乡村中的边缘阶层懒汉、二流子在劳动互助中得到部分改造，进入生产中心；曾经的乡村地主和富农则一度被排除在劳动互助合作运动之外，在土地改革之后他们成为最需互助合作的对象；长期被排除在农业生产之外的妇女（包括儿童）在劳动互助中逐渐成为名副其实的"半边天"；鳏寡孤独者、烈军工属、干部家属等生产能力较弱的群体，亦有赖于劳动互助。这是一个以劳动者和生产者为中心而划分的社会结构层级。

第一，农业生产经营资本不足、劳力有余的中农以下阶层对劳动互助的需求最为迫切，也是劳动互助的主要对象，变工组主要是"劳力者的结合"。

中农是农业生产中土地、资本基本自足的阶层，也是一个互助意愿较低的阶层，双方或多方的互助也是在余缺互补的基础上进行的。但在革命时期，侵犯中农利益现象多有发生，造成中农生产情绪、生产环境的恶化，因此"如何转变、稳定中农的思想是个大问题"[①]。在劳动互助运动中劳动能力较强、经营水平稳定的中农，是劳动互助的主力军，他们可以提供更多的劳力和资本，可以对生产能力不足的阶层有更多的帮助。贫农的农业经营资本相对匮乏，互助的意愿更强。据对冀鲁豫、太行两解放区

[①]　沂蒙二地委：《土山区工作布置及简单情况》，1949 年，临沂市档案馆 0001 – 01 – 0019 – 015。

的调查显示，"穷人买不起牲口，只能担挑拾砍"，"饲养以富中新中为多，贫农最少，因贫农养不起牛驴猪羊"。"两区富农及富中再生产投资总数及其占总收入的百分比均大，而贫农情况恰恰与此相反，贫农在生活负担过重的情况下，缺乏资本力量从事于再生产投资，是很显然的。"①因此，贫农的互助需求尤切。组织起来，也基本上是乡村劳动力的集合，即主要是中农、贫农的结合。

在农业生产中，一般中农户、贫农、村干等的土地不要紧，群众说："只要有劳动力的就不要紧"②，因为在农业现代化程度尚低的革命乡村，土地、劳力、资本是农业生产的三大要素，尤以劳力为要。劳动互助合作提供了一个劳力、畜力、资本的调剂、互补机制，自然，处于相似经济地位的群体更易实现互助与合作。在劳动互助运动中，中农和贫农是持续上升的两个阶层，他们有能力互助，有劳力合作，从中获得的收益自然也最多，他们之间的互助基本是平等的合作与互助。

第二，农村合作运动号称"弱者的联合"，是以"人的结合"而非"资本的结合"为基本特征的，是故战争期间的回乡难民、逃亡户，乡村的鳏寡孤独者，以及数量庞大、缺少劳动力的烈军工属，干部家属，在劳力、畜力等为基本生产资源的条件下，其生产劣势也是明显的，发扬合作主义的弱者互助、自助助人精神，通过劳动致富、生产发家，使其生产尽可能达到中农化水平，互助合作运动的功能亦不容小觑。但是，由于他们是劳力匮乏的阶层，劳动互助对他们而言，获得别人帮助远甚于他们能提供给他人的帮助，互助是不对等的，对劳力的需求多于付出。显然，这是一种不对等的互助模式。

对乡村鳏寡孤独者、无劳力的贫民、烈军工属等群体的生产必须注意解决，因为他们是缺少劳力的阶层，而且数量庞大。在鲁中南沂蒙解放区1949 年的春耕中，截至 4 月 20 日春耕进度一般在 90% 左右，沂东县达到96.8%，但少数军烈工属、外调干部家属、民工家属无劳力者及懒汉二流子地主富农还乡团或逃荒户等耕种明显滞后；如沂中县郭庄区石佛沟村，有劳力者已耕完正在下种，而 6 户军属的土地才开始耕，一个寡妇有 10

---

① 华北人民政府财政部编：《一九四七年华北区农村经济调查》，华北人民政府财政部1949 年版，第 13、27 页。

② 沂蒙二地委：《土山区工作布置及简单情况》，1949 年，临沂市档案馆 0001 - 01 - 0019 - 015。

余亩一点未耕，8 户逃荒户 4 户已回来正开始耕地，其余 4 户则无着落，沂源县张庄区西郭庄外调干部王□亭的包耕土地一点也没耕。① 可见，劳力匮乏是他们生产面临的首要难题。对缺少劳力的阶层，唯有通过变工、换工、代耕、代种等互助方式获得强劳动力者的帮助，此外租佃、包工、包种等互助形式尚零星存在。如沂东县无劳力之鳏独等之生产解决包括出租、无代价的帮助、由变工组帮助三种形式②，类似租佃的近亲代种合作最好但数量极少，也不为基层政府提倡，无代价的帮助则难以调动积极性，变工组的代耕则是主流。沂中县对鳏寡孤独生产的解决大部是换工的办法，变工组给他种地，他给别人干些零活，有的妇女作针线或纺线与男力换工，并教育他主要靠自己下劳力生产。③ 蒙阴县解决无劳力烈军工属的生产困难一般的办法是代耕与帮耕。团部（坦埠）区孙家麻峪村全村烈军工属 22 户即代耕了 17 户地，125 亩全都是变工组代耕（每人平均八分到一亩的代种），有的比自己种的还好，如亓召明、亓永林组都种得很好，亓召明说，"咱得好好的给军属种地，人家在外边抗战都把命豁上，咱还豁不上力气吗，咱不好好的种还行？"④

第三，劳动互助也是劳动改造的运动。乡村中的懒汉、二流子属于人民群众阵营，但不事生产、好吃懒做、得过且过的生活习惯与生产态度，同样令群众工作者头痛。通过生产发家、劳动致富，改造懒汉与二流子，使他们由懒变勤，由惰到劳，也离不开劳动互助变工。同时，劳动互助也是改造"敌人"的群众生产运动，地主、富农、还乡团、敌伪人员等阶级敌人，同样需要衣食住行，在新生人民政权领导下，他们通过劳动互助合作得以改造。由于长期的阶级裂痕与仇恨记忆，群众对地主富农、懒汉二流子、生产滑子成见颇深，他们并不缺乏劳力，富农还是农业经营的行家里手，将他们纳入劳动互助阵营，需要艰苦的思想动员和宣传教育。

乡村贫苦现象中，不能排除有少数人是好吃懒做、经营无方、不务正

① 鲁中南二地委：《二地委四月份生产救灾工作报告》，1949 年 4 月 28 日，临沂市档案馆 0001 - 01 - 0019 - 007。

② 沂东县委：《十月份生产工作总结》，1948 年 10 月 29 日，临沂市档案馆 0001 - 01 - 0042 - 023。

③ 沂中县委：《十月份生产工作总结》，1948 年 11 月 1 日，临沂市档案馆 0001 - 01 - 0042 - 010。

④ 蒙阴县团部区：《蒙阴县团部区孙家麻峪村生产总结与秋收计划》，1949 年 8 月 5 日，临沂市档案馆 0001 - 01 - 0065 - 015。

业造成的。据 1944 年对太行根据地榆社县 10 个村的统计，有懒汉 70 人；涉县 8 个村的统计有懒汉 132 人；和西全县懒汉 128 人；辽西 93 人。① 晋冀区 1946 年大生产运动中，仅 14 个县上半年的不完全统计就改造烟民懒汉 11160 个。② 在山东解放区，1948 年秋种中沂东县葛沟区张家官泉 6 户还乡团 35 亩土地，只有 1 户种上 3.5 亩，其余未种；13 户刚回来者共有土地 197 亩，应种 100 余亩而未种；张家巩头有一荣军别名铁匠什么活也不干，有地 8 亩未种。③ 1949 年春耕中，"沂东县永太区息讼庄十户还乡团家属的土地无保证，村干存在报复观点，他们既无劳力，生产亦不积极"④村。另据沂南张庄一个区（缺 11 个村）的统计，即有好吃懒做的懒汉 53 户 206 人，参加变工者仅 6 个，在讨论解决他们困难时群众很不满，因为他们把牛、工具、粮食都卖掉吃了，光等着上级救济。⑤

在山东解放区，土地改革后的地主富农、懒汉二流子处境相当困难，也是生产困境的重要根源。1948 年，沂东县城子区姜家庄全村没有吃的户 6 户，其中贫农 2 户，地主 4 户。⑥ 蒙阴县团部（坦埠）区孙家麻峪村全村要饭的 35 户 174 人，占总户数的 17%，其中贫农 23 户、中农 1 户、地主富农 11 户。⑦ "各村均有两种不劳动的人，一种是地主阶级被斗的，其中有的确愿劳动生产，但有的就是不劳动，如西湖庄高介周系地主工属，九口人九亩地，自己很劳动，还得要饭，庄中讨论帮助他。另一家地主还有一亩地今年偷偷的找人给他耕了，把一个筐子卖了四千元，买了二斤馒头偷着吃了，又去要饭。一种是二流子，如蛟良有一个黄佃元，东河

① 赖若愚：《生产运动的初步总结——在地委联席会议上的报告》（1944 年 8 月），太行革命根据地史总编委会编：《太行革命根据地史料丛书之七——群众运动》，山西人民出版社 1989 年版，第 226 页。

② 杨耕田：《晋冀区 1946 年大生产运动简要总结》（1946 年 12 月 31 日），《华北解放区财政经济史料选编》（第一辑），中国财政经济出版社 1996 年版，第 789 页。

③ 沂东县委：《十月份生产工作总结》，1948 年 10 月 29 日，临沂市档案馆 0001－01－0042－023。

④ 鲁中南二地委：《二地委四月份生产救灾工作报告》，1949 年 4 月 28 日，临沂市档案馆 0001－01－0019－007。

⑤ 二地委生救会：《生产变工及土地悬案的处理问题》，1948 年 5 月 8 日，临沂市档案馆 0001－01－0020－009。

⑥ 沂东县委：《沂东县城子区姜家庄生产变工材料》，1948 年 5 月 24 日，临沂市档案馆 0001－01－0042－001。

⑦ 蒙阴县团部区：《蒙阴县团部区孙家麻峪村生产总结与秋收计划》，1949 年 8 月 5 日，临沂市档案馆 0001－01－0065－015。

庄有一个张贵福,是典型的好吃懒做的,也是比较难改造的。一般村干党员对他们的态度(是)敌视的,如蛟良的村干说:'就和这户的是(似)的,死了白死','饿死活该',对改造无信心,我们现正教育纠正此问题。"① 逃亡地主富农及还乡团的土地代种问题,这部分人群众多不愿替他们代种,如沂东双泉官庄于增法说逃亡户参加变工不要他,所以这部分人的地最容易荒掉,必须教育群众,沂东、蒙阴多数村皆规定代种秋收时分粮,如何分法群众自己讨论。② 懒汉二流子土地如岸堤区尚埠村公化敦,一个小伙子不做(事)生光闲着,现在种还没挥在地里,群众对他很不满也不愿帮助他,群众说"三亩二亩的地,这样的小伙子,从过年一天刨一镢头,现在也刨完了",所以全未种上。③

　　化解之道,首在劳动互助。在沂蒙解放区沂东县,"对地主成分的生产解决较前注意,有些村经对群众再三教育后扭转了单纯报复观点,而吸收地主富农等参加变工组……事实证明只要再三教育打通群众思想是能够吸收地主成分参加变工组的"④。整个沂蒙解放区在生产中一般注意了吸收地主富农及二流子懒汉参加生产,并从生产中改造他们。在这一问题上必须是经过再三的教育,克服单纯报复观点和认为吸收地主富农参加是立场不稳的偏向。与地主一起变工,群众反映不一,但总体来看只要经过适度动员,沂蒙解放区群众对土改后的地主生产保持着变工互助性质的帮扶与帮助。"一般组都不愿和他(变工),他又不会做活,还得教他,这不是又剥削咱吗? 经说明教育只有在生产劳动中才能改造地主,并对地主说明过去剥削人现在还清账了,再劳动富了是光荣的,不要再要饭要重新作人。在地主只要有劳动的一般说服叫他参加变工是很高兴的,只有个别的不愿干活。同时对于地主还照顾他,如沂南张庄区薛家埠薛先吉变工组,有户地主薛士先随时算账找给他粮食,现在不要饭了,他感觉很光荣很下力。岸堤区中高湖研究决定地主拉下咱的工叫他还工,咱拉下地主的工付

　　① 沂蒙二地委:《土山区工作布置及简单情况》,1949 年,临沂市档案馆 0001 - 01 - 0019 -015。

　　② 二地委生救会:《生产变工及土地悬案的处理问题》,1948 年 5 月 8 日,临沂市档案馆 0001 - 01 - 0020 - 009。

　　③ 沂蒙地委:《关于春耕工作状况》,1948 年 6 月 3 日,临沂市档案馆 0001 - 01 - 0045 -004。

　　④ 沂东县委:《春耕生产总合报告》,1949 年 5 月 23 日,临沂市档案馆 0001 - 01 - 0065 -007。

工粮，以解决他的吃粮问题。"①

第四，劳动互助将妇女、儿童纳入了劳动生产大军，撑起了劳动互助的"半边天"。

组织起来对生产的作用是显著的，特别是半劳力的发挥上。如据1949年山东鲁中南区蒙山、沂水、沂南、蒙阴、沂源极不完全的统计，有18681个妇女参加变工组从事田野劳动，蒙山秋季参加变工32948人中，即有妇女8189人，占1/4；沂源县春季即有5387个妇女参加了变工，729人参加了换工，另有3717个妇女虽未参加变工，但从事了田野劳动，刨地2729亩。② 沂源县1949年晚秋的收割，根据5个区的统计（黄庄、大泉、张庄、鲁村、青龙）有1240余名妇女参加收割，晚秋割庄稼5456亩。③ 沂源县娄家铺子村妇女在变工互助生产中发挥了典范作用。如党员伊佃英不但自己生产，而且领导一个变工组培养典型人物、典型组、典型户。副支书娄加孝说，今秋生产工作如果没有妇女，别说超过任务，恐怕达不到计划。妇女们的体会是，只有参加劳动才能真正达到男女平等。如伊佃英未参加生产前公公打婆婆骂，整天受熬煎，该村解放后参加了变工组，刚参加生产时怕丢人不敢去，上坡锄地不敢拿锄，以后渐渐好，干活和男人一样了，公公也不骂了，婆婆也不打了，锄地很和顺了；娄承桂说，我参加了劳动，闺女手变成了男人手了，手不好了，地位提高了；程志美体会到以前未当会长，不敢出门，出门父亲就骂，自1948年当了会长，今年又入了党，参加了变工组，父亲也看得起了，自己也大胆了，开会也不害羞了，地位也提高了，还被选为区妇联委员，如果没有共产党，我这么个闺女怎能上县里来开会呀，而且又被选为县妇联委员。④

综上所述，革命之前乡村社会以土地占有和社会财富为基础的阶级结构形成剥削阶级与被剥削阶级，前者以地主、雇佣经营的富农阶层为主体，后者以中农、贫农、雇农阶层为主体；这是一个以土地占有数量多少

---

① 二地委生救会：《生产变工及土地悬案的处理问题》，1948年5月8日，临沂市档案馆0001 - 01 - 0020 - 009。

② 沂蒙地委：《沂蒙地委一九四九年一年来农业生产救灾工作总结》，1950年1月20日，临沂市档案馆0001 - 01 - 0019 - 001。

③ 沂源县委：《秋收秋种工作总结报告》，1949年11月2日，临沂市档案馆0001 - 01 - 0065 - 003。

④ 参见沂源县委宣传部《娄家铺子妇女秋收秋种工作总结及任务》，1949年10月30日，临沂市档案馆0001 - 01 - 0065 - 018。

为基础的阶级结构。从土地经营角度,也可划分为地主、自耕农、半自耕农、佃农等不同阶层。而减租减息与土地改革打破了上述阶级结构,土地改革后整个乡村社会趋向"中农化",地主、富农土地骤减,贫农、雇农分得大量土地。在土地、资本、社会财富均等化的背景下,原来拥有不同社会地位的各个阶层在劳动互助合作运动中重新确立并界定着自己的社会地位,劳动互助合作运动重构了一个新的阶级结构,这个阶级结构是以劳动能力为中心形成的,中农、贫农、雇农是劳动互助的主体,他们是乡村的"力农者";妇女与儿童是劳动互助的另一主力;地主、富农、还乡团、懒汉、二流子等边缘阶层在劳动互助中处于弱势;烈军工属、干部及其家属、鳏寡孤独者则以代耕、代种、包工等形式获得变工帮助,体现出劳动互助的"弱者的结合"性质。

二　新式权威的形成

中国共产党领导的革命在推翻乡村统治精英阶层的同时,也吸纳、重组、整合了新的精英力量进入中国共产党和基层政权组织。在发展生产、以农业为中心的乡村经济革命中,劳动能力强、生产组织能力强的庄稼把式、行家里手、庄户能手崭露头角,形成新的互助合作典范。中共农业互助合作运动中的新式权威,是以劳动能力、生产能力、领导能力为构成要素的劳动英雄、劳动模范、合作英雄构成的群体。

"发展自己经济,帮助别人生产;领导变工札工,创立模范乡村"①,这是在陕甘宁边区劳动英雄暨模范生产工作者代表大会通过的《陕甘宁边区劳动英雄公约》的一部分,培养劳动英雄、劳动模范、合作英雄,树立典型、推动一般,以先进促后进,始终是互助合作运动中中国共产党进行群众动员的基本策略,由此也带动了一个先进群体的出现。

在山东抗日根据地,大生产运动中出现了大批的劳动英雄与劳动模范,带头的出现了像朱富胜、王兑一、邱如一、张富贵、郑信、刘兴义等,战略区级的劳动英雄即有 41 名(滨海 17,胶东 16,鲁南 6,鲁中 2),劳动模范 500 余名。据 1946 年 1 月山东省农林合作会议总结,共计培养与选举劳模劳英有:劳动模范——鲁南 34 人,鲁中 50 人,滨海 154

---

①　《陕甘宁边区劳动英雄公约》,《组织起来——陕甘宁晋绥边区关于生产运动的文献》(第二辑),中共晋绥分局 1944 年印,第 46 页。

人，胶东 75 人，渤海 100 人，共 313 人；劳动英雄——鲁南 14 人，鲁中 2 人，滨海 28 人，胶东 15 人，渤海 5 人，共 64 人。[①] 表 7—2 为 1944 年太行抗日根据地武乡县推选出的 218 名劳动英雄，从中可以看出，这些劳动英雄初以贫农、中农、雇农为主体，经过大生产运动而上升为中农、贫农、上中农。

表 7—2　　　　　武乡县 218 名劳动英雄成分变化（1944 年）

成分 \ 项别	雇工	羊工	赤贫	贫农	中农	上中农	富农	商人	合计	支干	党员	群众
战前成分	37	2	12	95	63	3	5	1	218	—	—	—
现在成分	1	—	2	41	136	30	7	1	218	29	59	130

　　资料来源：赖若愚《生产运动的初步总结——在地委联席会议上的报告》（1944 年 8 月），太行革命根据地史总编委会编《太行革命根据地史料丛书之七——群众运动》，山西人民出版社 1989 年版，第 210 页。

　　在沂蒙解放区，变工互助中的变工组长数以万千，他们中即有不少经营有方、领导有力的生产典范。孙振坤即这样一位领导民主、带头干活的变工组长。[②] 他常在组里说："头二年我就参加了变工组，大支前时没荒了地，当了二年变工组长，开始学会了领导变工组。"他耐心教育不会种地的孙振昌说："你不会干活大家教你"，说服他参加变工组。今春回家的还乡团富农孙培训怕挨斗不好好生产，他说："好好下力得来的东西不再斗争"，孙培训才安心生产，因此组员反映很好。孙培贤、孙振昌说："组长什么事都是商议着办，没有办不成的事"，模范行动也很好，干活先给组员干，组员就争着先给他干，有一次锄地瓜三个人互相让，第二天早晨孙振坤跑到孙培远地里锄，孙培远、孙振昌跑到孙振坤地里锄，吃早饭的时候说服了大家，终究先给孙培远锄，他说："先给别人干了，别人一定很有劲的给咱干，还格外的团结。"该变工组生产有计划，干活适当的分工，每天晚上打出谱来，第二天早晨不用叫都到地里去集合。按劳记

　　① 耿光波：《山东省农林合作会议总结》（1946 年 1 月），《山东革命历史档案资料选编》（第十六辑），山东人民出版社 1984 年版，第 145 页。

　　② 参见国司全、张光彦、刘德秀、杨雷《两个动员变工组长两种思想两种效果》，1948 年，临沂市档案馆 0001 - 01 - 0042 - 003。

分,有话说在当面,地头评工,10 天一算,全组秋收以前就总结了账。互相帮助解决困难,孙培贤正当锄地时长了一个疮,一个月没有干活,变工组里给他种的地和别人一样的,谷子高粱都锄 4 遍。他说:"我如果不参加变工组,地非荒不行。"老庄户孙培贤专门负责耕耩地,解决了孙振昌不会耕耩的困难。他娘说:"从小没他爹,每逢耕耩地光愁的我哭,自从小孩参加了变工组,我才除了这一大愁。"小孩也会学干活过日子,幸亏了他二哥(指孙振坤),大家说"俺组是'情感情',互相帮助,困难就解决了"。群众得到利益,认为依靠大家日子才能过好,孙培远说:"在一块多出活,我三亩谷子自己得锄四天,组里五个人锄半天就锄完了,省下一个半工。"孙振湖说:"我三亩地没参加变工组时,五天才能挑完粪,变工组今年五个人早早完了活,省下一个工。"一致认为生产顺了手和一家人一样,群众得到利益靠大家互相帮助解决困难,体会到各户各过过不好日子。相反,刘福桂不领导生产脱离了群众,他过去很穷,后来分了土地已成为新中农了,现在他认为分了地翻了身支前也出了力,国民党已经打倒了,生产群众都会,领导变工组马马虎虎就办了,存在生产不用领导的思想,因此虽下力不少,但日子没有过好,变工组也没领导好。[1]

三　社会心理的变化

自耕、单干、近邻、亲族之间的互帮互助与互惠互利,长期维系着传统农业耕作习惯和农民心理,乡村社会中也广泛存在着换工、拨工、还工等互助行为。劳动互助合作运动发起以后,变工组、合作社组织将互助合作意识贯彻到农业生产之中,无偿、义务性质的帮助与帮扶"弱者"也所在多有。围绕变工互助与合作运动,集体主义、反抗剥削、弱者联合、为社员服务等理念逐渐生长,乡村社会心理与群众思想观念也在逐渐变化。

第一,走向集体主义。

1939 年 3 月,陕甘宁边区发布《陕甘宁边区劳动互助社暂行组织规程》,旨在调剂边区劳动力,养成农民群众互助劳动习惯,提高劳动热

---

① 参见国司全、张光彦、刘德秀、杨雷《两个动员变工组长两种思想两种效果》,1948年,临沂市档案馆 0001 - 01 - 0042 - 003。

忧,增加农业生产。① 同年,陕甘宁边区还公布了《陕甘宁边区义务耕田队条例》,将义务耕田队界定为:"群众自愿条件之下一种义务劳动组织,帮助无劳动力,或缺乏劳动力之抗日军人家属,进行代耕代锄代种等工作。"② 无偿、义务助耕在革命年代尤其有必要性和必然性,这种利他主义的阶级互助是中共劳动互助合作的显著特征,因为劳动互助"可以改变农民散漫保守的劳动关系,养成集体生产与团结友爱的习惯"③。

由此以变工组为基础,农业生产单位逐渐从家庭走向变工组,以变工组为基础的集体劳动形成了新的生产组织。晋察冀边区龙华木厂村的老乡们说:"一块拨工,烘火热闹,不发闷,干起来痛快。"④ 山东解放区沂东县城子区姜家庄组织起来的生产群众一般反映:"快、爱干活、热闹,群众普遍的体会到变工确实做活快,不耽误生产;集体作活热闹不发愁,不知使得(累得)慌,形成了一种习惯,和亲兄弟似的;有的反映,不但咱人在一起义和了,同时牲口也恋群,在放时各组找各组一伙,同时变工组说干完活都干完活,做活也紧张,没有拖拉的。"⑤

"农民互助合作的直接目的,主要是为了克服生产的困难"⑥,组织起来集体劳动是解决劳力短缺最为有效的办法。太行区"百分之七十八的劳动力都组织起来了,群众不是单个生产而是在一起生产了。这是一个大发展"⑦。在晋察冀边区,涞源县葛沟村原有 48 户 400 人,720 亩平地、600 亩坡地,共 1320 亩,每人平均 3.3 亩,在 1939 年大水灾后该村曾逃走了 17 户,敌人扫荡残杀及饿病死 120 人,现在剩下 38 户(分成 54 户)217 人,男女整半劳力共 160 人,今年他们因劳动互助组织得好,又增加

---

① 《陕甘宁边区劳动互助社暂行组织规程》(1939 年 3 月),《陕甘宁边区政府文件选编》(第一辑),档案出版社 1986 年版,第 203 页。

② 《陕甘宁边区义务耕田队条例》(1939 年),《陕甘宁边区政府文件选编》(第一辑),档案出版社 1986 年版,第 499 页。

③ 戎伍胜:《在边府第二次委员会上关于开展生产运动诸问题讨论的结论》(1946 年 3 月),《华北解放区财政经济史料选编》(第一辑),中国财政经济出版社 1996 年版,第 150 页。

④ 晋察冀边区财政经济史编写组等编:《抗日战争时期晋察冀边区财政经济史资料选编(农业编)》,南开大学出版社 1984 年版,第 421 页。

⑤ 沂东县委:《沂东县城子区姜家庄生产变工材料》,1948 年 5 月 24 日,临沂市档案馆 0001 - 01 - 0042 - 001。

⑥ 萧鸿麟:《中国农业生产互助合作》,中华书局 1954 年版,第 63 页。

⑦ 《太行两年来翻身、杀敌、生产经验——赖若愚在太行区第二届群英会上的报告(节录)》(1946 年 12 月),太行革命根据地史总编委会编《太行革命根据地史料丛书之七——群众运动》,山西人民出版社 1989 年版,第 249 页。

了 12 个牲口,改造了 7 个懒汉,动员了 47 个妇女经常参加生产,组织了 50% 的整劳动力参加拨工,因此他全村"荒""懒""穷"(饿的不能参加生产,今年实行贷粮)都解决了,今年不但未荒地而且还开荒 135 亩,节省短工 300 个,长工 3 个,超过往年 1 倍。再如灵邱王巨村 273 口人,整半劳动力(男、女、儿童)共 177 个,去年种地 710 亩,至少还雇外村 150 个短工,今年种地 910 亩,此外还修滩 134 亩,开荒 150 亩,压青 50 亩,集体种萝卜 13 亩,比去年多种 550 亩,超过去年将近 1 倍,还节省了 150 个短工。①

"生产问题……主要是组织互助,把生产力从封建束缚下解放出来"②,偏重农业生产合作,尤其是劳力的互助变工合作,强调劳动合作的帮助而非互助功能,倡扬集体主义,缓解根据地建设中的农业生产困境,这也是中共农业互助合作运动的显著特征。合作主义倡导的消灭剥削、弱者联合理念与新民主主义革命推翻封建主义、帝国主义与资本主义剥削的革命目标是统一的,但中国革命的目标不是社会改良,而是政治革命与社会革命的成功。在此方面,合作主义显然是无能为力的。与合作主义者试图建立合作化社会的乌托邦不同,中共农业互助合作运动显然在西方合作主义基础上有更高的政治理想和道德追求。中共农业互助合作不单是个体主义基础上的彼此合作,发展合作运动,它是借助合作制度与合作运动,走向新民主主义和社会主义,合作主义不是目标,只是手段或桥梁。故而,中共农业互助合作运动还渗透着中国革命所宣扬的集体主义革命道德,在这里,为社员服务与为人民服务是统一的,互助比合作更能体现新民主主义革命道德与革命伦理,更具革命所重塑的新型人际关系的温情与理想。

由此,中共劳动互助合作中也逐渐孕育生成集体主义伦理。"'儿要自养,谷要自种'是群众的老习惯"③,立足自耕、家庭经营的小农经济长期主导着农耕社会的生产方式。在中共农业互助合作运动中,互助伦理

---

① 晋察冀边区财政经济史编写组等编:《抗日战争时期晋察冀边区财政经济史资料选编(农业编)》,南开大学出版社 1984 年版,第 419 页。

② 《在全国土地会议上的结论》(1947 年 9 月 13 日),《刘少奇选集》(上卷),人民出版社 1981 年版,第 394 页。

③ 赖若愚:《生产运动的初步总结——在地委联席会议上的报告》(1944 年 8 月),《太行革命根据地史料丛书之七——群众运动》,山西人民出版社 1989 年版,第 216 页。

已不局限于宗族、亲友之间。以陕甘宁边区为例，1942 年西北局高干会议后，陕甘宁边区劳动互助普遍发展起来，"至于陇东、三边许多地方，过去农民很少变工或是差不多没有劳动互助习惯的，一九四三年也组织了很多的变工和集体开荒"。"过去搭庄稼'伙种'、牛犋变工、'伙格牛'一类比较复杂的变工形式，只限于本组亲友之间，所以他的规模是狭小的。去年的劳动互助大多数是农民群众为了发展生产和完成生产任务而组织的，所以他大多数已经冲破了本组亲友的圈子（虽然还有一部分是按本族亲友关系组织起来的）"①，过去的劳动互助本来也有光景较好的对于较贫农户，劳动力较强对于劳动力较弱的人帮助的性质，"不过他只是限于本族亲友之间"②。因此，传统社会的互助与日常合作是基于差序格局而形成的，以宗族、亲戚、社区为中心。中共农业互助合作则冲破了亲友圈子，发扬互助合作精神，提倡集体耕种，以现代经济组织——变工组与合作社为中心展开农事活动。农民生产与生活跃出了家庭和宗族、社区圈，在集体主义组织中经受自身社会角色的变迁，经历从自耕者到变工组与合作社成员的身份变化。

第二，互助的阶级性与道义性。

一般而言，在减租减息与土地改革之前，乡村中的地主、富农拥有土地、资本上的绝对优势。据北岳区 28 个县 88 村的调查，地主占户数 2.03%，每户平均土地 97.89 亩；富农占户数 7.26%，每户平均土地 56.27 亩；贫农、雇农占户数 47.45%，每户平均土地 2.54—7.4 亩。③地主（尤其是经营地主）与富农在近代中国乡村经济体系中有着特殊的地位。对乡村中占人口 8% 的地主、富农而言④，他们曾经是革命的主要对象，不事生产的恶霸地主、以生产发家的中小地主及富农在土地革命中基本被排除在农业互助合作运动之外。在土地改革之后，他们的生产环境也急转直下，地主、富农所得土地大多少于中农、贫农，生产资料以浮财形式被重新分配，乡村地主、富农的生产问题是基层政权必须解决的难题之

---

① 《边区劳动互助的发展》，《陕甘宁革命根据地史料选辑》（第二辑），甘肃人民出版社 1983 年版，第 461、462 页。

② 同上书，第 466 页。

③ 刘奠基：《晋察冀边区九年来的农业生产运动》，晋察冀地区财政经济编写组等编《抗日战争时期晋察冀边区财政经济史资料选编（农业编）》，南开大学出版社 1984 年版，第 362 页。

④ 《关于土地问题的指示》（1946 年 5 月 4 日），《刘少奇选集》（上卷），人民出版社 1981 年版，第 382 页。

一。此外,在革命与反革命的时代抉择中,革命战争中站在敌对阵营中的乡村势力,如伪军伪属、还乡团分子等同样面临着生产、生活的继续与改造。曾经的剥削者和敌对者,他们所经历的蜕变与新生同样离不开劳动互助合作运动。

地主、富农阶层在乡村中所经历的社会角色和社会地位变迁最为复杂和频繁。苏区时期,地主、富农基本被排除在劳动互助和合作运动之外。1930年9月,闽西苏维埃政府经济、财政、土地委员会联席会议决议案就规定,"富农分子不准加入合作社,其既加入合作社之富农,即刻取消其股东权,并停止分红,其股金与利息待一年后归还"①。同年11月,《中央政治局关于苏维埃区域目前工作计划》也就合作社运动做出规定,合作社"要有群众社员的严密监督,使富农投机商人不能利用",把合作社作为"反对投机商业的一种有力的武器"。② 由于地主是土地革命的首要对象,更无可能加入合作组织,这样,地主、富农、商人就被排除在合作社的大门之外,苏维埃政府协同合作社担负起苏区贸易、商品流通、调节消费的职能。

抗日战争时期,减租减息政策允许地主、富农存立于统一战线之中,富农的非剥削经济得到鼓励和提倡,此时地主、富农的生产尚可持续,加之租佃制度、雇佣制度依然存在,劳力、土地调剂的市场和配置机制运行基本正常,地主、富农的生产问题尚无须政府介入。但是土地改革以后,地主、富农的土地基本均分,农业生产条件骤降,很多地主、富农为逃避打击,甚至离家逃亡。加之长期的革命宣传在群众与地主、富农之间造成的阶级裂痕与仇恨记忆,使得地主富农被排除在人民群众之外。通过劳动改造和变工互助改造地主富农,使其不致丧失生产激情和基本劳动能力,这是必须要考虑的社会现实。这些曾经在乡村经济中最不需要互助和合作的群体,依靠市场调节自行生产的群体,现在成为最需救济和帮扶的对象。

在群众看来,地主、还乡团、懒汉、二流子等不事生产,群众对他们"主要是仇恨,不愿管,这是一般现象,其具体表现:1.不愿叫他参加变

① 《闽西合作社、工农银行与石灰生产问题》(1930年9月25日),《中国供销合作社史料选编》(第二辑),中国财政经济出版社1990年版,第8页。

② 《中央政治局关于苏维埃区域目前工作计划》(1930年11月),《中国供销合作社史料选编》(第二辑),中国财政经济出版社1990年版,第9页。

工组，对从劳动中改造争取成为生产（者）的目的认识不明确，因此对其生产不想过问，还乡团不参加变工是普遍现象。2. 在阶级仇恨的基础上，而发生□刺、绑起的现象，这虽是个别情况，但也是统一普遍的心情，如葛沟区李家庄子还乡团高月恒他儿（为群众所痛恨），回家后叫群众又送出来了，到张家埠子去。经对群众动员教育，仇恨稍差"[1]。1949年，沂东县春耕中类似现象依然没有根本改变，该县 6 个区统计共查出荒地 557.1 亩，荒地的来源主要是地主还乡团、懒汉二流子及其他无劳力群体。"地主还乡团因无人力或缺畜力，也多未参加变工组，因此荒芜，据现在所查出的荒地，这一部份人的尚占大部分，如新阳区所查出的荒 55亩，其中地主还乡团等之地 42 亩，主要在群众单纯报复观点上产生的，对此户一般仇恨，而不愿意问，在查出的荒地此种土地占主要"；"懒汉二流子或鳏寡孤独无劳力户的土地因群众一般也不愿管，主要嫌其情吃坐穿，如丰台区前满堂坡懒汉的二亩半地自己要着吃也不种，致荒着"；其他如无头地或地很坏不愿种、未参加变工组的户因无劳力或做小商业致地荒等也是土地荒芜的原因。[2]

从土地革命到土地改革后近 20 年的农业互助合作运动中地主富农阶层的际遇说明，中共农业互助合作运动总体上是排除"剥削者"的，是以生产者、劳动者为中心构筑新的互助合作体系的。在体现生产者之间互助合作的同时，也体现出与剥削者之间的距离。

第三，自由自愿、平等互利、等价交换的互助合作的基本价值观。

近代西方合作主义的传承演变中，始终秉持着自助助人、弱者联合、民主平等的基本价值理念，中共农业互助合作运动在吸收借鉴合作主义价值理念的同时，结合中共群众路线，形成了自由自愿、平等互利、等价交换的基本价值观。陕甘宁边区"几年来开展大生产运动，有三条重要的经验，即组织起来，提高技术，改良品种与农副结合。组织起来又有三条经验，即自愿结合，等价交换，民主领导"[3]。组织起来，首要原则是自

---

① 沂东县委：《十月份生产工作总结》，1948 年 10 月 29 日，临沂市档案馆 0001 - 01 - 0042 - 023。

② 沂东县委：《春耕生产综合报告》，1949 年 5 月 23 日，临沂市档案馆 0001 - 01 - 0065 - 007。

③ 晋冀鲁豫财经办事处：《晋冀鲁豫的财政经济工作》（1947 年 5 月），《华北解放区财政经济史料选编》（第一辑），中国财政经济出版社 1996 年版，第 240 页。

愿自由,"我们所必须遵循的第一条原则是根据群众的自愿"①,赤水、新正就曾发现这样的例子,有的干部要每村成立一个班子,说:"硬任务非完成不行!"结果他一走班子立刻垮台,有的强迫组成班子后第二天一早农民各人到各人地里去了,连找人也找不到。② 等价交换是组织起来巩固与发展的关键,更成为巩固互助的中心一环。计工太低,有剩余劳力的农民(主要是贫农)便感到吃了亏,如晋冀鲁豫解放区黎城同会村在整顿互助组时贫农就反映"减租减息翻了身,组织起来吃了亏"③。平等互利是互助合作的根本目的,如果不能从劳动互助合作中获得收益,群众利益自然无以体现,为群众服务也失去了落脚点。

如若违背上述价值理念,劳动互助合作往往引起群众的厌烦与抵制。太行区"说起来有很多互助组,实际上不起作用,反而引起了群众的厌烦,给今年的'组织起来'设下了障碍。许多地方群众不参加互助是因为过去互助中欠工不还,许多地方群众认为参加互助是'麻烦',黎城有牲口户认为'互助'是支差,没有牲口的户认为'互助'是应该……群众的这些反映是对于过去强迫编制的直感,它大大影响今年的'组织起来'"④。山东根据地劳动互助的运行中亦存在类似现象,不是从群众的经济利益出发,而是单纯依靠政治动员,如依靠"响应毛主席的号召"和"完成上级任务"等为借口发起劳动互助,往往引起群众敷衍。"群众没有认识到互助组对自己有何好处,所以形式上是自愿,实际还是不自愿的。"⑤

互助合作中贯彻群众路线,形成群众性运动的发展方式不仅体现在经济发展中,也渗透在乡村权威建立与社会风气的形成等各个方面。劳动互助与合作运动给乡村社会所带来的历史性变动深刻而持久。随着大生产运动的推进,组织起来、变工互助、合作经济带动了根据地农业、副业、商

---

① 《边区组织劳动互助的主要经验和今后工作》,《陕甘宁革命根据地史料选辑》(第二辑),甘肃人民出版社1983年版,第470页。

② 同上书,第471页。

③ 晋冀鲁豫财经办事处:《晋冀鲁豫的财政经济工作》(1947年5月),《华北解放区财政经济史料选编》(第一辑),中国财政经济出版社1996年版,第240页。

④ 赖若愚:《生产运动的初步总结——在地委联席会议上的报告》(1944年8月),《太行革命根据地史料丛书之七——群众运动》,山西人民出版社1989年版,第212—213页。

⑤ 薛暮桥:《抗日战争和解放战争时期山东解放区的经济工作》,人民出版社1979年版,第38页。

业的全面发展，在"农业第一"的指引下，劳动互助尤其得到倡导和重视。在此基础上形成的群众性经济运动使无数散漫的小农家庭经济逐渐向合作化、集体化方向发展，群众经济逐渐走向集体主义和合作道路，也开启了走向新民主主义和社会主义的道路。

结　　语

　　本书对 1927—1949 年中国共产主义革命中的农业互助合作运动进行了纵向的历史梳理，以"革命与互助合作"为中心，讨论了土地革命与互助合作、减租减息与互助合作、土地改革与互助合作的关系，并着重就中国共产党的革命策略与生产动员、互助合作与乡村社会变迁进行了多角度的历史剖析，呈现了中国农业互助合作运动中革命策略、生产动员与群众运动的复杂关系。

　　传统互助与日常合作的两大基石是宗族血亲伦理与租佃雇佣借贷等契约制度，以宗亲伦理、社区邻里为依托，以道德教化与经济伦理为纽带，从农业生产中的帮工、搭套、换工等农事习惯，到乡村公益、生活消费、公共娱乐、共同建筑、丧葬祭祀、手工工艺、慈善救济、金融借贷等领域的日常合作，形成了覆盖整个乡村社会、农业生产与日常生活的互助合作体系。乡村民众的日常生活和人际关系离不开基于互惠、互换与互助的社会交换与回馈习惯，这是中共革命之前乡村运行秩序的有机组成部分。在伦理本位的社会结构基础上构筑的传统社会互助合作体系，自然具有差序格局影响下的特征：社会生活和经济交往局限于血缘关系、乡村社区，互助合作的范围主要限于亲属圈和居住地，其性质具有亲缘性和地缘性，经济生活中维持互助合作的制度如保甲、乡约、租佃、借贷等体系较为完备。不足的是，受制于伦理本位的社会结构，互助合作也存在非对称性，社会地位、个人权威、社会声望、经济地位也往往影响互助合作的公平性和对等性，它是一个超阶级合作机制，上至地主富农，下至穷困家庭，彼此之间均存在互助合作的需要与事实。

　　近代合作主义与互助论的东渐提供了变革传统互助与合作体系的思想资源。清末民初，无政府主义互助论与合作主义是作为两个独立思想流派输入中国的，直到20世纪20年代华洋义赈会的合作运动实践，互助与合作在实践层面才得以合流。在中国共产党的理论与实践探索中，农业互助合作运动为中国共产党找到了动员与组织群众和发展生产的极佳切入点。代表底层利益的中国共产党成功地将农业互助合作运动发展成为争取群众、动员群众的革命策略手段，并在土地革命、减租减息、土地改革等重大革命战略中发挥着重大影响。

中国共产党对农业生产事务的直接介入始于深入乡村、推行土地革命之际。土地革命造成了乡村社会结构和社会秩序的重大调整，传统农业互助与合作体系也趋于崩解和重构之中，中国共产党致力于构建更为公平的互助合作制度。以劳动互助社、耕田队、犁牛合作社、粮食合作社、消费合作社、生产合作社等为代表的劳动互助和合作组织担负起群众之间生产、生活的调剂、组织和配置功能；地主、富农、商人被排除在合作互助的大门之外，弱者合作、消灭剥削的特性彰显出来；苏区农业互助合作运动在运用革命动员策略、利用乡土社会组织资源、创新马列合作理论中，实现了较高程度的发育发展，进而成为与国营经济、私人经济三足鼎立的苏区经济支柱之一。可以说，在革命动员背景下，中国共产党有效地改造并创新了传统乡土社会的组织资源，实现了革命动员与乡村社会改造的双重目标，有效地促进了苏区的乡村社会变迁。

抗日战争时期，农业互助合作体系的变革与减租减息紧密相关。在租佃制度中，非对称性的合作与互助是业佃关系的常态，地主具有生产资本上的绝对优势，佃农则仅能以付出劳力为代价，寻求租佃关系的脆弱平衡。租佃关系中事实上的不平等和不公平性，剥削与被剥削关系的存在，体现出租佃关系的复杂面相。抗日战争时期，传统租佃制度的政治生态发生重大变化，建立在租佃关系基础上的劳动互助也出现了新的动向，互助主要发生在中农、贫农之间，地主、富农与佃农之间的合作互助开始弱化；伙种、安庄稼等一向被视为"落后"的租佃制度为地主大量采用，以获取尽可能多的收益，规避租佃收益损失；劳动互助不再是自发的土地—劳力交换关系，党和基层政权的生产动员成为互助合作发展的推动力量。减租减息使基于租佃制度的生产互助合作发生历史性转变，转向以"生产者"为中心建构新的劳动互助合作模式。

真正导致传统农业互助合作体系崩解的是土地改革。土地改革从整体上消灭了地主富农阶级，消灭了租佃与雇佣制度，农业互助合作依托的制度基础破坏殆尽，在中农化社会结构基础上重建平等、公正、互惠的变工换工机制是发展农业所必需的。土地改革之后，土地租佃几乎不复存在，基于租佃制度的土地、劳力、畜力、农具等生产资本的配置机制趋于消失，劳力剩余抑或短缺也因土地均分而减少。土地制度的变革，意味着需要构建新的互助合作模式。在大规模解放战争接近尾声、解放区民生建设业已展开，以及因革命而造成的解放区社会结构急剧变动的背景下，如何构建新的互助合作模式，成为中国共产党基层政权的新考验。为此，中国共产党从两方面着手搭建：其一，在自耕的基础上继续推动劳动互助与生产合作，以解决人力与畜力短缺问题。其二，随新民主主义革命发展而来的合作运动转型为以供销合作为主的合作制度，以促进城乡交流、农工互惠，提供供销合作服务。

从革命区域中共农业互助合作运动20余年的演变历程中可以发现，中共农业互助合作制度始终处于变动之中，造成传统乡村社会农业互助与日常合作变迁的原因如下。其一，土地革命、减租减息与土地改革等重大革命战略。以工人运动、农民运动为主体的群众运动，是中国共产主义革命中发动、宣传、组织、教育、动员和提高群众的基本革命策略。革命策略是实现中国共产主义革命目标的基本方案、方针政策与战略战术集合。具体到农业生产领域，就是"发展生产、保障供给"的目标如何实现，"自力更生、艰苦奋斗"的精神如何得以落实，以及"自己动手，克服困难，发展生产，丰衣足食"能否达成。农业互助合作运动提供了实现这一革命策略的基本路径。抗日战争时期，中国共产党的建国理政架构已经逐渐清晰起来，中国共产党在合作互助的实践和理论探索方面，均较苏维埃经济建设时期有了新的突破和进展。劳动互助、合作经济与减租减息、群众生产运动结合起来，纳入新民主主义经济建设的轨道，力图实现继土地革命之后的第二个革命——生产方式的改革和生产制度的革命。"新民主主义的政治、新民主主义的经济和新民主主义的文化相结合，这就是新民主主义共和国，这就是名副其实的中华民国，这就是我们要造成的新中国。"[①] 合作经济与国营经济、私营

---

① 《新民主主义论》（1940年1月），《毛泽东选集》（第二卷），人民出版社1991年版，第709页。

经济，构成新民主主义经济的主体，通过合作经济搭建通向社会主义桥梁的思路已经确立。

其二，推动农业互助合作变迁的还有中国共产党的强力生产动员。中国共产党在革命区域经济建设、发展农业的革命动员中，将"组织起来""第二个革命""合作社的新方针""生产必须领导""支部领导生产"等执政理念和决策主张，通过革命动员化作群众运动的指导方针，形成了群众运动如火如荼的局面。适应农业发展的季节性、周期性与规律性，中国共产党将一套思想动员、政治动员、经济动员的策略方法综合交替运用于农业生产的各个环节与领域，形成了生产动员的独特机制，群众性的大生产运动蓬勃发展。群众出于家庭利益与互助合作的收益之间的权衡考量，也采取了积极参与或消极应对互助合作的不同策略。在劳动互助合作运动中，中国共产党不断调整、优化生产动员的机制与模式，最大限度地实现动员组织群众生产，完成革命建国的目标。

中共农业互助合作的时代特征及其对革命区域乡村社会的影响，主要体现在以下三个方面。第一，重新建构了新的互助合作体系，即以互助社、变工组、合作社为组织基础的乡村经济互助体系，其特点是政府主导、群众主体、力避剥削。革命之前的乡村经济也存在着互助、合作的隐性规则和显性制度，租佃、雇佣、借贷都在事实上具有资源交换与配置的功能，其特点是自发形成、约定俗成、动力内生。土地改革之后，租佃制度、雇佣制度及高利贷体系不复存在，重建乡村的合作互助体系迫在眉睫。农业互助合作取代了传统的基于血缘、地缘关系形成的互助体系，租佃、雇佣、宗族、亲戚、村社、闾邻、社区邻里互助为现代化、制度化、契约化的合作制度所取代。第二，重新建构新的乡村社会关系。在群众与群众之间，互助、合作的互惠关系一直在延续；在党与群众之间，农民从传统社会关系中解脱出来，形成新的党群关系。中国共产党作为一个群众外来组织，在领导生产中一步步地介入群众中，并逐渐主导了群众生产与生活，形成了革命时期的党—群众关系。从党群关系充满拟人化、亲情化色彩的表述——如血肉联系、鱼水之情、唇齿相依、母子关系、舟水关系等，就可体现出党群关系不同以往的新特征。第三，重新建构乡村互助合作的运行机理，这也是主导未来中国社会走向的隐性制约。互助合作运动以自助互助、人人为我、我为人人、弱者联合、平民经济的价值观为指引，这样的价值观实际上是与社会发展的主流价值观相契合的。

中共农业互助合作运动的发展与变迁也给当下乡村建设带来一定的启示和警鉴。第一，要避免运动式社会治理，将群众运动的非理性、盲从性行为提升为制度化、契约化的互助合作行为。第二，互助合作的价值理念对构建良好的人际关系和构建和谐社会也是有借鉴意义的。重建社会生活的互助合作体系，营造互帮互助、和谐友善的社会氛围，互助合作精神须臾不可或缺。践行社会主义核心价值观，也不能排除对人们之间互助合作的倡扬和重视。第三，党—群众关系、国家—社会关系应该保持适度边界与适度参与。从革命区域劳动互助和合作运动的发展来看，国家政权的强力介入是其难以发展或走入弯路的主要原因，强迫命令、强制编组与强行互助，造成群众对劳动互助和合作运动的漠视敷衍、抵制反对乃至反抗。党的领导角色和政府的扶持是建立在"发现群众"的基础上的，"经济工作一切以发展扶持生产为主，在这一期末了已经明确了，经过救灾在生产问题上已经指出了只有人民大众自觉的生产运动，才能把生产搞好，以群众丰富的创造，可以克服困难，创造财富。仁政观点的领导生产、领导救灾，都不是基本上解决问题的办法"。① 党与政府的包办代替还以往往裹着"恩赐"的外衣，同样是党—群众关系的错位。第四，承继传统互助合作传统，创新互助合作机制。传统乡村互助合作的两大基石是宗族血亲伦理与租佃雇佣借贷等契约制度，在革命将此两大基石破坏殆尽之余，社会重建的道德力量除了依靠集体主义、社会主义，还需要吸收来自传统道德的精粹和互助合作精神，弥补市场经济之缺失和社会道德沉沦的缺憾。

农业互助合作运动作为一种革命策略，是面向群众的根据地生产动员策略；同时，也是最根本的，农业互助合作还是为向社会主义转变作准备的运动，包含着中共革命更为宏远的理想与愿景。总体而言，革命时期的中共农业互助合作运动是适应乡村革命、农业社会的基本特征的，也是着重强调劳动互助是农业居于第一位的思想的体现，在农业现代化程度尚浅的革命区域，这是符合社会经济发展程度的革命策略。合作运动是工业革命的产物，是对现代化与工业化造成的经济剥削、社会不公、阶级差别的社会纠转机制，易见于工业化与现代化程度较高的地区，因此在革命

---

① 晋冀鲁豫财经办事处：《晋冀鲁豫的财政经济工作》（1947 年 5 月），《华北解放区财政经济史料选编》（第一辑），中国财政经济出版社 1996 年版，第 215 页。

区域的发展就显得稍微滞后。这也是革命时期中国共产党强调劳动互助而淡化合作运动的原因所在。但待到中国共产党从革命转向建设、从乡村转向城市之际，合作运动就随着时势之移转而以供销合作的形式凸显出自身的价值。在中华人民共和国时期，劳动互助合作运动给乡村社会带来了比革命年代更为剧烈的影响和冲击，集体化、合作化背景下的劳动互助与生产合作，以及家庭承包经营背景下的劳动互助与生产合作，也与革命年代的劳动互助合作大异其趣。对此，笔者将作为新的研究专题继续加以探究。

参考文献

一 馆藏档案

[1] 滨海区委组织部:《一九四四年生产中的支部工作总结》,1944 年 9 月,临沂市档案馆 0003 - 01 - 0008 - 001。

[2] 滨海专署合作工作队:《六地委专署合作工作队初步工作总结》,1949 年 6 月 20 日,临沂市档案馆 0004 - 01 - 0070 - 001。

[3] 滨海专署合作工作队:《六地委专署合作工作队二次工作总结》,1949 年 7 月,临沂市档案馆 0004 - 01 - 0070 - 002。

[4] 二地委:《关于变工组织问题》,1948 年 6 月,临沂市档案馆 0001 - 01 - 0020 - 007。

[5] 二地委生救会:《张庄区三个问题的汇报》,1948 年 4 月 24 日,临沂市档案馆 0001 - 01 - 0046 - 017。

[6] 二地委生救会:《从生产变工中完成春耕救荒的两个材料》,1949 年 5 月 1 日,临沂市档案馆 0001 - 01 - 0020 - 012。

[7] 二地委生救会:《生产变工及土地悬案的处理问题》,1948 年 5 月 8 日,临沂市档案馆 0001 - 01 - 0020 - 009。

[8] 二地委生救会:《郭长圣变工组如何从算账中看到好处的》,1949 年 5 月 9 日,临沂市档案馆 0001 - 01 - 0020 - 010。

[9] 国司全、张光彦、刘德秀、杨雷:《两个动员变工组长两种思想两种效果》,1948 年,临沂市档案馆 0001 - 01 - 0042 - 003。

[10] 李开运:《给董、尚部长并程专员介福同志的一封信》,1948 年 5 月 6 日,临沂市档案馆 001 - 01 - 0020 - 013。

[11] 鲁中南二地委:《二地委四月份生产救灾工作报告》,1949 年 4 月 28 日,临沂市档案馆 0001 - 01 - 0019 - 007。

［12］鲁中南二地委：《二地委春耕工作总结》，1949 年 6 月 2 日，临沂市档案馆 0001 - 01 - 0019 - 013。

［13］鲁中南二地委：《推广蒙阴县在组织生产方面点滴经验的通知》，时间不详，临沂市档案馆 0001 - 01 - 0020 - 008。

［14］鲁中南二地委：《鲁中南二地委各县春耕生产情况统计表》，1949 年 6 月 1 日，临沂市档案馆 0001 - 01 - 0019 - 009。

［15］《鲁中南区整理发展合作社初步贯彻新方针典型介绍》，1949 年 7 月 15 日，临沂市档案馆 0002 - 01 - 0034。

［16］滨海专署合作工作队：《莒南县路镇区东赤石沟合作社贯彻新方针的介绍》，1949 年 8 月，临沂市档案馆 0004 - 01 - 0071 - 002。

［17］滨海专署合作工作队：《莒南县路镇东南部永兴合作社整理改造过程总结》，1949 年 8 月，临沂市档案馆 0004 - 01 - 0072 - 002。

［18］蒙山县委：《七月份变工组织处理地权统计表》，1948 年 7 月，临沂市档案馆 0001 - 01 - 0042 - 013。

［19］蒙山县委：《蒙山县九月份生支工作总结报告》，1948 年 10 月 5 日，临沂市档案馆 0001 - 01 - 0057 - 012。

［20］蒙山县委：《蒙山县生产支前工作报告》，1948 年 9 月 16 日，临沂市档案馆 0001 - 01 - 0057 - 008。

［21］蒙山县委：《蒙山县检查组工作报告》，1948 年 10 月 29 日，临沂市档案馆 0001 - 01 - 0042 - 020。

［22］蒙山县委：《蒙山县委薛庄区生产工作概况》，1949 年，临沂市档案馆 0001 - 01 - 0065 - 016。

［23］蒙阴县委：《县委对秋收秋种工作的补充指示》，1948 年 8 月 17 日，临沂市档案馆 0001 - 01 -- 0042 - 005。

［24］蒙阴县团部区：《蒙阴县团部区孙家麻峪村生产总结与秋收计划》，1949 年 8 月 5 日，临沂市档案馆 0001 - 01 - 0065 - 015。

［25］山东分局调查研究室：《莒南县三区十一村阶级关系的变化》，1945 年 8 月 5 日，临沂市档案馆 0003 - 01 - 0014 - 002。

［26］山东省人民政府实业厅：《1949 年度山东合作社工作报告》，1949 年，临沂市档案馆 0002 - 01 - 0035 - 001。

［27］徐健：《关于秋种工作给张周政委的信》，1949 年 8 月 13 日，临沂市档案馆 0001 - 01 - 0097 - 026。

[28] 沂东县委:《生产支前工作总结》,1948 年 10 月 5 日,临沂市档案馆 0001 - 01 - 0057 - 010。

[29] 沂东县委:《十月份生产工作总结》,1948 年 10 月 29 日,临沂市档案馆 0001 - 01 - 0042 - 023。

[30] 沂东县委:《沂东县城子区姜家庄生产变工材料》,1948 年 5 月 24 日,临沂市档案馆 0001 - 01 - 0042 - 001。

[31] 沂东县委:《春耕生产综合报告》,1949 年 5 月 23 日,临沂市档案馆 0001 - 01 - 0065 - 007。

[32] 沂蒙地委:《岸堤区生救工作的汇报记录》,1948 年,临沂市档案馆 0001 - 01 - 0046 - 015。

[33] 沂东县委:《多锄一遍地的进行简报》,1949 年 5 月 27 日,临沂市档案馆 0001 - 01 - 0097 - 022。

[34] 沂蒙二地委:《土山区工作布置及简单情况》,1949 年 7 月,临沂市档案馆 0001 - 01 - 0019 - 015。

[35] 沂蒙地委:《地委对执行区党委关于今后(至明年二月)农村工作几个问题意见的方案》,1949 年 11 月 26 日,临沂市档案馆 0001 - 01 - 0019 - 027。

[36] 沂蒙地委:《沂蒙二地委关于夏季生产的指示信》,1949 年 7 月 15 日,临沂市档案馆 0001 - 01 - 0019 - 019。

[37] 沂蒙地委:《关于冬耕工作给各县委的一封信》,1949 年 11 月 19 日,临沂市档案馆 0001 - 01 - 0019 - 036。

[38] 沂蒙地委:《沂蒙区一九四九年秋季收成与灾荒情况》,1949 年 9 月 15 日,临沂市档案馆 0001 - 01 - 0019 - 028。

[39] 沂蒙地委:《沂蒙地委一九四九年一年来农业生产救灾工作总结》,1950 年 1 月 20 日,临沂市档案馆 0001 - 01 - 0019 - 001。

[40] 沂蒙地委:《沂蒙区一九四九年秋季收成与灾荒情况》,1949 年 9 月 15 日,临沂市档案馆 0001 - 01 - 0019 - 028。

[41] 沂蒙专署:《支前工作民力总结材料》,1949 年 2 月,临沂市档案馆 0002 - 01 - 0005 - 012。

[42] 沂南县铁山区:《沂南铁山区前朱阳支部领导生产总结》,1949 年,临沂市档案馆 0001 - 01 - 0065 - 019。

[43] 沂南县委:《沂南一九四五年大生产运动的初步指示提纲》,1945

年 3 月 23 日，临沂市档案馆 0001 - 01 - 0009 - 007。

［44］沂南县委：《沂南岸堤区大头庄检查生产情况》，1949 年 8 月 24 日，临沂市档案馆 0001 - 01 - 0065 - 008。

［45］沂南县委：《界湖北村梁凤武变工组的麦收总结》，1948 年 6 月 15 日，临沂市档案馆 0001 - 01 - 0042 - 012。

［46］沂源县委：《组织变工与巩固提高变工组中应注意的几个问题》，1948 年，临沂市档案馆 0001 - 01 - 0042 - 002。

［47］沂源县委：《沂源县委关于春耕工作总结》，1949 年 5 月 21 日，临沂市档案馆 0001 - 01 - 0065 - 006。

［48］沂源县委：《秋收秋种工作总结报告》，1949 年 11 月 2 日，临沂市档案馆 0001 - 01 - 0065 - 003。

［49］沂源县委：《张庄区娄家铺子村秋收总结与算账打谱评功选模简要总结》，1949 年 12 月 14 日，临沂市档案馆 0001 - 01 - 0065 - 004。

［50］沂源县委：《西台村农业生产调查》，1949 年，临沂市档案馆 0001 - 01 - 0065 - 017。

［51］沂中县委：《冬耕备荒秋征工作总结》，1949 年 4 月 14 日，临沂市档案馆 0001 - 01 - 0065 - 001。

［52］沂中县委：《十月份生产工作总结》，1948 年 11 月 1 日，临沂市档案馆 0001 - 01 - 0042 - 010。

［53］责任者不详：《附件之三　娄家铺子是怎样整理的变工组织》，1948 年 5 月 26 日，临沂市档案馆 0001 - 01 - 0045 - 005。

［54］责任者不详：《沂南生产救灾中具体问题的解决》，1948 年，临沂市档案馆 0001 - 01 - 0046 - 023。

［55］责任者不详：《夏锄夏种及抗旱贯彻情形》，1949 年，临沂市档案馆 0001 - 01 - 0045 - 012。档案注明时间是 1948 年，但时间应为 1949 年麦收后，因行文中提到传达二中全会决议，故材料反映的应是 1949 年夏锄夏种抗旱情形。

［56］责任者不详：《鲁中南滨海区合作事业历年来总结》，时间不详，山东省档案馆 G018 - 01 - 13 - 2。

二　个人文集（文选）、选集

［1］毛泽东：《毛泽东选集》，人民出版社 1991 年版。

[2] 毛泽东:《毛泽东农村调查文集》,人民出版社 1982 年版。

[3] 毛泽东:《毛泽东书信选集》,人民出版社 1983 年版。

[4] 毛泽东:《毛泽东文集》,人民出版社 1996 年版。

[5] 刘少奇:《刘少奇选集》,人民出版社 1981 年版。

[6] 陈云:《陈云文选》,人民出版社 1995 年版。

[7] 任弼时:《任弼时选集》,人民出版社 1987 年版。

[8] 恽代英:《恽代英文集》,人民出版社 1984 年版。

[9] 李大钊:《李大钊文集》,人民出版社 2006 年版。

[10] 蔡元培著,中华书局编辑:《蔡元培选集》,中华书局 1959 年版。

[11] 中共中央文献研究室、中华全国供销合作总社:《刘少奇论合作社经济》,中国财政经济出版社 1987 年版。

[12] 杨连江、张明明摘编:《马克思　恩格斯　列宁　斯大林论合作社》,中国商业出版社 1985 年版。

三　民国时期著作、文献

[1] 陈伯庄:《平汉沿线农村经济调查》,交通大学研究所 1936 年版。

[2] 冯和法:《中国农村经济资料续编》,黎明书局 1935 年版。

[3] 冯紫岗编:《嘉兴县农村调查》,国立浙江大学、嘉兴县政府 1936 年印行。

[4] 国民政府主计处统计局编:《中国租佃制度之统计分析》,正中书局 1942 年版。

[5] 顾复编:《农村社会学》,商务印书馆 1924 年版。

[6] 黄强编著:《中国保甲实验新编》,正中书局 1935 年版。

[7] 侯哲莽:《合作理论》,上海黎明书局 1937 年版。

[8] [俄] 克鲁泡特金:《互助论》,朱冼译,开明书店 1948 年版。

[9] [法] 拉来桑:《生存互助论》,吴克刚译,商务印书馆 1947 年版。

[10] 伍玉璋编:《中国合作运动小史》,中国合作学社 1929 年印行。

[11] 行政院农村复兴委员会编:《江苏省农村调查》,商务印书馆 1934 年版。

[12] 中国农民银行委托金陵大学农学院农业经济系调查编纂:《豫鄂皖赣四省之租佃制度》,金陵大学农业经济系 1936 年印行。

[13] 于树德:《合作社之理论与经营》,中华书局 1929 年版。

四　资料汇编、选编

[1] 史敬棠等编:《中国农业合作化运动史料》,生活·读书·新知三联书店 1957 年版。

[2] 章有义编:《中国近代农业史资料》(第二、三辑),生活·读书·新知三联书店 1957 年版。

[3] 全国供销合作总社编:《中国供销合作社史料选编》(第二辑),中国财政经济出版社 1990 年版。

[4] 中央档案馆编:《中共中央文件选集》(全 18 册),中共中央党校出版社 1989—1992 年版。

[5] 中国人民解放军政治学院党史教研室编:《中共党史参考资料》,中国人民解放军政治学院党史教研室 1979 年版。

[6] 韩延龙、常光儒编:《中国新民主主义革命时期根据地法制文献选编》,中国社会科学出版社 1981 年版。

[7] 江西省档案馆编:《井冈山革命根据地史料选编》,江西人民出版社 1986 年版。

[8] 江西省档案馆、江西省委党校党史教研室编:《中央革命根据地史料选编》(全三册),江西人民出版社 1982 年版。

[9] 井冈山革命博物馆编:《井冈山革命根据地》,中共党史资料出版社 1987 年版。

[10] 罗荣桓、谭震林等著,中共井冈山党委宣传部编汇:《回忆井冈山斗争时期》,江西人民出版社 1983 年版。

[11] 江西省委党史研究室等编:《中央革命根据地历史资料文献·党的系统》(全五册),中央文献出版社、江西人民出版社 2011 年版。

[12] 孙照海选编:《陕甘宁边区见闻史料汇编》(全三册),国家图书馆出版社 2010 年版。

[13] 中共西北中央局调查研究室编:《陕甘宁边区生产运动丛书》,1944 年印行。

[14] 陕西省档案馆、陕西省社会科学院合编:《陕甘宁边区政府文件选编》(全 14 册),档案出版社 1986—1988 年版。

[15] 甘肃省社会科学院历史研究室编:《陕甘宁革命根据地史料选辑》(全五辑),甘肃人民出版社 1981—1985 年版。

[16] 张闻天选集传记组等编:《张闻天晋陕调查文集》,中共党史出版社1994年版。

[17] 《组织起来——陕甘宁晋绥边区关于生产运动的文献》(全七辑),中共晋绥分局1944年印行。

[18] 楚云:《陕北纪实》,汉口读书生活出版社1938年版。

[19] 陕甘宁边区财政经济史编写组、陕西省档案馆编:《抗日战争时期陕甘宁边区财政经济史料摘编》(全九册),陕西人民出版社1981年版。

[20] 晋绥边区财政经济史编写组、山西省档案馆编:《晋绥边区财政经济史资料选编(农业编)》,山西人民出版社1986年版。

[21] 《晋绥边区关于变工互助的几个问题》,冀南书店1946年版。

[22] 晋察冀边区行政委员会实业处、农会:《晋察冀边区的劳动互助》,晋察冀边区行政委员会实业处、农会1946年编印。

[23] 晋察冀边区财政经济史编写组等编:《抗日战争时期晋察冀边区财政经济史资料选编(农业编)》,南开大学出版社1984年版。

[24] 华北解放区财政经济史资料编辑组编:《华北解放区财政经济史料选编》,中国财政经济出版社1996年版。

[25] 河北省历史研究所、河北省档案馆编:《晋察冀抗日根据地史料选编》,河北人民出版社1983年版。

[26] 河北省档案馆编:《河北土地改革档案史料选编》,河北人民出版社1990年版。

[27] 太行革命根据地史总编委会编:《太行革命根据地史料丛书之七——群众运动》,山西人民出版社1989年版。

[28] 华北人民政府财政部编:《一九四七年华北区农村经济调查》,1949年版。

[29] 中央档案馆、河北省社会科学院:《晋察冀解放区历史文献选编(1945—1949)》,中国档案出版社1998年版。

[30] 《晋察冀抗日根据地》史料丛书编审委员会、中央档案馆编:《晋察冀抗日根据地》,中共党史资料出版社1988—1991年版。

[31] 山东省档案馆、山东社会科学院历史研究所合编:《山东革命历史档案资料选编》(全23辑),山东人民出版社1982—1986年版。

[32] 中共山东省委党史资料征集研究委员会编:《山东抗日根据地》,中

共党史资料出版社 1989 年版。

[33] 杨耕今整理:《抗日战争时期山东滨海区农村经济调查》,《山东党史资料》1989 年 5 月。

[34] 山东省财政科学研究所、山东省档案馆合编:《山东革命根据地财政史料选编》(内部资料),1985 年版。

[35] 中共山东省委党史研究室:《深切怀念高克亭同志》,中共党史出版社 2002 年版。

[36] 山东省地方史志编辑委员会编:《山东省志·供销合作社志》,山东人民出版社 1995 年版。

[37] 秦孝仪主编:《革命文献》(84),台湾"中国国民党中央委员会党史委员会"1980 年版。

五　民国时期报纸杂志

《农村》《建设》《合作供销》《农林杂志》《农村复兴委员会会报》《时事月报》《农行月刊》《合作月刊》《农赈月刊》《浙江建设月刊》《史地社会论文摘要》《民间》《合作月刊》《中国实业杂志》《合作讯》《农村合作》《乡村建设》《道南》《新农村》《平民》《东方杂志》《新青年》《语丝》《星期评论》《银行周报》《湖北省农会会报》《地政月刊》《农事月刊》《河南实业周刊》《中华农学会报》《国闻周报》《东三省官银号经济月刊》《统计月报》《中农月刊》《独立评论》《中国农村》《斗争》《红色中华》《莒南小报》《解放日报》《大众日报》

六　学术著作

[1] 余伯流、陈钢:《井冈山革命根据地全史》(修订本),江西人民出版社 2007 年版。

[2]《井冈山革命根据地的经济斗争》编写组:《井冈山革命根据地的经济斗争》,江西人民出版社 1977 年版。

[3] 赖建诚:《近代中国的合作经济运动——社会经济史的分析》,(台北)正中书局 1990 年版。

[4] 南开大学历史系中国现代史研究室编、江沛主编:《二十世纪的中国农村社会》,中国档案出版社 1996 年版。

[5] 王贵宸编著:《中国农村合作经济史》,山西经济出版社 2006 年版。

[6] 魏本权:《农村合作运动与小农经济变迁——以长江中下游地区为中心 (1928—1949)》,人民出版社 2012 年版。

[7] 温锐:《中央苏区土地革命研究》,南开大学出版社 1991 年版。

[8] 赵泉民:《政府·合作社·乡村社会——国民政府农村合作运动研究》,上海社会科学院出版社 2007 年版。

[9] [美] 马克·赛尔登:《革命中的中国:延安道路》,魏晓明、冯崇义译,社会科学文献出版社 2002 年版。

[10] Peter Schran, *Guerrilla Economy*: *The Development of the Shensi-Kansu-Ningshia Border Region*, *1937 – 1945*, Albany: State University of New York Press, 1976.

[11] Pauline B. Keating, *Two Revolutions*: *Village Reconstruction and the Co-operative Movement in Northern Shaanxi*: *1934 – 1945*, Stanford: Stanford University Press, 1997.

[12] Gordon Bennet, *Yundong*: *Mass Campaigns in Chinese Communist Leadership*, China Research Monographs, University of California, Berkeley, 1976.

[13] [美] 弗里曼、毕克伟、赛尔登:《中国乡村,社会主义国家》,陶鹤山译,社会科学文献出版社 2002 年版。

[14] [法] 勒庞:《乌合之众》,广西师范大学出版社 2011 年版。

[15] [法] 勒庞:《革命心理学》,吉林人民出版社 2011 年版。

[16] [美] 埃里克·霍弗:《狂热分子:群众运动圣经》,广西师范大学出版社 2011 年版。

[17] [加拿大] 伊丽莎白·柯鲁克、[英] 大卫·柯鲁克:《十里店——中国一个村庄的群众运动》,北京出版社 1982 年版。

[18] [美] 韩丁:《翻身——中国一个村庄的革命纪实》,北京出版社 1980 年版。

[19] 费孝通:《乡土中国　生育制度》,北京大学出版社 1998 年版。

[20] 王铭铭:《村落视野中的文化与权力:闽台三村五论》,生活·读书·新知三联书店 1997 年版。

[21] 尹树生:《合作经济概论》,(台北) 三民书局 1980 年版。

[22] 萧延中编:《外国学者评毛泽东》,中国工人出版社 1997 年版。

[23] 吴藻溪编:《近代合作思想史》,棠棣出版社 1950 年版。

［24］尹树生编著：《合作经济概论》，（台北）三民书局 1980 年版。

［25］［美］何维·莫林：《合作的微观经济学》，童乙伦、梁碧译，格致出版社 2010 年版。

［26］［美］马丁·诺瓦克、罗杰·海菲尔德：《超级合作者》，龙志勇、魏薇译，浙江人民出版社 2013 年版。

［27］［美］罗伯特·阿克塞尔罗德：《合作的进化》，吴忠坚译，上海人民出版社 2007 年版。

［28］［美］曼瑟尔·奥尔森：《集体行动的逻辑》，陈郁等译，上海三联书店 2004 年版。

［29］张佩国：《地权·家户·村落》，学林出版社 2007 年版。

［30］张思：《近代华北村落共同体的变迁——农耕结合习惯的历史人类学考察》，商务印书馆 2005 年版。

［31］杨懋春：《一个中国村庄：山东台头》，张雄、沈炜、秦美珠译，江苏人民出版社 2001 年版。

［32］林耀华：《金翼：中国家族制度的社会学研究》，庄孔韶、林宗成译，生活·读书·新知三联书店 1989 年版。

［33］费孝通：《江村经济——中国农民的生活》，商务印书馆 2001 年版。

［34］［俄］克鲁泡特金：《互助论：进化的一个要素》，李平沤译，商务印书馆 1997 年版。

［35］陈岩松：《中华合作事业发展史》，（台北）台湾商务印书馆 1983 年版。

［36］余伯流、凌步机：《中央苏区史》，江西人民出版社 2001 年版。

［37］高王凌：《租佃关系新论——地主、农民和地租》，上海书店出版社 2005 年版。

［38］［美］白凯：　《长江下游地区的地租、赋税与农民的反抗斗争，1840—1950》，林枫译，上海书店出版社 2005 年版。

［39］李德英：《国家法令与民间习惯：民国时期成都平原租佃制度新探》，中国社会科学出版社 2006 年版。

［40］张玮：《战争·革命与乡村社会——晋西北租佃制度与借贷关系之研究》，中国社会科学出版社 2008 年版。

［41］彭大成：《列宁的社会主义观》，湖南师范大学出版社 2002 年版。

［42］薛暮桥：《抗日战争时期和解放战争时期山东解放区的经济工作》，人民出版社 1979 年版。

[43] 申春生：《山东抗日根据地史》，山东大学出版社 1993 年版。

[44] 岳海鹰、唐致卿：《山东解放区史稿（抗日战争卷）》，中国物资出版社 1998 年版。

[45] 王友明：《解放区土地改革研究：1941—1948——以山东莒南县为个案》，上海社会科学院出版社 2006 年版。

[46] ［美］詹姆斯·R. 汤森、布兰特利·沃马克：《中国政治》，江苏人民出版社 1996 年版。

[47] 张玮：《晋西北租佃制度与借贷关系之研究——战争·革命与乡村社会》，中国社会科学出版社 2008 年版。

[48] 傅衣凌、杨国桢：《明清福建社会经济与乡村社会》，厦门大学出版社 1988 年版。

[49] 柴树藩、于光远、彭平：《绥德、米脂土地问题初步研究》，人民出版社 1979 年版。

[50] 许毅：《中央革命根据地财政经济史长编》，人民出版社 1980 年版。

[51] 萧鸿麟：《中国农业生产互助合作》，中华书局 1954 年版。

[52] 余伯流、夏道汉：《井冈山革命根据地研究》，江西人民出版社 1987 年版。

[53] ［美］胡素珊：《中国的内战——1945—1949 年的政治斗争》，王海良等译，中国青年出版社 1997 年版。

[54] ［美］彼得·布劳：《社会生活中的交换与权力》，孙非、张黎勤译，华夏出版社 1988 年版。

[55] 中国财政学会财政史专业委员会、中央财经大学财政与公共管理学院编：《财政制度与经济发展历史问题研究》，中国财政经济出版社 2005 年版。

[56] 叶扬兵：《中国农业合作化运动研究》，知识产权出版社 2006 年版。

[57] 苏晓云：《毛泽东农民合作组织思想与实践研究——基于"组织起来"的思索与考察》，中央编译出版社 2012 年版。

[58] 张曼茵：《中国近代合作化思想研究（1912—1949）》，上海书店出版社 2010 年版。

[59] 蒋玉珉：《合作经济思想史论》，安徽人民出版社 2008 年版。

［60］［日］内山雅生：《二十世纪华北农村社会经济研究》，李恩民、邢丽荃译，中国社会科学出版社 2001 年版。

七　学术（学位）论文

［1］何友良：《权能分担与社会整合——国家与社会关系视野下的苏区社团》，《近代史研究》2014 年第 3 期。

［2］厉以宁：《论互助共济在效率增长中的作用》，《中南工业大学学报》（社会科学版）1999 年第 2 期。

［3］李小红：《中国传统农业生产互助组织模式研究》，《黔南民族师范学院学报》2007 年第 1 期。

［4］衣保中：《试论抗日战争时期解放区的租佃形态》，《中共党史研究》1990 年第 2 期。

［5］刘玲：《抗战时期中共政权建构下的租佃关系与雇佣关系——以 20 世纪 40 年代张闻天在晋陕农村调查为个案》，《求索》2009 年第 4 期。

［6］张玮、岳谦厚：《米脂县杨家沟马家地主租佃关系考察——以 1942 年张闻天调查为中心》，《江汉论坛》2008 年第 8 期。

［7］历史系实习调查队：《第二次国内革命战争时期的才溪互助合作运动》，《厦门大学学报》1959 年第 1 期。

［8］朱玉湘：《我国民主革命时期的农业互助合作运动》，《文史哲》1957 年第 4 期。

［9］张水良：《抗日战争时期陕甘宁边区的农业互助合作》，《历史教学》1959 年第 9 期。

［10］张剑锋：《第二次国内革命战争时期长冈乡的农业互助合作运动》，《安徽劳动大学学报》1978 年第 1 期。

［11］马福英：《抗日战争时期的农业互助合作运动》，《河北师范学院学报》1983 年第 2 期。

［12］何文孝、高长林：《抗日战争时期陕甘宁边区的农业劳动互助》，《陕西财经学院学报》1983 年第 1 期。

［13］李祥瑞：《合作社经济在陕甘宁边区经济建设上的地位》，《西北大学学报》1981 年第 3 期。

［14］刘大可：《山东解放区的农业互助合作运动》，《东岳论丛》1991 年

第 3 期。

[15] 刘宏:《抗战时期晋察冀边区的劳动互助》,《河北学刊》1992 年第 3 期。

[16] 侯德础:《30 年代中期以前的中共合作社主张与实践》,《四川师范大学学报》1996 年第 1 期。

[17] 徐有礼:《试论抗日根据地的劳动互助合作》,《郑州大学学报》1993 年第 6 期。

[18] 王晋林:《"抗战胜利的必由之路"——论陕甘宁边区农业生产的互助合作》,《兰州学刊》2004 年第 4 期。

[19] 赵泉民:《试论抗战前中国共产党对农村合作化的认识与实践》,《许昌师专学报》2001 年第 1 期。

[20] 梅德平:《共和国成立前革命根据地互助合作组织变迁的历史考察》,《中国农史》2004 年第 2 期。

[21] 赵泉民、侯德彤:《经济网络与社会动员:革命时期中国共产党乡村合作运动社会效用分析——兼与国民政府乡村合作社之比较》,《晋阳学刊》2008 年第 1 期。

[22] 黄正林:《抗战时期陕甘宁边区劳动力资源的整合》,《中国农史》2004 年第 1 期。

[23] 田有煌:《合作运动中的苏维埃政府和民众的选择——以中央苏区消费合作为例》,《赣南师范学院学报》2012 年第 1 期。

[24] 马冀:《抗战时期陕甘宁边区的农业互助合作运动》,《河南理工大学学报》(社会科学版)2008 年第 2 期。

[25] 王晓荣、李斌:《陕甘宁边区互助合作运动的社会治理功能论析》,《宁夏大学学报》2011 年第 3 期。

[26] 俞小和:《调整与变迁:淮北抗日根据地的互助合作运动》,《安徽史学》2013 年第 4 期。

[27] 张玮、李翠青:《中共晋西北抗日根据地劳动互助政策及其实践评析》,《古今农业》2006 年第 3 期。

[28] 贺文乐:《晋西北变工互助探微(1946—1949)——以偏关县为个案之分析》,《山西高等学校社会科学学报》2012 年第 3 期。

[29] 贺文乐:《农业互助合作运动中各阶层参与度分析——以晋绥边区偏关县为例》,《农业考古》2012 年第 6 期。

［30］贾滕：《农户意愿与国家意志：土改前后乡村互助合作的动态分析——以河南商水县为例（1949—1954）》，《甘肃社会科学》2010年第 1 期。

［31］王河魁、张增田：《抗战前山西农村传统的互助合作形式》，《山西农业大学学报》1992 年第 1 期。

［32］周婷婷：《以乡村民众的视角探寻历史发展的多面性——以土改前山东根据地农民互助状况为例》，《山东社会科学》2012 年第 3 期。

［33］李里峰：《土改中的诉苦：一种民众动员技术的微观分析》，《南京大学学报》2007 年第 5 期。

［34］李放春：《苦、革命教化与思想权力——北方土改期间的"翻心"实践》，《开放时代》2010 年第 10 期。

［35］李放春：《"华北难题"与土改"阶级斗争"——评胡素珊的"统治阶级论"》，《近代史研究》2013 年第 2 期。

［36］刘金海：《互助：中国农民合作的类型及历史传统》，《社会主义研究》2009 年第 4 期。

［37］舒远招：《互助论进化伦理学——克鲁泡特金的"进化伦理学"构想》，《山西师范大学学报》2008 年第 5 期。

［38］吴浪波：《互助论在清末的传播与影响》，《中州学刊》2005 年第 2 期。

［39］邹振环：《20 世纪轰动中国的〈互助论〉》，《民国春秋》1995 年第 6 期。

［40］李怡：《近代中国从竞争到互助进化论的文化转向与文化回归现象——兼论中国无政府主义者的道德建设误区与戒鉴》，《华中师范大学学报》2004 年第 2 期。

［41］陈桂香：《"互助论"无政府主义与李大钊的马克思主义观》，《山东大学学报》2006 年第 2 期。

［42］郭伟伟：《从空想到科学——互助论对中国先进知识分子影响之探析》，《当代世界与社会主义》2003 年第 3 期。

［43］张侃：《传统的利用与改造——对中央苏区经济的一个思考》，《党史研究与教学》2001 年第 4 期。

［44］熊吉陵、黄诚：《论中央苏区时期的农村合作制经济建设》，《江西社会科学》2006 年第 10 期。

［45］赵冈：《从制度学派的角度看租佃制》，《中国农史》1997 年第

2 期。

[46] 彭波:《国家、制度、要素市场与发展——近世租佃制度研究》,
《中国经济史研究》2011 年第 4 期。

[47] 赵亮、龙登高:《土地租佃与经济效率》,《中国经济问题》2012 年
第 3 期。

[48] 李金铮:《矫枉不可过正:从冀中定县看近代华北平原租佃关系的
复杂本相》,《近代史研究》2011 年第 6 期。

[49] 史建云:《近代华北平原佃农的土地经营及地租负担——近代华北
平原租佃关系探索之二》,《近代史研究》1998 年第 6 期。

[50] 史志宏:《20 世纪三四十年代华北平原农村的租佃关系和雇佣关
系——以河北省清苑县 4 村为例》,《中国经济史研究》2003 年第
1 期。

[51] 安宝:《“不在地主”与城乡关系——以租佃关系为视角的个案分
析》,《东北师范大学学报》2011 年第 1 期。

[52] 黄志繁:《地域社会变革与租佃关系——以 16—18 世纪赣南山区为
中心》,《中国社会科学》2003 年第 6 期。

[53] 秦晖:《关于传统租佃制若干问题的商榷》,《学术月刊》2006 年第
9 期。

[54] 甘泉、骆郁廷:《社会动员的本质探析》,《学术探索》2011 年第
12 期。

[55] 周婷婷:《20 世纪上半期山东乡村互助研究》,山东大学,博士学
位论文,2012 年。

[56] 吴浪波:《互助论在近代中国的传播与影响》,湖南师范大学,硕士
学位论文,2005 年。

[57] 卞国凤:《近代以来中国乡村社会民间互助变迁研究》,南开大学,
博士学位论文,2010 年。

[58] 李玉敏:《民主革命时期国共两党合作社经济政策比较研究》,东北
师范大学,博士学位论文,2007 年。

[59] 王俊斌:《改造农民:中国农业合作化运动研究——以山西省保德
县为中心》,首都师范大学,博士学位论文,2009 年。

后　记

本书为 2010 年度教育部人文社会科学研究青年基金资助项目"革命策略与合作运动：革命动员视角下中共农业互助合作运动研究（1927—1949）"（项目批准号：10YJC770094）的最终研究成果。在项目团队成员的共同努力下，历经近 4 年的协同研究，课题终于得以完成，本书也即将付梓出版。借此之机，谨将自己研究历程中的感悟及感恩之心简陈一二。

本书的研究主题是十多年来我始终关注的互助合作问题。我生于农村，长于乡下，如今仍然时常有机会观察和体认乡村生活。当下农业生产的条件在变化，拖拉机代替了耕牛，农业机械代替了犁耙、小推车与锄头，化肥农药代替了传统肥料，农业生产中彰显出无处不在的技术进步。但是每到暮春花生种植时节，回到乡下仍能看到田野里两三家庭结对、互助劳作的情景；仲夏麦收之际，三两家庭的联合收割打麦也不罕见；至于宗亲之间家族事务的互助更是屡见不鲜。可见当下乡村生活中互帮互助的传统仍然不绝于缕，乡村生活与生产中变与不变的背后，是什么力量让乡愁延续、乡情不改？有一点可以肯定的是，在急剧社会变迁的背后，互助合作的传统一致隐然延续、传承不辍。于是我就在对农村合作运动与小农经济变迁的研究完成之后继续展开了本项目的研究。

从项目立项到具体研究的展开，直至本书的出版，凝结了众多师友的深情关爱、学界专家的无私指导、学校的大力支持，想起他们给予我的关爱和厚望，备觉无限感动与感激！项目研究期间，曾借海外访学及参加学术会议之机，有幸得到加州大学伯克利分校东亚研究所所长叶文心教授、南京大学马俊亚教授及南开大学江沛教授、张思教授、李金铮教授的关怀与指导；尤其令我感怀的是，书稿完成之后，我的导师王先明教授给予了充分肯定。书稿并请临沂大学荣退教授王冠卿审读,年近七旬的王冠卿教授用半个月时间一丝不苟地对书稿进行了逐字逐句的修改,并提出中肯的修改意见,先生对后进的期许和治学之谨严,更是令我感念至深! 项目研究也得到了临沂大学社会科学处、文学院、山东沂蒙红色文化研究中心等单位及领导们的大力支持。谨将我最真挚地谢意送给为本项目立项、研究、结项和本书出版给予关怀和关心的师长、领导、专家、学者和朋友们! 倾听他们的指导与教诲,让我在项目研究中不断反思、蜕变、提高! 也感谢我已在此工作了十三年的学校,给予我宽松、开明的学术环境,让我不断前行! 特别值得一提的是,本书研究除吸收学界研究成果、利用公开出版资料外,还充分利用了山东省档案馆、临沂市档案馆、莒南县档案馆的馆藏档案资料,对为本书研究提供宝贵资料的上述单位,尤其表示衷心的感谢!

如同本书的研究主题一样,本书就是互助合作的结果。课题研究吸纳了从事中国近代乡村史、合作运动史、中共党史研究的几位青年学者,我们就课题研究时常相聚畅谈、会议聚首、邮件沟通、电话联络、QQ 留言,利用一切通联手段随时随地就需要探讨的问题进行沟通交流、碰撞争论。我们彼此互助,交换研究资料,交流学术信息;我们彼此分工合作,合力协同研究,共同完成研究任务;虽不在同一工作单位,但我们融为一个和谐、融洽、互助、合作的学术共同体。本书书稿修改历经近十次之多,特别得益于刘纪荣、熊亚平、曾耀荣、柳敏博士对书稿提出的修改建议,让本书初稿"面目全非",新容初绽。感谢项目团队成员们的付出与努力,与他们的合作研究,让笔者实实在在地感受到互助的精神和合作的力量!

与之前出版类似著作时一样,此刻我内心之惶恐与忐忑依然。作为自己挚爱的事业,以执着敬业的心态从事每一个项目的研究是我不变的追求,无论从事哪个项目的研究,我对自己的要求就是要达到自己能力所及的最高点。但是几年来的研究中,更深感于自己在史学研究理论方面的不足与短板,在研究的视角、思路与理论方法的把握上,一直显得浅薄而贫乏。在本书的研究之后,我深愿有充裕的时间,静思己短,潜心读书;洗涤仍显浮躁不安的灵魂,回归学术研究的平静与美好!

几年来的研究,占去了几乎所有的闲暇时光,陪伴家人的时间少之又少。虽然一直"宅"在家里研究写作,但却对家庭关心甚少。看到日渐苍老的父母，眼角布满皱纹的妻子，即将升入高中的孩子，深为自己家庭角色的缺失而不断自责。但是，他们最能理解我的工作和我的追求，感谢家人给予我最温暖的港湾，让我从未怠步。

中国社会科学出版社的郭沂纹副总编辑和吴丽平编辑为本书出版提供了诸多便利和帮助。责任编辑吴丽平女士不厌其烦、竭尽全力为我解决出版中的难题，字斟句酌，匡谬勘误，尤其令我感动！谨向她们表示衷心的感谢！

是为后记。

魏本权于临沂大学明义楼
2014 年 10 月 23 日　初稿
2016 年 4 月 17 日　定稿